献给我的父母

以及无数像他们一样

勤劳付出的城市迁徙者

所有社会价值——自由与机会、收入与财富以及自尊的基础——都应平等地分配，除非任何价值的不平等分配对每一个人都是有利的。

——〔美〕罗尔斯

衡量我们社会进步的标准，不是看我们给富人们带来了什么，而是要看能否给那些一无所有的穷人提供基本保障。

——〔美〕罗斯福

国 家 社 科 基 金 资 助 项 目

“无知之幕”下的未来模式

低生存成本城镇化

马振涛◎著

中国发展出版社
CHINA DEVELOPMENT PRESS

图书在版编目（CIP）数据

低生存成本城镇化/马振涛著．—北京：中国发展出版社，2017.6
ISBN 978-7-5177-0664-9

Ⅰ.①低… Ⅱ.①马… Ⅲ.①城市化—研究—中国 Ⅳ.①F299.21

中国版本图书馆 CIP 数据核字（2017）第 064633 号

书　　名：低生存成本城镇化
著作责任者：马振涛
出版发行：中国发展出版社
（北京市西城区百万庄大街 16 号 8 层　100037）
标准书号：ISBN 978-7-5177-0664-9
经　销　者：各地新华书店
印　刷　者：北京市密东印刷有限公司
开　　本：710mm×1000mm　1/16
印　　张：17
字　　数：230 千字
版　　次：2017 年 6 月第 1 版
印　　次：2017 年 6 月第 1 次印刷
定　　价：49.00 元

联系电话：（010）88919581　68990692
购书热线：（010）68990682　68990686
网络订购：http://zgfzcbs.tmall.com//
网购电话：（010）88333349　68990639
本社网址：http://www.develpress.com.cn
电子邮件：370118561@qq.com

前言 >>> PREFACE

城市，是人类文明希望之所在，是最值得托付之未来。城镇化是当下中国最具变革意义的宏大叙事。“进不进城”对个人而言多属生活所迫；“留不留下”很多时候则是基于成本—收益权衡的选择。成本是离新型城镇化所侧重的“人”最近的视角，也是我们提出研究假设、构建分析框架的出发点。

传统城镇化是低成本、不可持续的模式。低成本的主要构成为土地低价格、劳动力低价格、基础设施结构性不足、基本公共服务残缺、资源价格低、生态环境成本未纳入、扭曲的低融资成本以及被压低或忽略的其他成本等。这种以政府为主导、以土地城镇化为核心的传统模式，忽略了人的基本诉求，紊乱了市场调节的基础性作用，不仅未能从根本上触及城乡分割的制度根基，反而在城市内部产生了新的二元结构，助长了城镇化的无效率与不公平。

伴随中国的转型、改革、发展进入主动适应市场化、城镇化的新时期，新型城镇化引发的成本增加、要素更新、财政收支变化、社会治理变革以及行政体制调整等都呈现新的特征。抓住“成本”这条主线，把握转移劳动人口诉求，将为化解“人口城镇化”难题提供新的视角。

已有城镇化成本研究以“农民工市民化”为出发点，其最终的落脚点多限于获取一组较为完整的数据，从而为政策决策提供支撑，值得探索和挖掘的空间还很大。在制度供给视域下，秉承“宽口径”成本构成思路，我们的研究引入完全成本分析框架，以公共成本、企业成本、个人成本以及社会成本为支撑点，构建了一个广义上的城镇化成本构成图，以探讨各子成本演变过程，并作为构建测量模型、改进公共政策的立足点。这一分析框架下，城镇化成本内涵、范围远超已有测算。相应地，原先的测算方法需改进。在借鉴世界银行以及国内外学者测算方法基础上，研究构建了新的城镇化成本量化模型，并结合量化分析结果提出了成本化解与分摊机制设计的思路：根据产品属性界定分摊主体；渐进地变革“土地财政”制度；明确成本分摊中的激励机制；提高转移人口成本担负能力；从制度创新与政策调试上发力。

必须承认，成本的化解与分摊是一项系统工程，这从复杂的量化模型设计中不难窥见，因此，仅从单一主体着手，可能陷入“治标不治本”的窘境。未来的城镇化模式，需要大的思路和理念创新。

我们的研究认为，既有的新型城镇化愿景设计多遵循“正向”的线性思维模式，存在过于理想化且对未来困难预估不足的风险。事实上，在中国经济发展步入“新常态”，人口红利、资源红利以及出口红利等逐年消失的情况下，考虑到创新发展模式的冲击以及转移劳动人口素质、结构与分布的差异，那些“离福利分配最远，离危机转嫁最近”、处在社会不利位置而又存在城镇化需求的群体，将成为“以人为核心”新型城镇化推进的难点。

此前，受功利主义理念设计的传统公共政策影响，城市发展的“马太效应”、托马斯·皮凯蒂论证的贫富差距扩大以及社会阶层的日益固化，正在成为现实。传统的低成本推进模式，建立在要素价格扭曲、交易成本畸高、成本转嫁给普通民众尤其是转移劳动人口的基础上，门槛高且阻碍“人的城镇化”实现。

为了避免城镇化发展的新旧“二元”交织，让更多的转移劳动人口从中受益，我们认为，有必要结合罗尔斯“无知之幕”的公平正义理念，立足底线思维，注重公共政策托底功能，提出一种以保障中低收入群体实现城镇化为出发点，降低门槛、减少损耗、提高质量；既注重效率、更关注公平的低生存成本城镇化模式，使城镇化成为一个内生的、包容的、良性循环的自组织系统。

低生存成本城镇化模式以重塑价值理性、减少中间损耗、降低交易成本、实现人的城镇化为目的，是应对社会民生问题的选择、是跨越“中等收入陷阱”的选择、是纠正要素配置扭曲的选择、是缓解资源环境压力的选择、是构建协同共享社会的选择。这一模式遵循多主体责任共担、内生良性循环、要素双向流动、个体福利最大、多方机制协同的原则；设计有核心层、外围层和保障层三个圈层。

其中，核心层由基本的经济要素构成，主要解决土地、资本、劳动力要素资源的优化配置问题；外围层是城镇化表现出的外在特质，低生存成本城镇化应当是紧凑的、绿色的、智能的；保障层主要考虑的是构建城镇化高效率、低损耗运行的制度体系问题，包括基本公共服务体系构建、城市社会治理以及行政区划与行政体制改革等。所有这些因素构成了低生存成本城镇化模式的主体框架。此外，研究还提出利用规划约束这种模式。从城乡一体化理念、“大规划”要求、“多规合一”方法上，推行低生存成本城镇化，让城镇化成为服务于中低收入阶层的渐进推进模式，实现发展福祉惠及于民、共建共享之目的。

这一框架下，研究结合土地、资本、劳动力要素资源、城市社会治理、行政区划与行政体制改革展开阐述，探讨低生存成本城镇化与要素配置、体制机制创新耦合问题。

研究最后从政治哲学角度做了反思：城市应是自由之地，而非奴役之所。新型城镇化推进，终究是为实现人的更大程度实质自由服务的。出台公共政策时，决策者应摒弃功利思维，坚守正义理念，使处在社会不利位置的群体在城镇化中不再游离于福利分配体系，不再成为危机转嫁主体；让他们的权利空间、自由空间进一步伸张；让城镇化不再是高成本的“通行证”；城市不再是掌控在优势群体手中的“俱乐部”。如此，城镇化“扩内需”的作用才能有效发挥；社会发展才能打开固化、收敛的包袱，修复城乡割裂伤痕，恢复螺旋式上升过程。

目录 >>> CONTENTS

绪　论

城市是诞生奇迹之所；是人类最伟大的发明与最美好的希望；是最健康、最绿色、最富裕、最宜居的地方。

——爱德华·格莱泽

20 世纪 40 年代，张培刚先生在其著名的《农业与工业化》一书中系统研究了农业国如何实现工业化问题，成为发展经济学奠基之作。从 20 世纪初开始，中国一直在探寻工业化与现代化道路。到 21 世纪第一个十年，中国成功晋升世界第二大经济体，成为名副其实的制造业大国和世界经济发展的重要引擎，随之也衍生出一系列结构性矛盾和深层次问题，面临转型与发展双重困境。如何适应、引领经济增速放缓的新常态？怎样避免滑入“中等收入陷阱”，实现发展成果的普惠共享？成为亟待破解的理论困境与现实难题。

工业化产生供给，城市化创造需求。理论界与决策层逐渐形成这样的共识：“城镇化是扩大内需和经济发展的最大潜力所在”（李克强，2012）①。联合国人居署的观点也认为，城市化是发展的结果，更是发展的一个工具（Joan Clos，2015）②。由农村到城市，是人类走向文明的必由之路。据统计，2014 年全球城市化率已达到 54%，预计 2050 年会超过 66%③。最新的城市化实践也表明，包括曾经出现逆城市化和分散城市化的

① 李克强：“城镇化是扩大内需和经济发展的最大潜力所在”，载于中国新闻网，2012－5－3. http：//news. ifeng. com/mainland/special/likeqiangfangou/content－3/detail_ 2012_ 05/03/14302999_ 0. shtml。

② 2015 年 10 月 22 日在由中国社科院、中国科学院和中国工程院共同主办的“中国城市百人论坛 2015 年会”上，联合国副秘书长、人居署署长 Joan Clos 在演讲中提到。

③ United Nations Department of Economic and Social Afairs. World Urbanization Prospects The 2014 Revision. Published by the United Nations. 2014.

国家，亦在呈现新一轮向大城市、中心城市聚集的趋势[①]。将城镇化作为中国转方式、调结构、促改革、惠民生的重要依托，推进以人的城镇化为核心的新型城镇化，是顺应历史潮流、遵循发展规律、满足人本质属性的必然选择[②]，是中国“数千年未有之大变局”，也将是长期理论与政策研究关注的焦点。

城镇化成本研究的现实与长远意义

城市化（Urbanization），最早提出于西班牙工程师 A. Serda 于 1867 年发表的《城市化的基本理论》一书，并被后来者广泛接受。普遍意义上，城镇化可看作“城市化”在中国的特定称谓[③]。所谓城镇化是指“随着工业化发展，非农产业不断向城镇聚集，转移人口不断向城镇集中，乡村地域逐渐向城镇地域转化，城镇数量和规模不断扩大、城镇生活方式和文明不断向农村扩散的历史过程”（马凯，2012）[④]。“人口城镇化、经济城镇化、土地城镇化和社会城镇化”代表了四种典型学科对城镇化特征的描述[⑤]。

---

① 统计显示，千万人口以上城市吸纳人口比重 1970 年为 2.88%，1990 年是 6.33%，2011 年是 9.88%，预测 2025 年是 13.57%。而其他规模城市所吸纳的人口，集聚态势远不如特大城市。李铁：人口向大城市集聚的趋势不可逆转 http://www.chinastock.com.cn/yhwz_about.do?methodCall=getDetailInfo&docId=4992850。

② 马克思的人性观认为“人有两种属性：自然属性和社会属性。人之所以为人，关键不在于人的自然性，而在于人的社会性。人的本质是一切社会关系的总和，人与人的本质区别在于社会关系。”

③ 很多学者对城镇化和城市化做了较为详尽的区分，为了使得研究能够国内外接轨，避免概念的混淆，我们在此不做详细区分，事实上，我们认为，二者概念区别不大，过于纠结就显得有些吹毛求疵了。

④ 马凯：“转变城镇化发展方式提高城镇化发展质量走出一条中国特色城镇化道路”，载于《国家行政学院学报》，2012（11）。

⑤ 姚士谋、冯长春、王成新、年福华、陈春等：《中国城镇化及其资源环境基础》，科学出版社 2010 年版。

考察城镇发展史不难发现，同企业的出现是为降低交易成本类似[①]，城镇的出现，同样是为满足个体群居需要、降低交易成本服务的。相比农村的无序、点状分布和有限聚集，城市模式更能够帮助需求者与供给者减少信息搜寻、交易与合作成本，降低空间消耗；而且伴随城市范围扩大，各种社会分工趋向更精细，聚集效应会越来越强，合作的机会也越来越多，产品生产、分配、交换和消费变得更有效率。城镇化带来了空间资源利用效率、个体劳动生产率的提高和社会总需求的扩大，整体上是降低成本、增加收益、满足需求的过程。这种收益和需求，不仅包括有形的物质收益，更迎合了人类群居生活的精神需求。可以说，城镇化是契合人性发展的选择，本质上是人性使然的产物；而人性的基本原则是趋利避害，在任何时候都面临并做出权衡取舍，因此，利用成本概念分析投入产生、区分利害、计算得失，是最接近“人”的视角。

随着中国工业化开启后半程，人口红利、资源红利、出口红利逐年消失，经济发展整体进入增速回落的新常态，城镇化发展步伐、人口转移力度也在放缓。尽管如此，改革开放以来，中国的名义城镇化率年均增速还是保持在1%以上。按一般统计口径，2011年城镇化率首次突破50%，中国开始由传统乡土社会整体迈入城市社会。着眼中长期，无论参照诺瑟姆“S形曲线”理论，还是从现有产业结构、就业结构和“半城镇化”[②]特征看，中国的城镇化还有相当大提升空间。未来一段时期，城镇化仍处于上升通道。按照国家新型城镇化规划的要求，2020年，中国常住人口城镇化率要达到60%左右；户籍人口城镇化率达45%左右。从名义数值看，达成这一预期目标已基本成定局[③]。但在光鲜数字背后，另一个普遍被认同的观

① 参见新制度经济学的创始人罗纳德·科斯（Ronald H. Coase）1937年发表的《企业的性质》。

② 何为（2012）认为，半城镇化是农村人口向城镇人口转换过程中的不完全的城镇化状态，区域和人口半城镇化。详见何为、黄贤金：“半城市化：中国城市化进程中的两类异化现象研究”，载于《城市规划学刊》，2012（2）。

③ 事实上，2015年中国的城镇化率已超过57%。

点是，“中国的城镇化是低成本强制推行的、不可持续的城镇化”[①]（陈锡文，2012）。这促使我们从成本视角思考和审视中国城镇化路径，并形成了一个较为感性的思路，或称之不严谨的“研究假设”：若将成本作为城镇化研究主线，把其中每项子成本条分缕析，纠正扭曲的成本、增加不该被忽略的成本、削减过分支出的成本，无论从资金投入、时间安排还是体制机制创新上，都能对指导新型城镇化推进提供新的视角和借鉴，帮助规避不可持续后果的发生。

“十八大”以来，各界对城镇化呼声越来越高、对城镇化拉动经济增长抱有期望越来越大。但吊诡的是，在从上到下高度重视、推进力度层层加码的形势下，与经济发展步入新常态相对应，城镇化亦呈现增速放缓之势。更值得关注的是，城镇化作为扩内需的最大潜力，也未能发挥其应有效果。那么，这是否预示着城镇化“红利期”提前终结，“扩内需”边际效应正在衰减？综合多种观点，我们认为，这其中固然有国际环境不容乐观、国内经济转型调整、人口结构老龄化以及制度性成本过高等约束因素，但究其根本还在于，传统城镇化“化地”难“化人”的内在缺陷。不澄清对“人”这一概念的偏见，不在发展模式上求变，不去解决人的城镇化这一核心命题，城镇化发展将面临后劲不足的困境、存在强弩之末的危险。

新型城镇化以人的城镇化为核心，关键在于解决转移劳动人口面临的成本困境。从这个意义上讲，城镇化成本及模式的研究，是极具时代意义和开拓精神的命题。国际经验表明，城市化，对于任何一个国家和民族，都只有不可逆的一次机会。选择哪种视角、秉承何种理念、利用哪些方式、必须慎之又慎。

观察改革开放以来中国的城镇化政策及其相关改革，可以说大都具有功利主义属性[②]。这无论从严格限定城市等级、严控大城市规模、从上至下

---

① 陈锡文在2012年3月25日“2012中国城镇化高层国际论坛”上的讲话，载于《东方早报》，2012-03-26。

② 张维迎：“功利主义导致整个社会的堕落”，载于《经济观察报》，2016-1-14。

推行“小城镇运动”举措中，还是在以土地为核心的低成本强制扩张模式下，都表现得尤为鲜明。功利主义的渗透，迎合了维护既得利益、维持GDP增长主义的诉求，却很少顾及人的基本权利与尊严；“只讲利害，不论是非”的功利主义思维及其指导下出台的公共政策，尽管在一定程度上加快了城镇化进程、助推了经济增速，但很多时候与人的“自由、平等”基本权利相违，与社会“公平、正义”价值取向相悖，对市场经济制度的构建也是一种破坏，甚至因为功利行为所堆积的矛盾和危机使城镇化“再推进”面临各种误解和阻碍，整个经济社会发展的可持续性也受到牵连。

基于此，在新型城镇化政策导向和话语体系下，以成本视角审视、研究城镇化问题，探寻着眼于未来的城镇化发展模式，有助于找准一条体现“人”这一核心要素的研究主线、厘清发展脉络、聚焦现实问题、明确路径举措。这解决的不仅仅是单一城镇化率提升问题，更意味着城镇化发展模式的颠覆与变革。

国内外基于成本问题的城镇化研究

关于城镇化的论述浩如烟海。无论理论研究，还是政策解读，已经形成了一整套的逻辑架构、评判标准和话语体系。多数问题和疑惑也有了系统阐述和应对办法。我们认为，价值理念上人的城镇化已无过多分歧；理论上的探索创新，也很难再产生颠覆性影响。但至少，新视角的提出，能够为观察现实世界开辟一个新窗口。以人的城镇化作为新型城镇化的核心，代表着“由物及人”价值观念的根本转变。但是，从庙堂博弈的“棋子”回归历史变迁的“主角”，城镇化中的“人”该如何解读、怎样把握？尚需经历一个过程。经济学作为研究“人”的科学，其出发点在于“人无时无刻不面临权衡取舍。为了得到某种东西，而必须放弃其他东西”① （曼昆，1999），这即是成本。同样，研究城镇化成本是离“人”最近的视角，也是我们提出研究假设、构建分析框架的出发点。

一、城镇化成本研究

关于城镇化成本概念的界定，国外研究（主要是世界银行的研究）在20世纪80年代曾短暂提及。

Johannes F. Linn 把城市化成本归纳为“对财政、金融、效率和公平的关注”②：财政——伴随城市化过程中对城市各项服务的快速需要，政府部门用于满足公共服务的财务支出负担更重；金融——城市化过程中较高的融资成本被视为发展中国家产生不断沉重的国际债务的首要原因；效率——城市化的经济成本（包括拥挤和污染成本），显而易见超过农村发展所产生的成本，这也成为判断城市规模是否过度的基本考量；公平——由于城市化的高成本，农村家庭被认为应当受到补助③。

Harry W. Richardson 界定的概念，侧重于可量化的经济成本，这更接近一般意义上所理解的成本范畴。“构成城市化成本的因素，主要有直接投资成本（如创造吸纳就业岗位的成本）、住房和市内基础设施建设成本（如避难所、供水、环卫设施、电力、社会服务等）、城市（区域）间基础设施成本（如交通）以及伴随城市发展的管理成本等。”④

国内学者魏后凯（2014）认为，城镇发展成本的研究，最为关键的是

---

① ［美］曼昆（N. Gregory Mankiw）著；梁小民、梁砾译：《经济学原理》，北京大学出版社2015年版。

② Johannes F. Linn，The Costs of Urbanization in Developing Countries［J］，Economic Development and Cultural Change，Vol. 30，No. 3，Third World Migration and Urbanization：A Symposium，1982.

③ 这又可理解为公共（政府）成本、融资成本、边际成本和社会成本。

④ Harry W. Richardson，The Costs of Urbanization：A Four－Country Comparison［J］，Economic Development and Cultural Change，Vol. 35，No. 3，1987（4）.

区分城镇运行成本和城镇“化”的成本。即便没有大规模城镇化，城镇发展和日常维护也应当有必要投入。因此，城镇化成本应侧重于“化”问题的研究，也即在城镇规模扩大与城镇发展水平提高的过程中，对增量成本的动态测量①。在这一认识基础上，其借助城镇维持成本和城镇化成本的划分，对城镇发展成本类型做了划分（表 1 - 1）。

相比而言，夏永祥（2006）的界定则显得相对模糊。工业化与城市化成本，是其组织者为获取土地、劳动、资本与管理才能等生产要素而必须付出的代价。对应地，其所产生的收益和成果，也包括利润收入、就业岗位和工人与市民身份及待遇等②。

表 1 - 1　　城镇化发展成本类型划分

划分方式 / 功能	投入品物质属性		城镇人口身份	
	资金投入	资源环境投入	原居民生活成本	新移民市民化成本
城镇维持成本	基本维护成本	不变规模消耗支出	生活质量不变成本	
城镇化成本	发展建设成本	规模扩张消耗支出	生活质量提高成本	

资料来源：魏后凯：《走中国特色的新型城镇化道路》，社会科学文献出版社 2014 年版，第 167 页。

随着相关研究的推进以及出于测量的需要，农民工市民化成本测算成为一项众多研究者参与的重要课题，通过构建数理模型和实地调研，研究者给出了成本测算结果，并设计了相应的资金分摊筹措机制。典型的如中科院（2005）③、张国胜（2009）④、国务院发展研究中心（2011）⑤、黄锟

① 魏后凯：《走中国特色的新型城镇化道路》，社会科学文献出版社 2014 年版。

② 夏永祥：“工业化与城市化：成本分摊与收益分配”，载于《江海学刊》，2006（5）。

③ 中国科学院可持续发展战略研究组：《2005 中国可持续发展战略报告》，科学出版社 2005 年版。

④ 张国胜：《中国农民工市民化：社会成本视角的研究》，人民出版社 2009 年版。

⑤ 国务院发展研究中心课题组：《农民工市民化制度创新与顶层政策设计》，中国发展出版社 2011 年版。

(2011)[①]、中国社科院（2013）[②]、财政部、国务院发展研究中心和世界银行联合课题组（2014）[③] 的研究等。

中科院2005年发布的报告专门就城市化成本及“成本—收益”进行了分析。在大类上，将城市化成本区分为“个人发展成本+公共发展成本”两部分：私人成本，也称个人发展成本，是指在城市化进程中，个体从农村劳动者向城市居民转化所应付出的基础成本、生存成本、生活成本、智力成本、社保成本和住房成本；公共成本，也称公共发展成本，是城市化进程中，为保障城市健康协调发展所必需的城市内、城市间的基础设施、社会协调、公共环境、生态建设等基本功能要素的成本。为便于量化，报告又将其分成了六大类，即“城市化的基础成本、城市化的生活成本、城市化的生存空间成本、城市化的智力成本、城市化的社会保障成本与城市化的居住成本”，据此对农民转为市民的成本进行了匡算。

中国社科院2013年发布的《城市蓝皮书》基本沿用了这一方式，借助公共成本（政府成本）和个人成本两分法，并按照东中西部地区划分：公共成本主要是政府为保障农业转移人口市民化而在各项公共服务、社会保障和基础设施新扩建等方面所需增加的财政支出。个人成本主要指农业转移人口及其家庭在城镇定居所需支付的生活费用和发展费用。除此之外，绝大多数农民工还需要集中支付一笔可观的购房成本。

国务院发展研究中心（2010、2014）的研究两次涉及城镇化成本问题。2010年的研究，以农民工市民化为视角，将这一成本完全用“公共服务成本”替代，并认为所谓农民工市民化，即“将农民工整体融入城市公共服务体系，个人融入企业、子女融入学校、家庭融入社区”的过程，以实现

---

① 黄锟：《中国农民工市民化制度分析》，中国人民大学出版社2011年版。

② 潘家华、魏后凯：《中国城市发展报告（No.6）：农业转移人口的市民化》，社会科学文献出版社2013年版。

③ 中国财政部、国务院发展研究中心和世界银行联合课题组撰写的《中国：推进高效、包容、可持续的城镇化》报告，转引自《通过改革承担新型城镇化成本》，载于《中国经济时报》，2014-3-27。

在城市“有活干、有学上，有房住、有保障”。因此，这一成本就包涵了随迁子女的义务教育、居民合作医疗、基本养老保险、民政其他社会保障费用①、城市管理费用以及住房等。

为了更精确地测度城镇化的成本，2013 年国务院发展研究中心、财政部和世界银行联合课题组在《中国：推进高效、包容、可持续的城镇化》报告中，利用世界银行构建的成本量化模型，将城镇化成本聚焦于基础设施建设、教育、公共卫生和保障性住房四个方面并做了测算，并设计了财务分担机制。总体上，这类研究呈现出不断丰富、深化之势。

表 1-2　人口城市化成本与农民工市民化成本构成

一级指标	二级指标	构成内容			
人口城市化成本（微观）	城市各项设施建设投资成本	城市用地投资成本	城市功能设施成本	城市社会投资设施成本	城市基础设施投资成本
	城市就业岗位创造投资成本	城市就业岗位投资成本			
人口城镇化成本（宏观）		城镇化是区域经济、社会、文化综合发展的复杂系统工程。因此，宏观意义上的人口城镇化成本包括为提高城市化水平而投入的所有固定资产投资、流动资产投资、无形资产投资等			
农民工市民化成本	公共发展成本	城市基础设施成本			
	私人发展成本	社会保障成本	城市住房成本	智力成本	私人生活成本

资料来源：张国胜《中国农民工市民化：社会成本视角的研究》，人民出版社 2008 年版。

事实上，人口城市化成本同农民工市民化成本，二者构成不尽相同。张国胜（2009）的研究做了区分（见表 1-2）。在实践探索中，有经验可循的是重庆作法。2010 年重庆“户改”方案中有让转移劳动人口穿上“五件衣服”的提法：农民退出农村承包地、宅基地所需要支付的费用以及农民进入城市所产生的就业、养老、住房、医疗、教育方面的支出②。

① 含意外伤害保险、低保、医疗救助、妇幼保健、孤寡老人。

② 张占斌、冯俏彬、黄锟：“中国农村转移人口市民化的财政支出测算与时空分布研究”，载于《中央财经大学学报》，2013（10）。

在此，我们的研究并非单纯去比较不同“成本”内涵下的具体构成，而是从中追寻研究脉络和内在逻辑。梳理发现，农民工市民化成本的研究，能够涵括和解释传统城镇化推进过程中的诸多问题，但如果将视角放大到整个城镇化领域和环节，所谓成本问题实际上远不足够。

表 1－3　　关于城镇化成本研究的部分结果

机构和研究者	预测结果
国务院发展研究中心（2014）	2020 年中国的城镇化率将达到 60%，由此带来投资需求可达 42 万亿元
中国社科院（2013）	单个农民完成市民化平均需要公共成本 13 万元。个人每年平均需要支付 1.8 万元生活成本，另外还需一次性支付 10 万元购房成本。假设公共成本是由政府来出钱，每年解决 2500 万人的市民化，政府每年一次性的投入是 6500 亿元，相当于中国 2012 年公共财政收入的 5.5%①
张占斌、冯俏彬、黄锟（2013）	以 2011 年不变价格计算，将 15863 万已在城市居住的农民工市民化的总成本时点值为 18091.58 亿元。如果将计算范围扩大到现有的 2.6 亿农村转移人口，则计算结果将增大到 29651.76 亿元②
国务院发展研究中心（2010）	每个农民工市民化需要增加的政府支出约为 8 万元左右（2009 年价）
重庆户改（2010）	每转一名农民成为新市民的成本为 6.7 万元
张国胜（2009）	东部沿海第一代农民工、第二代农民工市民化的社会成本分别为 10 万元、9 万元，西部内陆第一代、第二代农民工市民化成本分别为 6 万元与 5 万元
屈小博、程杰（2013）	基本公共服务均等化为核心的全国户籍改革成本到 2030 年静态价值 7.3 万亿元，相当于全国财政累计用于民生密切相关支出的 10.7%③

① 李凤桃：“专访中国社科院城市发展与环境研究所副所长魏后凯：‘中国将在 2050 年完成城镇化’”，载于《中国经济周刊》，2014－3－10。

② 张占斌、冯俏彬、黄锟：“我国农村转移人口市民化的财政支出测算与时空分布研究”，载于《中央财经大学学报》，2013（10）。

③ 屈小博、程杰：“地区差异、城镇化推进与户籍改革成本的关联度”，载于《改革》，2013（3）。

续表

机构和研究者	预测结果
周小刚（2010）	中部地区包括基础设施建设、养老保障、医疗保障、失业保险、子女教育、公共管理在内的政府支出。以江西为例测算，公共成本为3.6万元/人；再加上政府负担的住房保障、最低生活保障等，成本达3.8万元/人①
申兵（2012）	宁波市在“十二五”时期需要人均地方政府补助13507～25507元②
魏澄荣、陈宇海（2013）	福建省农民工市民化成本：政府、企业和个人分别承担10.6万元/人、2.6万元/人和3.2万元/人③
徐红芬（2013）	河南郑州、洛阳和鹤壁三市人均总成本分别6.3万元、6.0万元和4.8万元④
张继良、马洪福（2015）	江苏省农民工市民化成本：得出每个农民工市民化的总成本为12.3万元。其中，第一代农民工与新生代农民工市民化成本存在3.1万元的差距⑤

资料来源：作者根据收集材料整理而成。

我们也汇总了以上研究的主要结论（见表1－3）。较为通行的观点是，中国的城镇化发展到稳定成熟阶段，大致产生的投入高于40万亿。但是，由于研究者在成本统计口径、时空分布以及基准年限选取上的不同，在具体数值体现上差异较大，但总体上能够解释某些难题，并具备了一定的实践指导性。

① 周小刚：“中部地区城镇化进程中农民工市民化问题研究一以江西为例”，载于《南昌大学博士学位论文》，2010年。

② 申兵：“‘十二五’时期农民工市民化成本测算及其分担机制构建——以跨省农民工集中流入地区宁波市为案例”，载于《城市发展研究》，2012（1）。

③ 魏澄荣、陈宇海：“福建省农民工市民化成本及其分担机制”，载于《中共福建省委党校学报》，2013（11）。

④ 徐红芬：“城镇化建设中农民工市民化成本测算及金融支持研究”，载于《问题探讨》，2013（11）。

⑤ 张继良、马洪福：“江苏外来农民工市民化成本测算及分摊”，载于《中国农村观察》，2015（2）。

二、基于成本的城镇化模式

城镇化对于任何一个民族和国家都只有一次机会。在考察其他国家道路的基础上，城镇化可资借鉴的模式有多种，争议也很大。关于同步城镇化、超前城镇化和滞后城镇化的研究；关于小城市论、中等城市论、大城市论等最优城市规模研究；关于集中型城镇化、分散型城镇化、就地城镇化研究以及均衡发展论、都市圈论、田园城市、城市疏导理论等的研究，仍是各方争辩的话题。城镇化模式的探讨，在应对经济转型、技术进步和社会发展过程中，体现了强大的生命力。

城市经济学（或地理经济学）对城市最优规模问题做了探讨（详见托利、克瑞菲尔德，2001①）。新古典经济理论框架下，代表性的如 Henderson（1974）认为，规模经济收益率与土地产出率是影响最优城市规模关键因素；从城市空间的视角出发，Arnott（1980）借助公共产品供求、城市形状（urban shape）和劳动力流动等影响因素纳入，构建了一个静态的空间分析框架，并得出最优城市规模受“公共部门所能提供的最优公共物品水平、政府干预市场的具体程度、对移民的控制程度、改善城市交通网络的程度”② 所决定和支配。将最优城市规模放到效用最大化的框架下，Harvey（1981）提供的视角更为科学、规范。他认为，城市的人均平均成本曲线由私人成本（土地和劳动力）、公共成本（地方政府服务支出）以及社会成本（交通拥挤、环境污染）共同构成。MC 与 MR 分别指人口规模变动时城市的边际成本与边际收益，整体上，AC 曲线呈现“U”形变动趋势，随人口规模增加而下降，此后随着城市聚集不经济又会上升。所谓“最优城市规

---

① 托利·克瑞菲尔德：“城市规模与位置的政策问题”，载于米尔斯主编的《城市经济学》中文版，经济科学出版社 2011 年版。

② Arnott, R., 1980. Optimal City Size in a Spatial Economy. Journal of Urban Economics, 6, pp. 65 – 89.

模”是 MC 曲线和 MR 曲线相交时所对应的城市人口数量。

最优城市规模随城市交通状况改善、城市居民收入水平提高以及房屋建筑技术水平提高而动态变化[①]。在超越古典理论的新框架下，研究者引入城市生产函数概念。如 Henderson（1985）赋予每个城市不同的生产函数，使得最优规模呈现动态性特征[②]。Yang（1990）、Yang 和 Hogbin（1991）认为，城市规模增加源自交易效率的提高，而由于中心市场收益与交通距离过长等的矛盾，将会促生次中心城区，“最优的城市规模应该是在一定分工水平下随分工效率演进而变动的最优集合”[③]。Capello 和 Camagni（2000）用“有效城市规模”取代最优规模，强调在整个城市分工网络上分析这一问题[④]。在此基础上 Au 和 Henderson（2006）对城市最大聚集效应峰值的研究[⑤]；王小鲁等（1999；2010）分析城市规模净收益指出，规模在 100 万至 400 万人的大城市净规模收益最高[⑥,⑦]；李秀敏（2007）将企业成本纳入城市成本范畴，并认为城市总成本与总收益相等为城市临界规模[⑧]。

事实上，城市规模只是城镇化模式的一个方面。在城市空间规划领域，涌现过很多理论思潮，并形成了城市空间规划这一独立学科。古文明国家都有城市规划将人类活动融入对自然环境改造的共性。城市规划的思想最早受政治哲学理念的启发，尤其是欧文、圣西门、傅里叶、Godin 和 Cabet

---

① 李培：“最优城市规模研究述评”，载于《经济评论》，2007（1）。

② Henderson，American Economic J. V.，1974. " The Sizes and Types of Cities Review，64，pp. 640 – 656.

③ Yang，X. and Hogbin，G.，1990. “The Optimum Hierarchy.” China Economic Review，2，pp. 125 – 140.

④ Capello，Roberta and Camagni，Roberto，2000. Beyond Optimal Patterns City Size：an Evaluation of Alternative Urban Growth Patterns，Urban Studies，9，pp. 1479 – 1496.

⑤ Au，C. and V. Henderson，2006，“Are Chinese Cities too Small ?”，Review of Economic Studies. 73（2）：549 – 576.

⑥ 王小鲁、夏小林：“优化城市规模，推动经济增长”，载于《经济研究》，1999（9）。

⑦ 王小鲁：“中国城市化路径与城市规模的经济学分析”，载于《经济研究》，2010（10）。

⑧ 李秀敏、刘冰、黄雄：“中国城市集聚与扩散的转换规模及最优规模研究”，载于《城市发展研究》，2007（2）。

等乌托邦、空想社会主义和社会平等等传统思潮影响。此后，霍华德（1894）注重城乡融合的“田园城市”① 模式备受推崇，这一模式认为，田园城市是为健康、生活以及产业而设计的城市，它的规模足以提供丰富的社会生活，但不应超过这一程度；四周要有永久性农业地带围绕，城市的土地归公众所有，由专业委员会受托掌管。

柯布西耶关注城市区域内部的“明日城市”② 模式，指出了关于城市改造的4个原则是：减少市中心的拥堵、提高市中心的密度、增加交通运输的方式、增加城市的植被绿化。赖特“强调城市中的个性，反对集体主义”，芒福德对于“人的精神价值”重要性的肯定，沙里宁缓解城市过于集中的“有机疏散论”③ 认为，没有理由把重工业布置在城市中心，轻工业也应该疏散出去。当然，许多事业和城市行政管理部门必须设置在城市的中心位置。城市中心地区由于工业外迁而腾出的大面积用地，应该用来增加绿地，而且也可以供必须在城市中心地区工作的技术人员、行政管理人员、商业人员居住，让他们就近享受家庭生活。

文丘里与简·雅各布斯为代表的后现代主义理论认为：第一，以人为本，可持续的生态思想是新城市主义的理论基础；第二，注意城市发展的合理规模，提倡有边界的发展模式；第三，尊重历史与自然，强调规划设计与自然、人文、历史环境的和谐；第四，强调建成环境的宜人以及对人类社会生活的支持；第五，主张公交为主的交通模式，营造步行为主的街区空间④。

---

① “田园城市”是19世纪末英国社会活动家霍华德提出的关于城市规划的设想。在《明日，一条通向真正改革的和平道路》一书中，霍华德提出了城市与乡村融合的田园城市设想。

② 柯布西耶试图在常规的城市范围内寻求城市规划发展路径。在《明日之城市》一书中，柯布提出了自己的主张并以巴黎市中心为实例进行了300万人的“现代城市”的规划设计。

③ 有机疏散理论是沙里宁为缓解由于城市过分集中所产生的弊病而提出的关于城市发展及其布局结构的理论。主要体现在他于1942年出版的《城市：它的发展、衰败和未来》一书中。

④ 后现代主义是超越现代主义的一系列尝试。后现代主义讲求以人为本，人与自然和谐的城市可持续发展，推动了城市设计的变革和发展。新城市主义是其主要代表。

以上这些理论模式在城市空间规划范畴有重要影响，曾经或正在指导着世界各地的城市化实践，但缺陷是太过于注重技术化手段，工具理性的痕迹远大过价值理性。随着技术进步、劳动生产率的提升，很多关于城市空间的设定很难适应时代要求，对于城市发展模式的探讨，应当超越单纯的地理空间范畴。

从更为宏观的视角出发，一些关于城镇化发展模式与理念的研究提供了参考。中国发展研究基金会（2010）提出“促进人的发展的中国新型城市化战略”①。在美国生态学家 Lester R · Brown 提出的城镇化与经济发展中增长主义的“A 模式”② 和反增长主义的“B 模式”③ 基础上，仇保兴（2009）提出了超越二者之上的“C 模式”构想④，即在坚持“发展”的前提下，应形成一种既充分利用市场机制的高效，又能低成本地补偿其负面影响的新型城镇化模式。此外，世界银行与国务院发展研究中心（2014）确定的“高效、包容、可持续”城镇化主题亦值得借鉴。这些表述传达了新型城镇化品质、内涵的要求，对研究成本视角下城镇化模式演变提供了有益参照。

就中国的城镇化而言，多数经济学家（包括樊纲，2010；周其仁，2012；陈钊和陆铭，2012；王建，2010 等）主张，中国要走集中城市化发展道路，而多数社会学家（费孝通等，1986；温铁军，2007 等）则认为，中国应该走以小城镇为主的发展道路⑤。有西方学者以 20 世纪 90 年代中后

---

① 中国发展研究基金会：《中国发展报告 2010：促进人的发展的中国新兴城市化战略》，人民出版社 2010 年版。

② 以美国为首的发达国家为代表，以城市低密度蔓延、私人轿车为主导的机动化、化石燃料为基础、一次性产品泛滥等为其主要特征。

③ 旨在以“反增长计划”为代表，采取消极的城镇化、消极的机动化、消极的工业化，取消对资本运动的一切限制，以资本选择来替代民主活动。

④ 仇保兴：“中国特色的城镇化模式之辨‘C 模式’：超越‘A 模式’的诱惑和‘B 模式’的泥淖”，载于《城市发展研究》，2009（1）。

⑤ 郑德高、闫岩、朱郁郁：“分层城镇化和分区城镇化：模式、动力与发展策略”，载于《城市规划学刊》，2013（6）。

期为界，将改革开放以来中国人口城镇化划分为前后两个时期，即以就地城镇化为主导的乡村城镇化时期和以城市为中心的城镇化时期①（McGee et al. 2007）。

事实上，中国的城镇化是有过实践探索教训的。社会学家费孝通先生1983年前发表的《小城镇，大问题》，曾极力推崇“乡村城镇化”，即所谓的小城镇。因被决策层认可，“小城镇运动”也曾在全国上演；世界银行1986年的报告，也曾结合中国政府的小城镇战略提出，中国正在走一条有别于西方的城镇化道路，避免其他国家“过度城市化”问题。事实证明，这一理念并未达到预想的效果。此后，随着城市改革的推进，市场经济下资源逐渐向大中城市聚集，以“大城市为中心”的城镇化时期拉开大幕，小城镇发展的愿望并未达成。正如有研究提到的，“小城镇数量的增加，主要是由于撤乡并镇的结果，而不是人口自然向小城镇集中的结果，（小城镇战略的实施）并没有实质性地推进城镇化（王小鲁，2010）”②。这也表明，单纯依靠行政主导、置于静态情景思考所提出的城镇化推进模式，并不科学。

城镇化规模扩张与推进方式，有其内在发展规律。纵观中国城镇化多年的发展历程，人口流动与集聚始终存在“两头发展”现象：一头以“特大城市人口扩张”为代表，另一头是以县城为代表的城关镇城镇人口的聚集③。我们认为，这体现了市场“用脚投票”机制在城镇化过程中所发挥的作用，表明城镇化过程遵循的是基本的经济规律而非强制性的行政主导。

新型城镇化代表了发展理念的转变，也是发展布局合理化、科学化的体现。为了避免政策误区，《国家新型城镇化规划（2014－2020年）》采取

① McGee, T. G., C. S. Lin, A. M. Marton, Y. －L. Wang and J. Wu (2007) China's urban space. Development under market socialism. London and New York: Routledge. BNU SFX Link.

② 王小鲁：“对‘重点发展中小城市和小城镇’的质疑”，载于《中国市场》，2010（46）。

③ 郑德高、闫岩、朱郁郁：“分层城镇化和分区城镇化：模式、动力与发展策略”，载于《城市规划学刊》，2013（6）。

了较为折中的提法，即未来城镇化应“以城市群为主体形态，推动大中小城市和小城镇协调发展”。作为一项指导性的规划，相比偏重发展大城市或中小城市，这一规划更强调城市群的作用，更注重城市间的串联互动，在具体的实践操作中，也有助于地方决策者摒弃“大而全”“一刀切”思维，使其有了更多自由裁量权。

关于城镇化发展模式与布局等的研究，在学术上呈现出更加纷呈的格局。如有研究提出，应形成一种由“工业化与城镇化双轮驱动的大城市模式、基本服务驱动和本土化发展的县城模式、以农业现代化与农村居住形态再组织的小城镇模式”等所组成的分层城镇化和分区城镇化思路（郑德高，2013）[①]；还有研究归纳了包括大城市郊区城市化发展模式、开发速生型城镇化发展模式、中心城—卫星城镇或新城互动发展模式、组团式城市群（都市圈）发展模式、异地城镇化发展模式以及产业集群——特色小城镇发展模式等六种典型的城镇化地域组织方法（石忆邵、朱卫锋，2004）[②]……都体现了中国区域发展水平的差异性以及城镇化发展模式的多元化。

正如简·雅各布斯（1961）所言，多样性是城市的天性[③]，城镇化发展模式更是不能一概而论。那么，关于未来模式的探讨是否有规律可循呢？雅各布斯的观点是，“复杂的城市多样性实际上是建立在简单清楚的经济关系上的。通过对多样性繁盛的地方进行仔细观察、研究该地方多样性繁盛的经济原因，可以很容易地发现产生城市多样性的基本情况。”[④] 而这种基于经济关系的模式总结，应当是市场机制作用下城镇化模式的可取路径。因此，基

① 郑德高、闫岩、朱郁郁：“分层城镇化和分区城镇化：模式、动力与发展策略”，载于《城市规划学刊》，2013（6）。

② 石忆邵、朱卫锋：“中国城镇化的地域组织模式及其发展研究”，载于《中国工业经济》，2004（10）。

③ ［美］简·雅各布斯著，金衡山译：《美国大城市的死与生》，译林出版社.2006年版。

④ 方可：“简·雅各布斯关于城市多样性的思想及其对旧城改造的启示——简·雅各布斯《美国大城市的生与死》读后感”，载于《国际城市规划》，2009（增刊）。

于成本这一经济视角来研究城镇化模式，是可行的，也是符合规律的。

三、既有研究的述评

在“新兴加转轨”制度背景下，伴随由乡土中国向城市中国的转型，市场力量加速渗透、新型城镇化理念深入推行，中国的发展改革开始进入主动适应市场化、城镇化的新阶段。新型城镇化引发的成本增加、要素更新、财政收支变化、社会治理变革以及行政体制调整等，都将呈现新的特征。已有研究无论在体系构建，还是系统延续方面，都已相当丰富。但正如前述，成本是离城镇化中“人”最近的一个视角，基于成本这一经济视角来研究城镇化模式，是可行的，且这方面研究还有很大的拓展空间。

成本—收益的权衡，是或主动或被动“进城”且无论参照哪种方式划分的“人”或群体，都最先关注的问题。越是收入水平低、恩格尔系数高的群体，在“进城”完成城镇化过程中越谨小慎微、精打细算，越希望在城乡推力与拉力间寻求一个能上能下、可进可退的位置。当然，测算成本的不仅仅是自然人，更少不了各级政府，甚至包括“第三方”社会组织。以政府为例，中国的地方债问题突出，很大程度上是政府盲目投资、盲目举债、盲目抵押的恶果，也是其内部不重视成本—收益考量，为了本地区甚至个人利益透支未来若干年财政支出所积累起来的诟病。作为政府政策的落脚点，多关注城镇化带来的投资与消费增加效应，从功利主义的哲学理念设计观出发，客观上造成了诸多服务优势群体、约束弱势群体公共政策的出台，对个人权利的尊重和满足方面有很大欠缺。因此，无论作为前车之鉴，还是谋划未来而言，城镇化成本与基于此的城镇化发展模式的研究，对参与城镇化过程的各个主体而言，都具有关注和改变的必要。抓住了“成本”这条主线，一方面能够为科学、系统地掌控和调节城镇化进度提供便利；另一方面，也能够最大化地尊重人的权利，不偏离提升城镇化质量、实现转移劳动人口更大程度融入城镇这一内核。

从已有城镇化成本研究看，其出发点大都是为政策决策提供一组完整数据服务的。在指标选取时，将数据可获得性作为最重要的衡量标准，而且切入点也基本围绕农民工市民化展开，虽然大都得出了相应结论，但多局限于获取一组数字或基于此的简单对策。整体上，缺乏既有深度又视野开阔且具战略意义的谋略。

进一步细分成本构成，我们发现，已有的研究多关注“农民工”单个主体，而忽略了其他主体，因此，可能存在模型变量选取、成本测量以及对策研究上的先天缺陷，这与以“人的城镇化”为核心的新型城镇化发展要求并不相适应。对于正在推进的新型城镇化过程，有必要把成本研究范畴延展至全部主体和整个过程，由不完全的“低成本”构成转变为“完全成本”构成。再者，对于最优城市规模和城镇化发展模式的选择，虽然产生了很多有辨识度、有理论价值与实践意义的成果，其中也不乏基于成本—收益的分析，但整体上相关研究较少，基于此而提出的公共政策也陷于泛化或过于细化，在城镇化成本因素与公共政策间的互动关系上缺乏逻辑性强的分析。此外，在政策研究中一个明显的误区是，现有的政策决策很多都建立在功利主义思维的架构之上，在权利主义方面的主张以及基于此的系统性城镇化模式研究，尚处于空白状态。

对已有研究总的评价是：一般性论述过多，理论与实证密切结合的分析少；具体的战术建议提出较多，具有宏观性的战略探讨过于简单；功利主义主张多，权利主义拥趸少，进一步探讨和研究的空间很大。基于此，我们从成本视角出发，提出了一个“完全成本”城镇化的概念和分析框架，作为进一步挖掘成本内涵、拓展模式外延的基础，并试图借助相关测算，得出能够量化的结论，提出相应的成本化解方案，发展新的基于权利主义的城镇化模式。这些工作具有一定开创性和探索性，也具备极大的挑战性。

不置可否，学术研究重在解释问题，而不太注重解决问题。但是，对于成本的化解与分摊、城镇化模式及其组成，尤其是关于土地、资本、劳动力要素配置与体制机制保障与创新等，似乎很难回避实用性的探讨。事实上，学术研究的价值和意义，应当在于认识过往、解释现在和预知未来。本着以人为本、未雨绸缪的态度，在对城镇化成本进行科学测算的基础上，我们尝试借助某些政治哲学理念，去弥补和化解功利主义政策所遗留下的不良影响和突出问题，站在社会中存在城镇化需求，而又处在“不利处境和地位”人群或阶层的位置，谋划和设计未来的城镇化，解决转移劳动人口“低成本”融入难题。基于此，研究选取成本视角，致力于提出一种新的、立场更为明确、目标人群更加清晰的城镇化发展模式。

本研究的思路与方法

已有研究和政策文件中，新型城镇化以“人的城镇化”为核心，在价值理念上已达成共识；在目标、路径以及任务设计上也基本成型[①]。实现这些目标和愿景，一方面，需要满足复杂的前提条件，尤其是离不开经济增速稳定、区域均衡发展的现实基础。事实上，任何一个国家只可能出现人的全面发展，而不存在地区的均衡发展[②]。而且，在经济深度转型的背景下，以资源密集、劳动密集、资金密集和出口导向为特征的传统增长模式难以为继；新的以创新创业、消费升级、供给侧改革、结构性调整为代表的动能挖掘，将维持一个长期过程。这就注定了经济增速回落的不可避免和城镇化目标设定假设前提的实效。另一方面，对于中国这样一个自然条件、资源禀赋、人口素质参差不齐的国家，为保证政策“同一”和政令“统一”，长期采用的“一刀切”政策制定与传导模式，随着市场力量的渗

---

① 我们的研究并不赞同已有关于城镇化的目标愿景，并从成本的视角重新提出了我们所认为合理的模式。

② 童大焕：《中国城市的死与生：走出费孝通陷阱》，东方出版社 2014 年版。

透，越来越频繁地出现“政策钝化”现象[1]。政策、市场“两张皮”问题凸显，“红头文件”效用降低；政策出台系统协调性、边际效应也在减弱。因此，规划文件中涉及的城镇化基准线、明确而统一的质量、水平和标准要求，很可能难以落地，成本主线贯穿的城镇化发展规律与模式研究，成为更可取的研究思路。

一、研究的总体思路

在新型城镇化推进过程中，怎样实现“人的城镇化”？所谓“人”的概念该如何解读，其内涵和外延怎样界定？是根据“总量”划分？还是按照“收入”判断？是“最大多数人的最大利益”，还是“处于社会不利地位的人的最大利益”？抑或其他？

功利主义者的回答似乎是，明确哪些“人”无足轻重。整体的效率、“一种行为所能够增进的幸福”[2] 远比“考虑一个人行为的动机与手段”更有意义，也更实用。但是，正如沃利·恩道所指出的，“城市化极有可能是无可比拟的未来光明前景之所在，也可能是前所未有的灾难之凶兆”[3]。如果我们一直秉承功利主义理念，在出台公共政策时不考虑“穷人经济学”，不从价值理性的角度思考“发展为了什么？怎么样才算发展？为什么我们生活在一个前所未有的丰裕世界里，却仍然存在大规模的剥夺、贫困和压迫？”[4] 那么，现代化过程所伴生的“高技术门槛”以及资本回报率持续大

① 安邦咨询：今后政策文件失灵的情况将会增多［EB/OL］http：//opinion. hexun. com/2016－02－26/182437757. Html. 和讯网 . 2016－02－26。

② ［美］罗尔斯（Rawls，J.）著，何怀宏等译：《正义论》，中国社会科学出版社 1998 年版。

③ 联合国人居中心：《城市化的世界》，中国建筑工业出版社 1999 年版。

④ ［印］阿马蒂亚·森：《以自由看待发展》，中国人民大学出版社 2002 年版。

于经济增长率的事实[1]，将使得财富过度集中、贫富差距拉大等继续恶化，不仅新型城镇化所提出的“人的城镇化”有停滞危险，甚至城市发展的聚集效应也可能被环境污染、交通拥堵、高涨的生活成本所抵消，并存在拉美化倾向。

美国罗斯福纪念公园刻有总统的一段名言，“衡量我们社会进步的标准，不是看我们给富人们带来了什么，而是要看能否给那些一无所有的穷人提供基本保障。”[2] 那些游走于城乡边缘、处在社会不利位置群体“城镇化”的权利不应当被剥夺，基本的生存权、发展权应当被保障，决策者应以一种从下往上的视角，出台公共政策，创造现实条件，让他们融入其中。基于完全成本的假设，为降低城镇化过程中“高成本”衍生出的“高门槛”，避免城乡新旧“二元化”交织与城市内部构成分化，我们的研究尝试借用罗尔斯“无知之幕”正义理念[3]，从成本视角出发，构思并设计一种立足底线思维、注重公共政策托底功能，着眼于实现中低收入阶层、转移劳动人口“低成本”融入城镇化的新模式。在本文的研究中，我们将其归纳为“低生存成本的城镇化模式”。以理念与模式变革，引领实现城镇要素资源优化、空间布局合理、公共政策有效，中间损耗和梗阻最小之目的，让“离福利分配最远，离危机转嫁最近”、处在社会不利位置的群体，能够最大限度地分享发展成果，让城镇成为共建共享、开放包容的美好家园。

这是一种基于政治哲学和经济伦理基础上的论证和探讨，因此，在尽

---

① 在《21世纪资本论》中，皮凯蒂及其伙伴用资本主义数百年经济发展的翔实数据证明：“资本的回报率要远远高于经济增长率，而经济的增长率要远远高于劳动者的工资增长率，因而两极分化、财富分配不公是市场经济的常态和必然趋势。”

② 英文原文如下：The test of our progress is not whether we add more to the abundance of those who have much，it is wheter we prvide enough for those who have too little.

③ “无知之幕”是这样一种状体，比如人们商量给予一个社会或一个组织里的不同角色成员正当对待时，最理想的方式是把大家聚集到一个幕布下，约定好每一个人都不知道自己在走出幕布后将在社会/组织里处于什么样的角色，然后大家讨论针对某一个角色大家应该如何对待他，无论是市长还是清洁工。

量保证学术研究客观性的同时，本文也不可避免地带有部分主观设定色彩。对于未来城镇化趋势的判断和发展模式的引出，是我们的研究重心，这些研究很难有科学而详尽的方法和材料支撑。整体而言，关于城镇化成本以及基于此的模式研究具有宏观建构性，由于选取视角的独特以及整体模式建构的战略属性，使得很多研究超越了现有问题解释与对策建议的范畴。这是一个具有一定开创性的探索，我们认为，即便整个研究因此而显得不够严谨，也是值得去做的尝试。

二、研究的主要方法

在具体研究方法应用上，我们采用文献梳理和政策文本研究，以了解目前研究成果相关结论及其不足；通过案例的比较分析，注重一般性样本和特殊样本互补性研究，进而归纳、总结城镇化成本构成的共性与特性，以搭建完全成本分析框架；通过查阅统计年鉴、规划文本等，收集农民工进城、政府提供公共服务以及企业、社会组织等服务成本的相关数据，用于城镇化成本量化模型的分析。借助这些方法，确保研究结论建立在客观分析的基础上，使政策建议更加完善和切合实际，使最终提出的措施和方案更具可操作性。具体方法包括：

其一，定性研究层面。城镇化研究，整体上偏重于应用层面，因此对政策文件的依赖性强。由于作者从事过多年政策研究工作，在研究能力和政策关注度、认识程度上较为深刻，为研究开展提供了便利。研究对相关理论文献、政策文本以及权威机构报告做了相应的梳理。如《国家新型城镇化规划（2014—2020）》、各领域相关规划以及主要专家学者的论述、中央及地方行政长官的讲话等；相关研究机构包括世界银行、国务院发展研究中心、中国社会科学院、中国发展研究基金会等，提取相关数据、观点作为支撑和分析问题的论证和依据。

其二，量化分析层面。利用 AHP 层次分析法，对城镇化“完全成本”

的构成做了详细论述和罗列。按照承担主体的差别，对不同成本类型做了归类整理。参考世界银行开发设计的“成本—财务”分析模块以及其他已有的相关模型，改进并设计了一种新的量化分析模型。利用广东省的数据，对量化模型做了验证，并对基于测算基础上的城镇化成本化解与分摊做了进一步阐述。

其三，跨学科、探索性研究方法。研究涉及诸多学科的理论及经验支撑。典型的如经济学、管理学、伦理学、公共政策、城市规划、财政学、人口学以及未来学等。在理念设计上，主要是基于政治哲学和经济伦理学的考虑；在成本测算模型和构建上，利用了经济学的方法；在城镇化模式的细化内容上也穿插着不同学科的观点。此外，在提出未来城镇化模式时，研究使用了探索性方法，用已知的信息和趋势判断，试图探索、创造和形成新知识、新架构，力求产生出新颖而独特的新模式。

众所周知，中国的社会科学研究呈现越来越微观、越来越技术化的趋势，这对于形成科学的研究范式大有裨益，但也拉大了学术研究与现实世界之间的鸿沟，由于过于注重技术手段，忽略了价值诉求，也使得功利主义代替权利主义成为公共政策出台依据的主要准则。对于技术化关注的狭隘，造成了郑永年教授所言“有效知识供给不足，已经严重制约改革成效”① 的困境。

事实上，存在于真实世界的经济学、管理学和一系列社会学科，远没有理论假设那般完美。无论如何，工具理性难以替代价值理性，方法的华丽无法遮蔽结论之苍白。学术研究不应该只是象牙塔内的自说自话，内容越做越小，格局越来越窄。就本研究而言，后续关于低成本城镇化模式以及主要构成部分，多偏重于应用对策层面；而对于问题解释与分析，则主要集中在前三章内容。由于体系搭建偏宏观且整个研究基调在于对未来的

① 郑永年：“有效知识供给不足已经严重制约了改革成效”，载于 http：//www. ce. cn/macro/more/201601/27/t20160127_ 8575388. shtml. 中国经济网 . 2016 －01 －27。

关注，因此，很多设想还停留在初步，在技术化方法和科学性论证上还存在改进空间。

拟解决问题与创新之处

成本是选择产生的代价。已有研究表明，经济成本、社会成本、生态成本和管理成本是构成城镇化成本的基本内容，并最终以货币形式得以呈现。就城镇化而言，研究成本问题，就是要弄清楚“钱往哪儿花”“花了多少钱”“钱从哪里来”。尽管理论不深奥、逻辑很浅显，但由于成本界定、选取角度的不同，最终得出的结论和政策启示可能大相径庭。我们的研究，正是基于这些不同的关注，探讨深层次的规律问题，并在顺应趋势下完成新模式的探索和构建工作。

一、拟解决核心问题

成本视角下的城镇化模式研究，其根本出发点和归宿在于，解决转移劳动人口“低成本”融入城镇难题，实现城镇化服务于人的更大程度实质自由。基于此前对城镇化成本梳理这一略显主观判断的“研究假设”，从“人的城镇化”观念入手，研究构建了一个“完全成本”视角的城镇化分析框架①，并试图回答这样几个问题：中国的城镇化成本该如何界定？为什么说中国的城镇化是低成本强制扩张模式？产生的根源何在？在由不完全成本或扭曲的低成本向完全成本的转变过程中，所谓“完全成本”如何构成？

① 所谓完全成本概念在研究正文部分有详细的阐述，这种论述是相对于单就农民工市民化或单从政府财政层面承担的成本而言的。这种成本模式并不是会计统计中的术语，而是指现实城镇化过程中各行为主体所发生的各种有形的或无形的成本。

这一提法能否经得住检验？若其成立，那么“完全成本”在财务上该如何化解和分摊？与之对应的城镇化框架模式该如何搭建？公共政策又应当做出哪些调整？表现在土地、资本、劳动力等基本要素上，该如何优化配置？在城市社会治理、行政区划调整与行政体制改革等体制机制上，又需要哪些创新？

这些问题，勾勒出了研究的整体脉络，也将呈现我们所认为的理想城镇化愿景。当然，这是一个宏观而庞大的体系构建，与标准化学术研究中对于“小问题”挖掘的偏好有很大不同，在某种意义上，研究选题和拟解决问题，更接近于战略研究。我们也希望本文的思考和判断，能够为城镇化模式推进、甚至整个社会发展演变的“顶层设计”提供新的角度，为未来城镇化公共政策的出台带来更符合“以人为本”理念的借鉴。

二、可能的创新之处

这是一项较为宏大的研究，但并非空中楼阁式的逻辑推演，而是对一系列前人研究的挖掘、深化与提升。从概念提出、框架搭建、模式构想以及新模式构成等方面，研究都做了一些开创性探索。概括而言，可能的创新存在如下几处：

一是框架搭建。研究提出城镇化“完全成本”分析框架，从制度供给角度明确界定了城镇化成本的内涵与外延。在未来模式构建方面提出“低生存成本城镇化”框架，并对概念界定、遵循原则、构成圈层体系等方面做了阐释。

二是方法改进。在世界银行城镇化“成本—财务分担模块”等方法基础上，研究对城镇化成本量化模型做了修正和完善，尤其是，补齐了多个主体应承担的成本部分并结合相关统计数据做了实证分析。新模型的特色在于，拓展了成本主体及类型，剔除了城镇化过程中发生的农村成本，使其更全面、具体和科学。

三是模式探索。研究并未落入传统城镇化研究的窠臼，在借鉴现有学术及政策研究的基础上，结合罗尔斯“无知之幕”的正义观，设计了一种基于成本视角的“低生存成本城镇化模式”，明确了模式创新原则、框架与主要内容；通过探求城镇化成本因素与要素资源配置优化、体制机制保障创新间的互动关系，提出更为细化的策略建议。

四是理念反思。功利主义和权利主义是思考正义问题的两种不同哲学主张。传统经济学建立在功利主义理念之上，最大的弊端是忽略了弱势群体的诉求，容易造成道德堕落。事实上，很多传统城镇化政策也是功利主义思想产物。这种对个体利益的选择性忽视，在遗留下一系列棘手问题的同时，也未能建立起真正的市场经济制度。“尊重了人的基本权利，给每个人平等的自由，市场经济自然就会到来”①。低生存成本城镇化模式，正是从权利主义观念出发，试图重塑城镇化目标愿景、主要任务以及与之关联的公共政策。

全文框架与技术路线

研究遵循“成本”主线，从微观的成本决策入手，重新定义了一种新的分析框架——完全成本城镇化，基于此提出了未来城镇化发展的新模式——低生存成本城镇化模式。

绪论部分：旨在阐明研究背景与意义；梳理国内外关于城镇化成本及其模式的研究，明确研究思路与方法，探讨拟解决问题和可能性创新，搭建研究整体框架与技术路线图。

问题的缘起：通过对传统的低成本强制扩张、不可持续城镇化模式的

① 张维迎：“功利主义改革无法建立真正的市场经济”，载于《IT 时代周刊》，2014－8－20。

剖析和批判，论证并引出成本问题，为搭建完全成本分析框架做铺垫。

完全成本分析框架：明确不同主体职责边界、对新的量化模型进一步修正，借助广东省的数据加以检验，并提出成本化解、分摊机制设计的技术性方案。

低生存成本城镇化：关于城镇化未来模式的建构：提出未来城镇化应构建一种“低生存成本模式”。由于单纯技术上设计作用有限，为了从根本上解决“人口城镇化”过程中的转移劳动人口的融入问题，模式变革探讨进入视野。研究提出，秉承罗尔斯“无知之幕”正义理念，着眼于城镇化过程中的中低收入群体，立足底线思维、注重公共政策托底功能，未来的城镇化应当是“低生存成本城镇化模式”。研究对此做了概念界定，指出其构建原则并做了包含核心层、外围层、保障层的“三个圈层”设计。

低生存成本城镇化：要素资源配置与优化：着重解决低生存成本城镇化模式下要素资源配置与优化问题。在低生存成本城镇化模式分析框架下，提出与低生存特征耦合的土地、资本、劳动力要素优化配置总体思路与具体对策。

低生存成本城镇化：体制机制保障与创新：着重解决低生存成本城镇化模式下的体制机制保障与创新问题。从最宏观的两个方向：社会治理模式创新、行政区划调整与行政体制改革方面，分析了城镇化推进过程中制度成本削减问题，并提出了相应的改进建议。

总结与展望：研究最后对上述内容做了总结，并从政治哲学视角对城镇化模式演变与“人的实质自由”获取之间的对立与统一做了反思与展望。

整体上，贯穿全文的主线是成本问题。在逻辑架构上，研究围绕“成本扭曲——成本纠正——成本增加——化解分摊机制设计——新模式构建——具体内容与任务分解”思路，按照“提出研究问题—构建分析框架—改进测量模型—提出解决方案—致力模式创新”路线展开。

总的技术路线图如下。

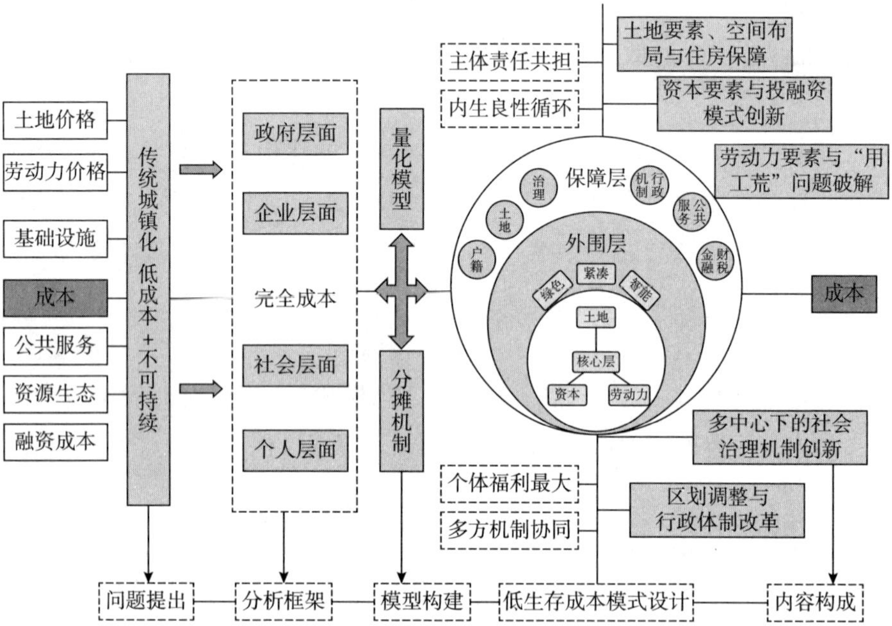

图 1－1 研究的技术路线图

问题的缘起：低成本扩张模式的不可持续

有些城镇化是低成本强制推行的、不可持续的城镇化。

——陈锡文

对于低成本扩张模式的阐释与批判，是本研究的缘起。中国的城镇化，普遍被认为是低成本推进模式。对低成本因素的解读，陈锡文（2012）认为包括：土地低成本、劳动力低成本、基础设施和公用事业的欠账、相当一部分人员的社会保障残缺不全、公共服务能力明显低于城市的扩张等[①]。夏永祥（2006）看来，同时代背景、社会制度、经济体制等演变所变动调整的三种动力模式，即市场主导、政府主导以及二者混合主导模式的切换，导致了工业化与城镇化投入与收益分配机制的不断变化，衍生出行政手段为主，牺牲弱势群体、弱势地区“收益与成本不对称”的形式，最后的承担者——农民或农民工，成为低成本主要牵连群体。“工农产品价格剪刀差、农村土地低价征用、农民工的贡献与牺牲以及国家财政对‘三农’的多取与少予”，既表明“三农”为国家工业化与城市化承担了绝大部分成本，也反映出快速推进的城镇化没有覆盖涉及“三农”的大部分成本，失地、失业、失居、失保、失教、失身（份）的现象还普遍存在[②]。也有的提出，传统城镇化最大的不足在于不可持续性，“关键是经济、社会、环境发展不协调，本质是经济增长导向的城镇化没有支付应有的社会成本和环境成本”[③]。综上，既有对于低成本因素的分析有一定解释力，但也存在一些

① 陈锡文2012年3月25日在“2012中国城镇化高层国际论坛”上的讲话，载于《东方早报》，2012-3-2。

② 夏永祥：“工业化与城市化：成本分摊与收益分配”，载于《江海学刊》，2006（5）。

③ 唐子来：“新型城镇化与城乡规划转型”，载于《小城镇建设》，2014（10）。

问题：一是纳入成本选项很多出于测算目的，不可避免地会遗漏统计上存在困难的因素；二是纳入其中的成本要素有部分歪曲或人为压低的成分，使得快速城镇化过程中资源消耗过高、环境质量下降、社会矛盾加剧。结合制度供给的视角以及前人的探讨，我们认为，土地、劳动力、资本等要素价格、城镇基础设施和公用设施建设、社会保障体系、环境生态成本及以制度成本为代表的其他低成本等几个维度，是构成低成本城镇化的主要表现和症结。据此，以下部分做了展开分析。

土地获取价格低成本

农地“非农化”是经济发展和实现工业化、城市化必须付出的代价。自引入香港土地财政模式以来，从1999年到2015年，是中国土地资产化最为快速的时期。统计显示，全国土地出让收入总额约27.29万亿，年均1.6万亿[①]。由于城镇化推进速度过快、相关制度不完善，导致中国农地“非农化”成本并未完全体现。与西方土地私有制不同，中国的城乡土地制度呈现明显的二元特征，城镇土地转让与使用基本实现了市场化，而农村集体土地“上市”则采用了先征用后“招拍挂”的行政加市场双重手段。价格机制没有直接作用于交易个体，导致土地价格被人为压低甚至忽略。计划经济时期，农村地区并未获得地租收入；即使在土地征收补偿条例出台后，被征地的农民也只是获得了少量的地租收益[②]。土地征用价与“招拍挂”之间价格差是地方政府土地财政的产生逻辑，也成为土地“低成本扩张”问

① 叶开：“十七年全国卖地超27万亿收入去向鲜有公开”，载于《第一财经日报》，2016－02－16。

② 根据全国政协委员、清华大学政治经济学研究中心主任蔡继明的调查分析，目前中国被征用土地收益的分配格局大致是：地方政府占20%至30%，企业占40%至50%，村级组织占25%至30%，农民仅占5%至10%。

题的产生根源，并传导至与之相关的各领域：

其一，工业用地的“超低成本”需要全社会共同承担。商住用地与工业用地价格“双轨制”，使得商住用地高价出让得以“补贴”工业用地低价出让，相当于政府帮助企业分担了部分土地增值成本，并用于以开发区为主体的大规模制造业等相关产业招商引资。反过来，这一方式又助推了地方政府通过限量、高价供应商业、住宅用地获取垄断利润，甚至抵押未出让商业及住宅用地储备进行借债的动力，并不断加大开发区、新城区建设规模，造成了土地资源的更大浪费。据测算，截至2015年，中国的工业用地面积约占城市总面积的40%～50%，远高于各国城市10%～15%的平均比例①，这与工业地价格被变相压低不无关系。

其二，土地提供了低成本融资的重要途径。工业用地较低的出让价格和土地市场较高的出让价格之间“融资租金”的存在，助长了城市土地的无序扩张和快速蔓延，使增量投资在空间意义上被城市新增面积稀释，大大降低了城镇的集聚效应，导致大量土地被低效利用，同时还助长了低端产业的无序扩张和过剩产能的大量聚集，这是一种典型的要素价格扭曲引发供需不匹配的传导机制，也是产能大范围过剩的重要诱因。

表2－1　土地财政总额及其占比

	2006	2007	2008	2009	2010	2011	2012	2013	2014
全国土地出让金收入	8078	12217	10260	17180	27464	32126	27010	39073	42606
地方财政收入	18304	23573	28650	32603	40613	52547	61078	68969	69011
占地方财政比重	44.1%	51.8%	35.8%	52.7%	67.6%	61.1%	44.2%	56.7%	61.7%

数据来源：《中国国土资源统计年鉴》（2007－2014）；《中国统计年鉴》（2007－2014）。

其三，由于定位和立法不明确，各地土地出让金游离于监管视野。“体

① 潘祺：“工业园区用地激增占比近半圈而不建等浪费现象严重”，载于《经济参考报》，2015－01－16。

外循环”的巨额资金既为侵占挪用、权力寻租创造了机会，也极易被公众误解和诟病。土地财政并不存在“原罪”，价格剪刀差也并非一无是处。事实上，土地财政的大部分被用于后序的开发建设领域，如征地和拆迁补偿、土地开发、城市建设等占比已超过 80%，但在房价居高不下情形下，其正面作用很难被认可。

其四，由于土地财政存在的税提留和财政分成，导致一些地方为减少部分固定支出，大幅度提高土地出让中用于征地拆迁、土地开发的成本，甚至将土地出让做成“负收益”，将地块周边绿化、道路建设打包塞进土地开发支出，再传导至购房者，这种做法实际上是将本应由财政分担职能转嫁给广大民众，从而将土地要素获取的“低成本”转化为解决居民居住问题的“高成本”。

低成本扩张的土地获取途径，带来了土地利用上的铺张浪费，间接助长了低效率、高耗能的城镇化发展模式。广泛被提及的一个数字是，2000～2010 年十年间，中国的城镇建成区面积扩张了 64.45%，与之对应的，城镇人口仅增长 45.9%①，低密度、分散化的分布格局，“摊大饼”式的空间扩张形态，大马路、大广场、大厂区及标志性建筑的盲目建设②，不仅花费了巨额的财政成本，还浪费了大量宝贵的土地资源。统计显示，中国大中城市人均综合用地已超过 120 平方米，对照国际大都市，东京为 78 平方米，香港为 37 平方米。中国的城镇人口密度已从 2000 年的每平方公里 8500 人下降为 2011 年的 7700 人③。

结合不同地区、不同时期的数据测算，中国城市用地规模弹性系数为 1.36～2.30，高于世界公认的合理限度 1.12。1980～2005 年 GDP 每增长

---

① 马凯：“转变城镇发展方式，提高城镇化发展质量”，载于《国家行政学院学报》，2012（11）。

② 王海燕：“推进新兴城镇化发展要处理好若干关系”，载于《经济研究参考》，2013（2）。

③ 陆大道：“对中国城镇化发展态势的分析”，载于《中国科学报》，2014－8－1。

1%占用农地30万亩左右，是日本快速发展时期占用量的8倍①，由此形成这样一种怪圈：地方政府千方百计从中央政府盘子里获取土地指标，费尽心思从农民手里征地，然后再大方地把土地挥霍掉。研究表明，越是欠发达地区，土地浪费问题越严重，相比东部地区，中部和西部更为突出。量化分析的结果也显示，过去近20年，东部城市土地扩张和人口扩张速度在回归结果中较为收敛，而中部和西部城市则较为分散，土地扩张速度分别是人口扩张速度的3～5倍②。可以说，这种高浪费的现象与土地的低获取成本是相对应的。

劳动力要素价格低成本

廉价的劳动力成本是中国经济快速增长的一大优势。这种“低成本”不单是工资收入水平低，更表现为，以转移劳动人口为代表的大部分低收入群体，长期没有纳入城镇社会保障体系。此前低成本、快速推进的城镇化阶段，恰好伴随着中国的人口红利期。劳动力市场总体处于供过于求状态。尤其是，低端劳动力资源密集，加之长期以来劳动力市场制度约束和惩罚机制的不健全，导致劳动力成本被变相压低。此外，城乡二元体制也在一定程度上加剧了劳动力市场的扭曲。在户籍制度束缚下，多数转移劳动人口处于自发、松散的流动状态，他们在为城市建设发展做出贡献的同时，也被城市以种种条件拒之门外，使得这种低成本的劳动力价格模式得以延续。“在农民工与本地城镇工人间存在的各种差别待遇中，最明显的是收入差距。农民工每周比城镇当地工人平均多工作8个小时，收入却只有当

① 王军：“美国与中国：高地耗模式下的城市演绎”，载于《〈瞭望〉新闻周刊》，2013－6－24。
② 巴曙松：“低成本的土地城镇化不可持续”，载于《人民日报》，2013－10－15。

地居民的68%”①。

关于农民工与城镇职工工资差距的研究众多。不同职业间的报酬差异因素，城乡二元、地域歧视等体制因素以及个体结构性差异，是解释这一现象的基本变量。研究发现，户籍制度所产生的社会分割和就业隔离，是城乡工资差异主要原因，而非“同工不同酬”的劳动力市场中的直接歧视（吴晓刚等，2014）②。我们认为，尽管基本不存在就业、工资上的直接歧视。但是，由于户籍等所产生的职业隔离和收入差距，也应当被看作是一种间接歧视。一项关于农民工“工资歧视”的研究认为，农民工和城市工的平均工资收入的差距，超过一半是因为户籍制度差异为核心的歧视性原因产生的（谢嗣胜、姚先国，2006）③。倘若这一测算成立，那么把歧视性政策作为体制因素剔除，农民工与城镇职工之间的工资差距至少会缩小一半，即前者达到后者的75%以上。如果再把欠缺的社会保障支出补齐，那么相应的支出成本会更高。着眼未来，随着人口红利的终结和户籍制度改革的推行，劳动力要素资源低价格的格局正在被打破，基于其上的低成本劳动力模式难以为继。尽管如此，城乡收入差距扩大的趋势依然难有效收敛。普遍意义上，不平衡的机会结构，尤其是教育机会的巨大不平等，是造成职业隔离的重要原因④，而这种差距的弥合很难立竿见影，从而使得低成本劳动力价格还有一定的存在空间。

此外，涉及公共服务方面，农民与城镇居民同样有着不同待遇。户籍制度改革，必然触动利益关系调整。实现市民化后无差别的社会福利待遇，会给地方政府带来较大财政压力，这也是各级城市行政长官极力推脱的根

---

① 李培林、李炜：“农民工在中国转型中的经济地位和社会态度”，载于《社会学研究》，2007（3）。

② 吴晓刚、张卓妮：“户口、职业隔离与中国城镇的收入不平等”，载于《中国社会科学》，2014（6）。

③ 谢嗣胜、姚先国：“农民工工资歧视的计量分析”，载于《中国农村经济》，2006（4）。

④ 吴晓刚、张卓妮：“户口、职业隔离与中国城镇的收入不平等”，载于《中国社会科学》，2014（6）。

源。即使在统一城乡户籍的省份，原城乡人口在最低生活保障、保障性住房安排、社会保险制度、退伍兵安置以及交通事故赔偿等方面待遇差别依然存在。2014 年发布的《国务院关于进一步推进户籍制度改革的意见》，体现了国家层面对户籍改革的决心。与此同时，适龄劳动人口“拐点”的出现、新一代劳动者对工作环境、自身权益等的重视，劳动者显性工资和隐性工资的刚性增长都表明，大范围、普遍的低成本劳动力价格已不可持续，传统劳动力供给模式正宣告破产。

基础设施结构性不足低成本

从各国发展经验看，任何一个国家的经济发展都与基础设施水平有着直接关系。世界银行的研究发现，基础设施水平与经济产出正相关，基础设施存量每增长 1%，GDP 随之增长 1.5% ~1.7%。基础设施供给作为政府最核心的职能之一，可分为经济性基础设施供给和社会性基础设施供给两类①（世界银行，1994）。作为推进城镇化的先决条件，基础设施涵盖城市供电、供水、燃气（供暖）、公共交通等城市公用事业设施；城市道路、城市排水、城市污水处理、城市防洪、城市照明等市政工程设施；市政服务则包括城市市容、城市公共场所保洁、城市生活垃圾和粪便清运处理、城市园林绿化等环境设施以及城市应急安全保障等。其所具有的公共产品属性，决定了多数应由政府提供，但限于政府供给能力的不足，又造就了其实际供给规模小于适宜供给规模的困境。

根据国际经验，发达国家在城镇化快速推进时期，城市基础设施投资

① 世界银行：《1994 年世界发展报告为发展提供基础设施》，中国财政经济出版社 1994 年版。

占 GDP 比例约为 2% ~4%，占固定资产投资总额的比例为 6% ~10%[①]。我们统计了 1995 ~2013 年中国的城镇基础设施投入情况。与城镇化年增速超过 1% 同步，中国的城镇基础设施投资占 GDP 比重介于 1% ~3% 之间，平均值为 2.4%；占固定资产投资总额比重约为 4% ~8%，平均值为 5.3%，且过程起伏较大，尤其是 2003 年、2010 年相关投资占比达到顶峰（见图 2 –1）。单从占比这一直观数据分析，中国的城镇基础设施投入水平略低于其他国家。鉴于统计口径较大，比较同时期的美国、日本和联邦德国（见表 2 –1），中国用于城镇基础设施建设的投入实际上占比更低，甚至未达到联合国和世界银行推荐的比例。这一方面与考察期间中国快速推进的房地产投资、铁路、高速公路等大型基础设施项目总量及占比庞大有关；另一方面也表明，全社会对城镇化基础设施投入不足现象仍然存在。事实上，在实施了多年的积极财政政策以及地方政府强烈的“政治锦标赛”压力下，中国的城市基础设施除局部地区总量不足外，存在的更多是结构性短缺问题，这也成为传统城镇化基础设施投入不足“低成本”的主要表现形式。整体上，结构性不足的低成本由以下几方面构成：

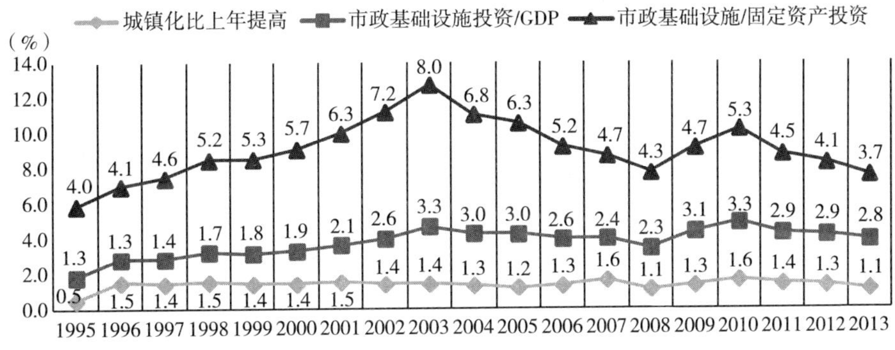

图 2 –1　城镇化率、城市基础设施投资占 GDP 和总投资比重变动

资料来源：《中国统计年鉴》2014；《中国城乡建设统计年鉴》2013。

① 王路：“城市基础设比例关系”，载于《城市规划》，2000（24）。

表 2-2 国外城市基础设施投资比例

项目、国家及年度	美国 1950~1983	日本 1960~1980	联邦德国 1976~1980	联合国推荐发展中国家比例	世界银行部分发展中国家比例 1980~1990
基础设施投资占 GDP 比例	1.17~1.75	2.08~4.16	1.7~1.9	3~5	2~8
基础设施投资占固定资产投资比例	5.98~10.23	6.41~12.85	7.3~9	>10	20

资料来源：《世界银行发展报告》1994。

其一，缺乏战略规划的低成本。对城市进行科学设计和规划，既是决策者谋略问题，也属于成本范畴，由于前期缺乏相关论证，大多数城市的基础设施规划缺乏科学性、权威性和延续性，超前建设、大量闲置或重复建设现象时有发生；“一任领导一任规划”，土地利用总体规划、国民经济和社会发展规划和城市总体规划“三规打架”的现象普遍存在，这为城市长期、健康发展埋下了隐患。

其二，设施结构性短缺与管理不足的低成本。部分城市基础设施欠账严重，突出表现为地下管网等设施相对不足，公共文化、体育等生活空间严重匮乏；随着相关设施老化、功能退化，原有公共设施和服务维护、保养成本也在大大增加，未来城镇化在基础设施投入方面仍有很大空间。一些城市基础设施建设和公用事业投入滞后，城市管理尚未破题。“重面子轻里子”“重地上轻地下”矛盾较为突出，城市道路拥堵、城市缺水、管网设置混乱、垃圾处理不配套、排水排污管道不分等问题还大面积存在，城市教育、医疗、文化设施难以满足农业转移人口大量涌入的要求。城市管理中普遍存在重复管理、交叉管理和无人管理的现象，僵化、滞后、内耗和低效的城市建设管理模式，使得原本不充裕的基础设施和公共服务更加大打折扣。

其三，区域发展差距拉大的低成本。不同区域、层级和类型城市间基础设施建设不平衡矛盾突出。北京、上海、广州、深圳等中心城市以及东部地区财力发达城市，城市基础设施基本健全，整体已步入改进完善阶段，医疗、教育、保障性住房等各项公共服务资源相对密集，发展较快，成为城市最大的吸引力。比较来看，中西部地区的很多城市甚至仍处于起步期，无论是硬件设施，还是软性服务，都显得极为不足，进一步助长了城市发展与区域布局的非理性。

基本公共服务残缺低成本

基本公共服务体系的供给主体是政府，其构建的初衷是，通过完善供给体系、改善供给方式，保障全体公民生存和发展基本需求的公共服务①。根据《国家基本公共服务体系“十二五”规划》的界定，基本公共服务范围包括保障基本民生需求的教育、就业、社会保障、卫生、计划生育、住房保障、文化体育等领域的公共服务（见图2－2）。遵循公平正义原则，按照“学有所教、劳有所得、病有所医、老有所养、住有所居”的要求，城乡

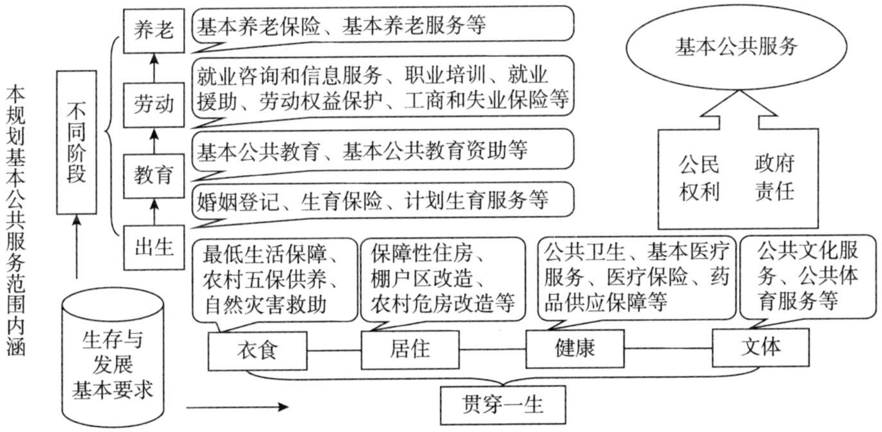

图2－2　基本公共服务范围内涵

① “国务院印发国家基本公共服务体系‘十二五’规划”，载于中国新闻网，http：//news.sina.com.cn/c/2012－07－20/132424813587.shtml。

居民都有享受均等、高质量基本公共服务的权利。但是，基本公共服务的供给能力与水平提升，需要建立在高成本、大投入基础之上，这对很多财政困难地区都是一个巨大挑战。

由于服务设施及服务水平的城乡差距与区域差距，均等和大致相当水平的公共服务供给水平和理念，显然是一种难以企及的理想状态。两组密切的不平等现象，表明公共服务水平不均等所产生的困境：一是城镇人口中“新二元化”，使得转移劳动人口受户籍所限无法享受城市的公共服务，或者比当地居民缴费更高、困难更大；二是区域间以及城乡间公共服务的数量质量上仍存在较大差距。这种不均等的存在，同样意味着在某些区域、某些领域和环节，公共服务和公共产品存在残缺不足的现象。

公共资源的供给通常由政府主导并具有一定前置性；而农村转移劳动力对于迁入地选择以及迁入后公共资源的需求则具有随机性。因此，若没有经过科学的经济社会发展与人口规模预测，政府部门仅按照统计在册的户籍人口或此前常住人口规模设置的公共服务条件，难免会产生政策滞后。一个众所周知的现象是，伴随城镇规模的快速扩张，被统计为城镇人口的2.34亿农民工及其随迁家属，并未享有与城镇居民同等的教育、医疗、住房、养老以及文体服务，“残缺城镇化”或“半城镇化”，主要也是基于公共服务供给不足的考虑。

卫生方面。据统计，国内大约有80%的医疗资源集中在大城市，其中又有30%集中在大医院①，中小城镇资源严重短缺，城乡人均医疗资源相差2.5倍以上，“看病难、看病贵”问题难解决。基础教育方面。城乡教育资源空间配置，随着计划生育政策实施与城乡格局调整发生重大改变，农村教育面临的不再是数量不足问题，而是大量留守儿童、教学设施陈旧、教育质量不高、与城市间差距拉大的弊病；对于转移人口较多的城镇，还面临基础教育资源不足甚至严重短缺困境，教育服务资源难容纳大量的进城

① 黄春景：“‘全国看病中心’折射医疗资源分布失衡”，载于《广州日报》，2014-5-20。

适龄入学人口。统计显示，2014 年农民工随迁子女在公办学校的就学比例为 80%，仍有 20% 在民办学校或不正规学校[①]。同时，全国义务教育阶段在校生中农村留守儿童达 2000 多万，比流动儿童多 1 倍。中小学建设滞后、基础教育资源明显不足、“大班”现象严重、城区学校教师缺编问题突出、普通高中教育经费投入不足、学前教育“入园难”问题等依然存在。而在城镇保障住房方面，虽然中国的城镇户籍家庭自有住房率在国际上非常高，但外来人口在城市拥有自己住房的比率仅为 10%。大量研究表明，“收入，而非居留权是决定居民能否在城市买房的核心因素”[②]（Li，2012）。在全国城镇低保家庭中，通过各种方式已解决的住房困难户仅占 7% 左右；在已开展廉租住房的城镇，其覆盖率仅有 1%[③]。而在社会保障制度建设方面，尽管近些年覆盖城乡的基本保障体系框架已基本搭建完成，但外出农民工参加社会保障整体比例依然不高（详见表 2－2）。如何将农民工、自谋职业者以及非正规部门就业者纳入社保体系，仍然是个挑战。与此同时，实现各项保障的异地转移、适度保障和财政可持续，也必须依靠高成本的制度设计方案和系统化的改革推进举措。

表 2－2　　外出农民工参加社会保障的比例（单位：%）

	2008 年	2009 年	2010 年	2011 年	2012 年	2013 年
养老保险	9.8	7.6	9.5	13.9	14.3	15.7
工伤保险	24.1	21.8	24.1	23.6	24.0	28.5
医疗保险	13.1	12.2	14.3	16.7	16.9	17.6
失业保险	3.7	3.9	4.9	8.0	8.4	9.1
生育保险	2.0	2.4	2.9	5.6	6.1	6.6

数据来源：2014 年全国农民工监测调查报告。

① 教育部：“2014 年农民工随迁子女在公办学校就学比例超 80%”，载于《新华网》，2015－2－28http：//news.xinhuanet.com/politics/2015－02/28/c_1114471141.html。

② Li，Si－Ming. 2012. “Housing inequalities under market deepening：The case of Guangzhou，China.” Environment and Planning 44：2852－66.

③ 王元京、张潇文：“城镇基础设施和公共服务设施投融资模式研究”，载于《财经问题研究》，2013（4）。

资源价格低与生态成本未纳入

城市化与生态环境间存在着极其复杂的交互耦合规律（方创琳等，2008）[①]。根据罗斯托的经济增长阶段理论，在历经传统社会阶段、起飞及起飞准备阶段、成熟阶段、高额消费阶段和追求生活质量阶段过程中，与城市化伴生的产业结构调整、技术水平提高和人们环保意识增强，呈现不断变动的趋势。环境库茨尼茨曲线也表明，城市化与生态环境之间的耦合存在“倒U形”演变路径[②]。传统工业社会的城市化过程，经济增长模式是线性的，以资源大量消耗为前提，各产业间联系少、资源利用率低，而且伴随着各个环节产生了大量的废弃物进入自然界（见图2-3）。城市既要容纳大部分经济和社会活动，又要占据大量的资源和环境容量。传统的城镇化推进模式下，一方面由于对线性增长方式的过度热衷；另一方面，能源、资源、水等价格并不能反映其固有成本，从而导致高资源、能源消耗、高污染排放的粗放型增长方式占主导，“高消耗、高污染、高投入、低效益”等问题在传统城镇化发展过程中表现得极为突出。传统的低成本推进城镇化模式，过多地依赖于增加数量、做大规模的外延式扩张，距离集约式发展的道路还相差甚远。一些问题，如城镇土地的低效利用、城市用水污染及浪费，建筑能耗长期居于高位，绿色建筑标准长期未执行以及由此造成的生态恶化、环境污染，碳排放量骤增等，使工业化与城市化的发展与资源、环境的矛盾日益突出，已成为制约中国城镇化发展的障碍。

---

① 方创琳、鲍超、乔标等：《城市化过程与生态环境效应》，科学出版社2008年版。

② 姚士谋、冯长春、王成新、年福华、陈春等：《中国城镇化及其资源环境基础》，科学出版社2010年版。

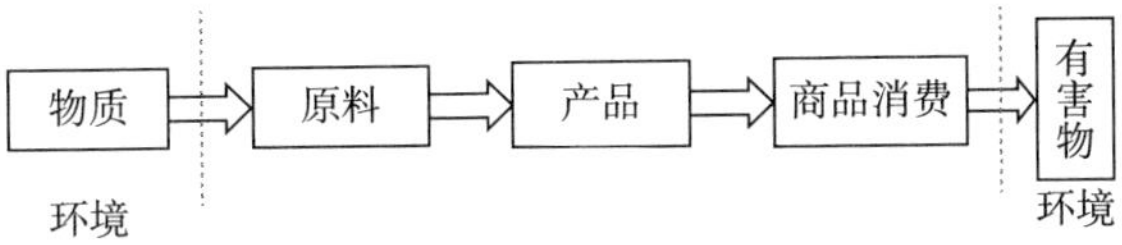

图 2－3　线性经济发展模式

由于人口基数巨大，城镇化推进在完成人口空间转移的同时，也给环境带来了持续压力。大量增加的“三废”排放，日益严重的空气、水体、土壤污染，体现了城镇化推进中并未实现环境成本“内部化”的沉疴，这不仅降低了城市生态环境的自我修复能力，也使得大量污染企业以及污染源转移扩散至广大农村地区。李佐军等（2012）的研究表明，城镇化水平的提高给环境带来新的压力。以 2010 年城镇人口数据为基准，城镇化水平每提高 1 个百分点，生活污水排放将新增近 4 亿吨；城镇生活垃圾产生量将新增 300 万吨；工业固体废弃物产生量将新增 2.4 亿吨，总体上会导致生态环境质量综合指数下降约 0.0073①。假定 2020 年城镇人口总数达到 8 亿，那么在实现的过程中将会累计新增污水排放量约 410 亿吨、生活垃圾约 3.2 亿吨、工业固体废弃物约 26 亿吨②。这些增量的环境生态治理成本，与之前城镇化遗留下的部分地区资源枯竭、环境污染、生态破坏等存量治理成本交织，为新型城镇化推进带来了巨大压力，也从最终产出端证明，中国的城镇化推进过程存在资源价格低与生态环境成本未纳入的事实。

扭曲的低融资成本

地方政府在推进城镇化过程中由于不具备中央政府的直接融资工具，更倾向于间接方式干预金融资源配置。一方面，通过提升城市基础设施和

①② 李佐军，盛三化：“城镇化进程中的环境保护：隐忧与应对”，载于《国家行政学院学报》，2012（4）。

公共服务“硬环境”，如各省中心城市几乎都划出专门区域设置高端金融聚集区，吸引要素聚集；另一方面，借助隐性担保、财政补贴、低价出售可抵押工业用地等方式，为企业融资提供“信用增级”，进而变相压低企业融资成本。政府作为一种外生力量，之所以能够发挥以上作用，主要还是依靠土地财政的强力支撑，并借助三条具体途径实现：土地非税收入、土地相关税收和土地抵押融资（见图2－4）。土地非税收入和土地相关税收，作为土地财政的两大显性组成部分，对地方政府财政的作用毋庸赘述，而容易被忽略的土地抵押融资，则由于进一步扭曲了传统的信贷关系，起到了放大金融风险的作用。

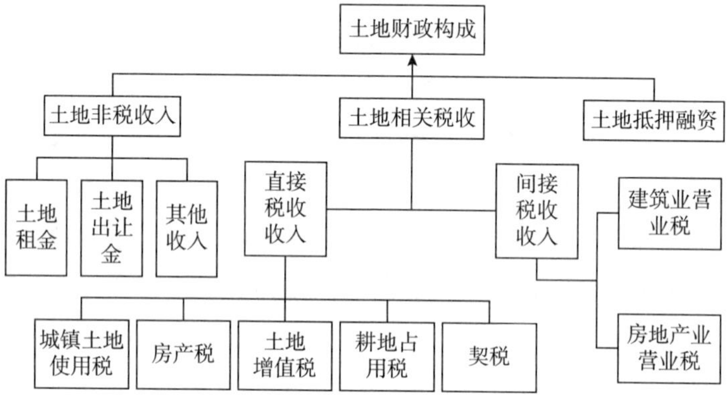

图2－4　土地财政的构成

统计显示，2009～2012年全国84个重点城市抵押贷款总额增长一倍多。同期，单位面积土地获得的抵押贷款分别是单位面积土地出让平均价格的2倍、2.65倍、3.21倍和2.85倍，个别甚至高达10倍；截至2014年底，84个重点城市处于抵押状态的土地面积为45.10万公顷，抵押贷款总额9.51万亿元[①]（见图2－5）。超值抵押意味着土地只有增值才能偿还贷款、维持资金链条不断裂。这也不难理解，某些政府放任或促进价格大涨，

① 中华人民共和国国土资源部.2014中国国土资源公报［R］.http：//politics.people.com.cn/n/2015/0422/c1001－26887069.html。

甚至不惜流拍而保证“招拍挂”价格现象。事实上，由于扭曲融资成本导致的地方债务大举扩张，以及远不相匹配的偿债能力，导致某些地方出现“借新还旧”和债务逾期的情况，使得政府面临信用危机以及政府债高企，甚至有引发系统性风险的可能。总之，这种建立在土地财政基础上的投融资方式扭曲，客观上起到了压低企业融资成本的作用，但也影响了劳动力、土地等生产要素的组合，紊乱了市场调节的基础性作用，不仅导致工业产能过剩，难实现市场出清，还使得城市要素聚集偏离最优路径，出现了较大程度的效率损失和风险累积①。

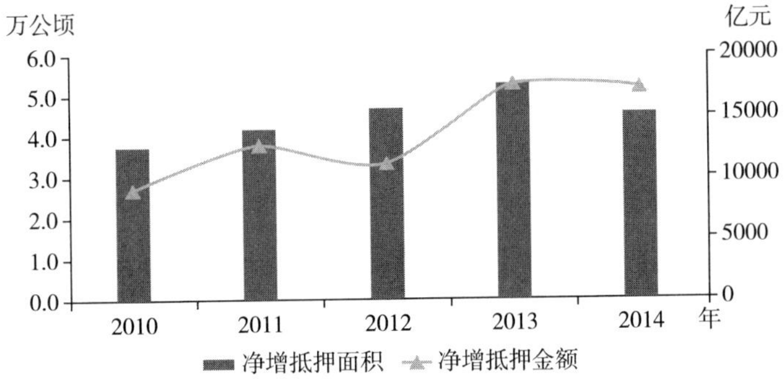

图 2-5　2010～2014 年 84 个重点城市土地抵押变化情况

数据来源：国土资源部《2014 中国国土资源公报》。

制度成本为代表的其他低成本

城镇化低成本强制扩张的主要表现，不仅体现在具体的存在领域，还融汇于其背后制度构架体系中。社会学家涂尔干（Gough Olofsson，1999）认为，如何使劳动分工导致的利益分化和冲突成为规范整合的基础，解决

① 卓贤：“新型城镇化如何解决人、钱、土地三大难题”，载于《东方早报》，2014-4-1。

整合困境，是城市发展到一定阶段必须面对的难题①。城镇化是农村转移劳动力就业、定居在城市的过程，也是实现制度融入、文化融入甚至思维融入的过程。这其中，社会稳定是前提基础；城乡二元制度变革是外生条件；转移劳动力发展能力提升则是内生动力。环境建设、能力建设与制度建设同样重要。政府要担负起相应的能力建设成本、社会管理成本和行政管理成本，一方面，通过正面激励引导转移劳动力选择并有能力在城市定居；另一方面，也要规避城市扩张与城市化加速过程中的社会系统混乱、城市生活质量下降、犯罪率上升以及道德溃败等风险。事实上，传统城镇化推进过程中，远未解决由于制度缺失、体制机制不畅带来的风险和难题。例如，转移劳动人口劳动和就业能力不足，承受风险能力较低；城市新增社区治理存在很多空白地带，维稳导向、高成本“管控式”的社会管理模式依然占据主导。政府权力过大、层次过多、事务繁杂造成的行政管理成本高，仍将维持一个长期过程。而隐藏在低成本背后的权力寻租、官商勾结、贪污腐败等行为，不可避免地助长了城镇化总成本，损害了社会总福利。

本章主要结论

传统城镇化存在低成本强制扩张、不可持续的风险。这些被压低或扭曲的成本包括土地价格低成本、劳动力价格低成本、基础设施结构性不足产生的低成本、基本公共服务残缺的低成本、环境资源价格扭曲以及生态环境成本未纳入等产生的低成本，低融资成本以及以制度成本为代表的其他低成本构成。这种政府主导的、以征地拆迁、改造为主要手段的低成本强制扩张模式，破坏了要素资源配置的自然体系，紊乱了市场调节的基础

① Gough I., Olofsson G. 1999. Capitalism and Social Cohesion. London: MacMillan Press.

性作用，打破了城镇化发展的固有节奏，也忽略了以转移劳动人口为核心主体的“人”的基本诉求，不仅未能从根本上触及城乡分割的制度根基，反而在城市内部形成了新的二元结构，使城镇化处于无序的、不公平、不和谐状态。尽管不像拉美、印度等国家存在大量的“贫民窟”，但传统城镇化还是造就了一个隐形的隔离城市以及残败落魄、难以回去的农村。伴随劳动力进城产生的留守妇女、老人、儿童等，成为牵涉几代人的社会问题。而所有这些，都是城镇化过程中关注速度、总量，忽视质量、结构，扭曲和压低成本所产生的弊端。传统城镇化并没有为预防、规避和合理化解此类成本付出应有的代价，也注定了这一模式的不可持续。对“人”基本权利关注的缺失，应当说是低成本强制扩张模式的主要表现和核心症结。

新型城镇化以人的城镇化为核心，需要解决传统城镇化“化地”不“化人”的根本问题，破解转移劳动人口融入城镇过程中的成本困境。没有常住人口的市民化，不去解决处在社会不利位置群体的城镇化融入问题，这样的城镇必将是低质量、虚假繁荣和无法持续的。“人口城镇化成本早晚要掏，越晚成本越高”[①]；而且错过改革时机，将遗患无穷。以成本为视角研究城镇化问题，并不是强调城镇化过程要给社会带来多大负担，产生多大风险，而是从一个更为微观的角度去阐述“人”的城镇化，纠正以往过于关注“物”的城镇化、变相压低成本或忽略成本，实现加速扩张的“半城市化”问题。基于这一判断，现有的成本分析框架是不足的，需要一个基于完全成本构成体系的新框架，来梳理成本构成、开展相关测算，形成成本化解与分摊的整体方案。

---

① 顾仲阳：“人口城镇化尽早推进不拖宕”，载于《人民日报》，2013－12－15。

完全成本分析框架：量化模型、实证检验与化解方案

作为一种行为抑制因素，成本能够影响所有经济行为主体的选择。

——布坎南

城镇化既是一种社会状态，也是一个经济活动过程，需要以大量物质和劳务投入作为基础，以市场价格来衡量这些投入，就称其为城镇化成本。既有研究表明，多数关于城镇化成本构成分析，以农民工市民化为出发点，具有一定共性，但由于城镇化构成主体的多元性，存在状态的暂时性、演变过程的动态性以及环节构成的复杂性，既需要维系存在、合理运营成本，也需要解决增量人口“化”的过程，进而超脱原先的低成本强制扩张、不可持续模式，因此，原有的单一主体分析局限性开始显现。在新型城镇化制度背景下，有必要发展一种新的、更能体现城镇化全貌的成本分析框架。本章的研究基于完全成本假设，提出了一种新的完全成本城镇化分析框架，并对既有的量化分析模型做了修正和改进，借助广东省数据对模型做了实证经验，在此基础上，研究最后提出了化解与分摊完全成本的技术化方案。

完全成本假设：成本构成及演变

低成本扩张模式下的成本内容有局限性，是一种不完全的成本构成体系。新型城镇化视角下，要实现人的城镇化，需要将更多的成本因素纳入考虑范围，实现由“不完全成本”到“完全成本”的过渡。根据已有研究，从制度供给角度[①]，在“宽口径”成本构成思路下，我们引入“完全成本”城镇化分析框架，给出了一个略显模糊的概念界定，以方便其外延拓展。所谓城镇化“完全成本”，是实现城镇化过程中，全社会所共同承担的代价。“完全成本”最核心的体现，或者与农民工市民化成本最大的区别是，成本承担主体的全面，成本发生的全过程。相关主体，涵盖政府、个人、企业、社会组织各方；成本类型，则包括公共成本、个人成本、企业成本以及社会成本多种。由此，我们构建了一个广义的城镇化成本构成图（见图3－1），在这个框架下探讨各子成本产生、演变过程，以此为基础，作为构建测量模型、改进公共政策的立足点。

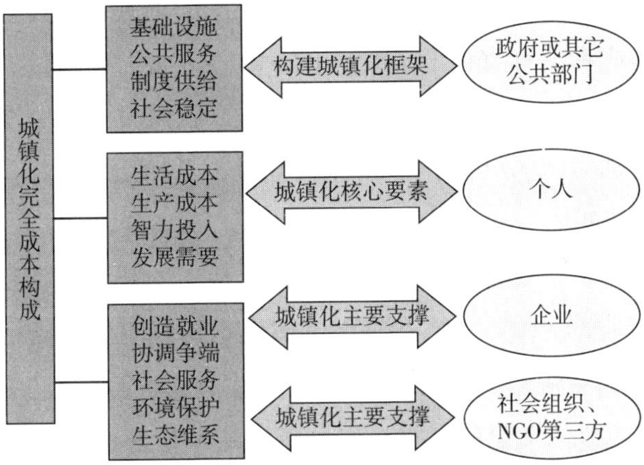

图3－1　城镇化完全成本的构成模型

我们赞同魏后凯（2014）等的观点，城镇发展中为解决“化”的问题而产生的成本，才是中国城镇化成本的概念[②]，这类似于经济学中所提的

---

① 制度供给是指制度供给者在给定的主观偏好、利益结构、理性水平、制度环境、技术条件等的约束下，通过特定的程序和渠道进行正式规则创新和设立的过程。所谓的制度供给方，我们并不认为单纯是指政府或相应的公共部门，企业、非正式组织或者社会，完全可以成为制度的供给和输出者。

② 魏后凯：《走中国特色的新型城镇化道路》，社会科学文献出版社2014年版。

“边际成本”概念。在城镇化推进过程中，由于人口迁移、城镇规模扩张、产业结构调整以及生活方式改变等，会产生一系列成本需求，这些过程中发生的成本，才应当被纳入。而一些正常地维系社会运转的政府和社会支出无论城镇化与否，都是需要的，不应单独算在城镇化成本之列。尽管如此，我们所构建的完全成本分析框架，还是未能完全区分城镇“化”成本与正常开支成本，这虽然一定程度上存在推高成本总量的可能，但保留了完全成本分析体系的完整性，体现了本研究区别于农民工市民化成本研究的特殊性。

广义上设计的完全成本城镇化分析框架，是一个宽口径设想，其优点是涵盖范围广、可伸缩性强；不足之处在于，量化测算操作性较弱，很多制度性成本，或者没有直接的表现手段，或者表现时断时续，很难给出明确数值。为了更准确地表述和测量完全成本，我们设计了一个包含更多指标的体系。借助 AHP 分析法①，按照核心层、目标层、指标层划分、设计指标并构建相应矩阵。

从核心层看，主要目的在于明确城镇化成本构成；目标层的设计，则包括了政府、企业、社会、个人四个层面成本构成主体；指标层包括目标层下的主要层级（见表 3 -1）。当然，不排除有成本需要几方联合承担的情形，但因为最终纳入测量的是指标层且最终结果是为获取成本总量，因此，对归类准确性暂不苛求。在指标选取时，遇到的最大难题和困惑还是，如何区分“化”的成本，即怎么把由于城镇化推进所带来的成本同一般常规性工作所涉及的指标相甄别，以界定新型城镇化背景下与之前不同的成本？再者，若对将要发生的成本进行预测，在考察时间序列数据的同时，如何涵括制度变革、结构转换等因素？结合这些问题，我们对指标选取过程一一展开，对个别处还做了解释和论述。

① 层次分析法（Analytic Hierarchy Process，简称 AHP）是将与决策总是有关的元素分解成目标、准则、方案等层次，在此基础之上进行定性和定量分析的决策方法。

表 3－1　　　　AHP 方法设计的城镇化完全成本构成情况

核心层（C_0）	目标层（C_1）	指标层（C_2）
城镇化完全成本构成与分解	政府层面	完善基础设施建设
		提供基本公共服务
		搭建制度作用平台
		维持转型社会秩序
		维系生态环境平衡
	企业层面	创造就业
		缴纳社保
	社会层面	社会组织培育及购买服务费用
		支付资源环境消耗成本
	个人层面	生活成本
		生产成本
		智力投入

一、政府层面：公共成本及构成

为实现正外部性内部化，弥补公共产品的供给不足，政府往往要承担供给主体的职责。就城镇化而言，政府承担的成本主要包括：绝大部分城市基础设施建设投资、涵盖就业（包括农村转移劳动力、城市下岗人员的免费培训）、社会保障支出（失业、养老、医疗保险支出）、义务教育、保障性住房等的公共服务支出、政府行政管理、购买服务、社会治理的支出和环境保护与生态维系支出等。由于本研究的初衷在于为公共政策出台提供依据，因此，政府层面的城镇化成本支出是我们关注的焦点。

（1）完善基础设施建设的成本。基础设施的完善程度决定了一个国家和地区是否具有低成本、高效率的优势。一般认为，基础设施包括城市能源动力系统、城市水资源及供排水系统、道路系统、邮电通信系统、生态环境系统和防灾系统六大类。在发达国家统计中，由于电力、邮电、道路等投资的长期性、大规模以及相对完善，往往不计入年度固定资产投资。

如美、德两国的基础设施只包括给水、排水和燃气设施；日本则增加了园林和环卫设施。中国的统计中，涉及城市市政公用基础设施的内容则相对完整得多，包括供水、燃气、集中供热、轨道交通、排水、道路、公交、园林、环卫和公共建筑等设施。这种划分方式，体现了中国的城镇化还处在推进阶段，基础设施条件整体尚不完善；也表明成本构成的“完全成本”特征。

(2) 提供基本公共服务的成本。公共服务是由政府或公共组织主导提供，一系列旨在保障全体公民生存、发展需求的服务和权利总称。作为公共产品或准公共产品的一种，公共服务具有排他性和非竞争性，其范围包括保障基本民生需求的就业、社会保障、教育、卫生、计划生育、住房保障、文化体育等领域。无论是否涉及城镇化，提供公共服务都是政府理应实现的服务。而城镇化的推进，对于城乡二元制度根深蒂固的中国，在扩大服务范围、提升服务水平、实现服务空间位移等方面，都将产生重大影响并带来新的成本支出。

具体而言，就业方面，政府除提供部分公共就业岗位外，主要负责搭建就业平台、借助宏观调控稳定失业率；此外，还通过划定最低工资标准等影响社会收入分配格局。在社会保障体系构建上，要承担起制度性框架体系设计者的角色。近年来，实现社会保障“制度全覆盖”目标已基本达成，但构建水平大致统一、城乡一体的社会保障体系，仍然是城镇化面临的最大难题。教育方面，农民工随迁子女的就学问题，则是面临缺口最大、需要投入最多的一项服务。在医疗卫生服务领域，资源分布结构不合理问题突出，由于尚未建立分级诊疗体系，导致大医院人满为患；城乡间医保制度差异以及地区间接续“断层”，使得大量农民工在所在地难以享有同户籍市民同等的待遇。保障房建设上，其直接收益群体也多限于户籍人口，且由于供给不足、价格仍较高，绝大多数农民工被拒之门外。此外，文化、体育、娱乐等设施和服务提供，由于投入成本大、市场化程度高，很多都已超过公共服务的范畴。即便是公共文化事业、公共体育事业，也面临经费不足、场地紧张、供需不匹配等现象，难以满足城镇居民不断增加的需求。

（3）搭建制度作用平台的成本。为了实现城镇化过程的平稳过渡，助推城镇化战略实施，需要政府在体制机制等制度层面实现多重创新。这些制度，至少包括户籍制度、土地制度、财税制度以及由农村向城镇聚集所产生的行政机构调整等。制度创新的过程，必然伴随着政府行政开支、公共管理开支的增加；甚至每次改革尝试，不管能否实现“帕累托改进”，都存在创立成本、脱序成本①、失益成本②和适应成本③等，这些成本有的能够以货币形式衡量，多数则是藏在背后的利益博弈。在城镇化制度变革过程中，这些因素构成总体上较为具体，这也为进行成本—收益分析提供了可能。

（4）维持转型社会秩序的成本。转型期社会面临打破旧体系、重建新秩序的挑战。大量农村社区、单位型体制瓦解，熟人社会秩序被取代，社会道德伦理失范、秩序失衡的现象将维持一个长期过程。大量涌现的城市新区、新居民社区以及新的生产关系、组织关系、社会关系，不可避免地掺杂着各种矛盾，存在大量协调成本。未来应对城镇人口增加产生的治理成本，需要加大政府购买服务支出、鼓励、扶持多种社会组织参与社会事务，协调、处理城镇化矛盾，建立风险评估和预警机制。所有这些，从短期看可能需要大量的资金投入，但从长期看则有助于形成高度自觉、稳定协调的社会运转新机制，降低应急费用和开支。

（5）维系生态环境平衡的成本。城乡模式转换，对城市和农村的生态环境都将产生深远影响。快速推进的传统工业化与城镇化，一定程度上是以透支资源、污染环境、破坏生态为代价的。之所以产生这些问题，与尚未建立负外部性惩处机制、未形成反映真实成本的资源环境价格直接相关，而这其中，几乎都能窥见政府职能不到位的“影子”。因此，在改善和维系

---

① 与制度创立和改变过程中出现的暂时社会失序或无序状态给个人带来的不便有关。新旧制度交替之际，社会容易出现失序或无序状态，使个人无章可循，无法可依，由此引起许多麻烦和不便，从而形成脱序成本。

② 个人可能失去在原有制度下稳定获得的某些净收益，并使得制度改变以后的净实施收益低于改变以前的净收益。

③ 张旭昆：“制度变迁的成本—收益分析”，载于《经济理论与经济管理》，2002（5）。

生态平衡过程中，必须依靠政府发挥主导作用。经验表明，事后治理成本巨大且效果不佳。新型城镇化下政府面临着强化生态环保制度建设的职责。首先，以身作则确保环保法的实施效力，推进资源价格改革，纠正扭曲的资源价格；其次，大幅提升投入保障，完成“确保每年用于环境整治的开支，保持一定比例的增长”的任务，提高用于治理城镇化造成污染费用的支出比例；此外，还要保证城市绿化面积扩大的支出；承担用于支付过度开发区环境治理、生态修复以及农村整治、旧城改造等的费用等。

二、企业层面：解决就业的相关成本

没有产业支撑的城镇化，终究会不可持续，走向没落。城市离不开产业，产业又是由无数企业所构成。作为市场经济的核心主体，企业是城镇化的主要依托。计划经济体制下“企业办社会”，很多工矿厂区成为城镇化一级行政单位；市场经济条件下，企业作为市场导向的组织体系，承担着优化资本、土地、劳动力等要素资源配置，创造就业和税收的职责。从城镇化成本视角出发，创造就业、缴纳社保，无疑是企业所承担的两项基本职责，这将从根本上决定农村转移劳动力能否在城镇立足。

（1）创造就业的成本。企业本质是逐利的。劳动力就业则是其必要要素投入所产生的“副产品”。实现人的城镇化，意味着要将大量的流动人口引进来、留得下。实现将劳动力资源转变为人力资源甚至人力资本，一方面需要企业增强内生发展动力；另一方面，也要认清劳动力技能提升的战略意义。企业在为农业转移人口提供就业岗位的同时，应通过强化培训，使其各方面技能和素质得以提升。当然，这是一种理想状态。多数企业和商业组织出于压低成本的考虑，其用工行为较为短视，让他们在培训方面加大支出更不现实，这就需要从政策层面明确给予一定激励，鼓励企业长期用工并加大培训投入力度。

（2）缴纳社保的成本。为农业转移人口缴纳各项社会保障费用，是未来吸引转移劳动人口进城并解决其后顾之忧的关键举措。社会保险项目，通常包括养老社会保险、医疗社会保险、失业保险、工伤保险、生育保险和住房公积金。根据《社会保险法》《社会保险征缴暂行条例》等相关法规，社保缴费动态上浮，并以上年社会平均工资的60% ~300%为缴纳基数。事实上，由于农业转移人口就业多集中在一些低端、不正规的行业企业，能提供完整社会保障费用的企业较少。调查显示，除一些行业企业对工人的工伤意外保险较看重外，其他几项都比较消极。着眼于实现人的城镇化，未来关于农民工工伤保险、医疗保险、养老保险应全部列入强制保险范围。社保体系是否健全，是企业竞争力和综合实力的体现，为转移人口缴纳各项社保，部分支出需要个人承担部分外，主要还需依靠企业。社保缴费率过高，对企业造成的负担过大，也已被关注并不断改进，但这不能成为回避缴纳的理由。

三、社会层面：社会服务及第三方影响成本

为了与其他成本相揖别，我们选取社会的狭义概念，即区别于政府、企业的第三方组织与机构，作为成本产生与承担的主体。另外，对于全社会共同负担的资源环境成本，也被纳入其中。

（1）社会组织培育及购买服务成本。为弥补政府与市场“双重失灵”，需要发挥社会组织的连接纽带作用，尤其是，培植和孵化养老类、维权类、救助类、文化类、教育类、活动类以及服务类社会组织，需要通过多种方式募集社会组织费用。就城镇化而言，这些类型组织的鼓励和扶持，是应对城乡结构转换、人口红利削减后的必然举措。社会组织涉及的成本，既包括政府扶持、培育的前期费用、政府购买服务的费用，也包括社会组织为城镇化特定群体提供服务的费用，如缓解“邻避型”社会矛盾冲突以及预防和化解转移劳动人口群体性事件等。借鉴美国、中国台湾等地经验，社会组织中除公益慈善类主要靠募捐外，其他机构的前期建设还要依靠政

府投入，如发挥“补贴＋奖励”资金的先期引导作用等；对于后序开支，则可以采用多种混合模式来实现。

（2）支付资源环境消耗成本。城镇的运营和发展相较于农村，会产生更多的资源能源需求，对环境生态造成的影响更大。但相比于农村的分散式布局，城市能源使用更有效率，造成的污染和破坏更集中，更容易防控。以货币形式度量的全社会资源环境成本，主要分为两类：一类是直接消耗成本，如购买能源、矿藏、土地以及占用森林、湖泊乃至填海造地等的成本，这些要素资源一定程度上能够通过市场价格反映其成本；另一类是间接成本，尤其是由于资源环境消耗产生的负外部性问题，除了前述由政府支付的治理成本外，往往不能由货币衡量，但也会直接影响到城镇运行支付的资金成本①。

四、个人层面：城市生存与发展成本

原有的农村人口在城镇化推进过程中，会分化为不同群体：一类群体是继续留在农村务农的农民；二类群体是进城务工并选择定居的农民工；三类群体是城镇郊区“亦工亦农”的农民。不同的就业方式、生活方式和经济依托形式，决定了群体的特点，也塑造了群体成员不同属性，其所归属的利益也不尽一致。进入城镇定居的农民工转为城镇居民，单凭一纸户籍无法解决，还要闯过进城落户、子女教育、房屋租住、医疗卫生、生活娱乐等“难关”，付出远超过在农村生活的成本。当然，除了这些显性成本外，居民生活方式与社会心理变化，也会带来社会消耗成本，这类成本往往难以度量。整体上，个人承担成本包括：

（1）生活成本。用于基本的“吃穿住行用”以及社会保障等的费用。包括居住、水、电、油、气成本、交通以及其他生活必需品的支出。这其

① 魏后凯：《走中国特色的新型城镇化道路》，社会科学文献出版社 2014 年版。

中，住房是最大的成本支出。随着城市住房成本的增加，进城务工人员独立租赁或自购住房的比重持续下降。尤其是购房群体，占比不到调查总数的1%。住房成本的高企加剧了农民工地区间的流动性，也助长了“半城市化”现象。这方面，政府要提供部分的基本保障，但大部分需求还需依靠市场机制解决，需要个人承担和支付。

（2）生产成本。通常认为，企业等非人格化组织才存在生产成本。事实上，对个人而言，生产成本同样存在，包括个人用于选择就业岗位、承担就业职业技能、往返交通等支出的费用，还包括一些特殊职业造成的职业病治疗以及必要的高额培训、学习等费用等。

（3）智力投入。既包括个人用于提高劳动技能的费用，也包括子女入学等的支出。前者是自愿性、选择性支出，后者则是不可回避的“必选项”。农民工子女在工作地入学是城镇化过程中面临的最大难题之一。由于学校规划布局建设的延迟性，城镇公立学校大都面临学位紧张的现象。据调查，农村留守儿童约6100万，占农村儿童总数比例超过1/3，占全国儿童总数比例超过1/5①。大量农民工子女被迫留守农村，学习意愿和水平较低，很难通过教育实现素质提升和就业竞争力提高，且自杀、性侵等恶性事件时有发生。跟随父母进城入学的子女，要么选择收费高的私立学校；要么缴纳一大笔借读费选择公立学校，且大部分不能在所在地参加高考。两代人的教育额外支出，超越了货币衡量的范畴。

五、小结

传统的成本测算方式，是建立在农民工单一主体基础之上的，存在被低估、被削减和扭曲等问题。为此，我们引入完全成本分析框架，借助

---

① 全国妇联：“中国农村留守儿童、城乡流动儿童状况研究报告”，详见新华网2013年05月10日《全国妇联：中国农村留守儿童数量超6000万》http：//news. xinhuanet. com/politics/2013－05/10/c_ 115720450. html。

AHP 分析法，设计了包括政府、企业、社会、个人四个层面为支点的成本构成模型。其中，政府层面，主要承担的成本包括完善基础设施建设成本；提供基本公共服务成本；搭建制度作用平台成本；维持转型社会秩序以及维系生态环境平衡成本等。企业层面，主要承担创造就业成本、缴纳社保成本两项。社会层面，要解决社会组织培育及购买服务费用以及支付资源环境消耗成本问题。而在个人层面，则要支付生活成本、生产成本和智力投入成本等。对成本构成的梳理和测算，一方面能够帮助厘清各行为主体在城镇化推进过程中的作用；另一方面，也有助于从资金支出层面明晰城镇化推进步伐。这一测算既是帮助国家推进新型城镇化“算总账”，也是帮助个人决策和选择“算细账”。只有认识这些成本要素的构成和发展脉络，统筹考虑，才能打消地方政府对于城镇化成本过高的顾虑，为发挥城镇化提高要素配置效率、完善体制机制保障、提升人的价值、释放内需红利和改革红利作用奠定微观分析基础。

完全成本测算：模型设计与验证

根据完全成本假设，城镇化成本内涵、范围远超已知测算。相应地，原有测算方法需改进。结合“完全成本”视角，本部分旨在构建相关量化模型，挖掘对新型城镇化推进产生抑制作用的因素。首先，从“完全成本”着手，借鉴了世界银行以及国内外相关学者关于城镇化成本的测算方法，构建了本研究的量化模型；其次，结合广东省数据，对量化模式的可行性进行检验；最后，在此基础上提出成本化解与分摊机制设计的技术性方案。

一、相关计量方法及其借鉴

成本—收益分析是制定决策至关重要的一种工具。但在现实世界中，成本测算多用于企业和具体组织的财务核算，在宏观问题分析上往往因为不易操作而较少被采纳。世界银行、中科院、中国社科院以及国务院发展研究中心等大的研究机构，凭借强大的组织能力和数据获取便利，曾在这方面做出过有益尝试（见此前的文献综述内容）；一些研究者则在测算方法改进上有所建树。归纳已有的成本测算方法，我们认为可着重借鉴两种：

（1）世界银行设计的城市化成本与财政模块。在城市化（城镇化）研究方面，世界银行经过积累和完善，开发了一个估算城镇化成本的模型。这个模型由基础设施、社会服务和廉租房三大块组成，涵括资本支出、经常性支出以及城镇化运营维护支出等形式①。在完成了对成本支出测算的基础上，他们还开发了财政空间模块，旨在对中央、地方政府能够动员的所有资源做预估、测算和配置。在此，我们做了详细介绍。

从大的框架上看，成本模块仅设计了包括基础设施成本、教育、公共卫生和保障性住房在内的四项内容，这应当是转移劳动人口城镇化必须具备的四项最基本权利。决定支出的三个“自变量”，分别是城镇人口、建成区面积和人口密度，相关测算分别按照城市、县城和乡镇三类区域设定。在财政空间模块中，计算的支出主要由私有部门和公共部门共同承担并出资。其中，初始资金来自信贷；建成后使用税费以及政府预算内资金来偿还借贷并进行资产维护；而进行估计的公共部门和私营部门分摊比例，则是由历史数据进行估算的。政府收入包括税收、非税收入和净土地出让金收益。设计支付模块，需要考虑的假设前提是，税收收入与 GDP 增速同步、土地收益年增 3%，只有 1/4 的土地出让收入能够转换成财政纯收益。这一模型设计基本的方式和流程如下：

将未来经济增长格局和城镇化率做若干假定，以提供模型的外生输入变量，然后设计相关计量公式进行测算。其中对城镇化基础设施的测算，

① 世界银行、国务院发展研究中心：《中国：推进高效、包容、可持续的城镇化》，中国发展出版社 2014 年版。

完全建立在城镇人口和人口增长的基础上。设第 t 年每类城镇区域 i 内第 j 个城镇基础设施领域所需要的有形资本存量 $K_{i,j,t}$，对于预测公路、排水、园林绿化和供热领域可利用到的公式为 $\ln\frac{Ki,j,t}{Ki,j,t-1}=\varepsilon_{i,j}^{UP}\times\ln\frac{UPi,t}{UPi,t-1}+\varepsilon_{i,j}^{UP}\times\ln\frac{UDi,t}{UDi,t-1}$①；对于已规定政策目标的污水处理、垃圾处理以及供水政策的测算上，在基准增长测算方程中增加了 $\varepsilon_{i,j}^{Rate}\times\ln\frac{Ratei,j,t}{Ratei,j,t-1}$②，按构成性质分，包括物质资本投资需求 $IR_{i,j,k}=K_{i,j,k}-(1-\delta)K_{i,j,k-1}$，其中 δi 是每类城镇区域的折旧率，那么物质资本投入 $CAPEX=\sum_{i,j}IRi,j,t\times P_{i,j,t}^{k}$③，运营成本 OMEX 设定为所有城镇区域和部门物质存量的固定比例，假定为 2%；在教育投入测算上，将城镇地区学校划分为小学、初中、高中和职业高中，支出项则包括劳动力、运营维护和资本性支出，分别用 t 年数值：劳动力成本 $\sum_{S}STs,t\times P_{s,t}^{L}$，运营维护成本 $\sum_{S}STs,t\times P_{s,t}^{O}$，资本性支出为 $\sum_{S}[STs,t-(1-\varphi s)STs,t-1]\times P_{s,t}^{L}$④；公共卫生支出方面也是假定满足 2030 年每千人病床数 6. 4 个标准作为覆盖面 Bt，第 t 年资本性支出为 $[Bt-(1-\delta h)Bt-1]\times P_{t}^{k}$，并假定单位资本性支出 PKt 年增长率 δ 为

---

① UPi,t 是城镇人口密度，UDi,t 是城镇人口密度，εUP 和 εUD 是通过计量经济学方法估算到的弹性。每个领域的初始有形资本存量 Ki,j 。

② *Ratei*，*j*，*t* 属于部门政策目标率，即污水处理率、垃圾处理率和供水覆盖率到 2030 年线性增长到 100%，εRate 同样是通过计量经济学方法估算得到，前提假设是污水处理和垃圾处理部门的物质资本存量和需要处理的污水量和垃圾量是成比例的。

③ PK 都为初始值，以下亦同。

④ S 为每种类型的学校，STs，t 为城镇教育应该覆盖的学生数。Pls 为初始单位劳动成本，单位运营维护成本 POs 年增长率 3. 5%，与通胀率保持一致。

6%；在保障性住房方面，按现价预测资本性支出预测值为 $IK_{sh,t} \times P_{sh,t}^{k}$，市场价值等于住房销售价值，运营支出的费用为物质资本存量市场的固定比例，即 2% 计算获得，从而得出结论并利用财务分担模块对中央、地方政府应当承担的部分做了设计。

（2）成本计算分类法 + 平行结构分步法。成本的测算多集中在成本会计学领域。我们对其中较为成型的“成本计算分类法 + 平行结构分步法”做了重点参考。首先，从概念上明确这种方法的内涵。成本计算分类法以产品类别作为成本计算对象，归集生产费用，计算各类产品成本，并在此基础上在类内采用一定标准在各种产品之间分配费用；平行结构分步法则是将各生产步骤计入相同产成品成本的份额平行汇总，以求得成本。申兵（2012）利用分类计算加总的方法，对宁波市农民工市民化成本做了测算，涉及义务教育、公共卫生和计划生育、就业扶持、权益维护、社会保障、住房条件改善六个方面①。杜海峰（2014）等的研究②，将私人成本分为显性成本和隐性成本；外部成本分为由政府、企业分别承担的成本，以此作为一、二级指标，在此基础上，分别设计了相应的三级指标，利用上述会计成本法中“分类”“分步”并行的方法进行了测算。这种算法最明显的优点是，将城镇化增加的城镇成本与消失的农村成本相区别，避免了大而化之、强调增量、无视存量的误区。这种测算方式与魏后凯（2014）的思路一致，即将城镇化成本分解为规模扩张和质量提高两种效应③。

已有研究为进一步探讨城镇化成本问题提供了方法论基础。也反映出，成本测算并不是一个新鲜话题，越来越多的研究开始关注并得出结论，但

① 申兵：“‘十二五’时期农民工市民化成本测算及其分担机制构建——以跨省农民工集中流入地区宁波市为案例”，载于《城市发展研究》，2012（1）。

② 杜海峰、顾东东、杜巍：“农民工市民化成本测算模型的改进及应用”，载于《当代经济科学》，2015（3）。

③ 魏后凯：《走中国特色的新型城镇化道路》，社会科学文献出版社 2014 年版。

存在的局限也显而易见：一是研究视角较为狭窄。已有研究有的仅从最基本的物质需求出发来考察成本问题，有的则单纯聚焦农民工市民化的成本测算，这都未能反映城镇化成本的全貌；二是研究方法不够严谨。对于内生变量、外在环境等因素考虑不充分，测算过程中，多采取简单归类方式，得出的结论很难经得起推敲；三是测算样本典型性不强。多数研究选取自己熟悉的某省、计划单列市或部分地级市（县）等作为研究对象，不具备普遍意义。

当然，做到完全的信息对称，试图涵括城镇化过程的所有变量也不现实。改进或试图使城镇化成本没有大的遗漏和不足，并不全然是本研究的意图。我们认为，测度城镇化真实成本，当然有未雨绸缪、为化解城镇化过程产生的财政支出预警的作用，但更为重要的是，通过挖掘这些深层次的成本构成，搞清楚这些成本产生、演变过程，将“以人为本”新型城镇化真正从技术层面落到实处，在实现更全面、准确测量的基础上，能够为判断城镇化形势、出台公共政策提供借鉴。

二、城镇化成本构成变量与约束条件

分析城镇化成本构成和影响因素，目的在于确定成本测算模型的自变量。正如众多研究中界定的，土地、资本、劳动力等要素价格，城镇基础设施和公用设施建设，社会保障体系，环境生态成本，制度成本是城镇化成本的构成要素。我们界定的完全成本，超越了农民工视角的局限，从政府、企业、社会、个人四个承担主体入手，设计了13种成本类型，但这些都属于研究要解释和测算的因变量，那么，影响这些因素的自变量有哪些？包括自变量以及因变量在内，有哪些约束条件？都是构建模型和测算前首先要明确的问题。

（1）成本自变量选取。一些已有研究能够带来某些启发。如选取城镇居民可支配收入（di）、城镇规模（pop）、就业人口（emp）和市辖区人均产出水平（y）构建计量模型，对城镇化成本（uc）做了测算分析，模型架构为 $\ln C_{it}=\beta_0+\beta_1\ln di_{it}+\beta_2\ln pop_{it}+\beta_3\ln emp_{it}+\beta_x\ln y_{it}+u_{it}$。数据验证发现，经济增长与城镇化成本提升存在一定的正相关关系；居民可支配收入是决定城镇化成本的基本因素；就业率提高对城镇化成本具有正向影响，而且城镇化成本与规模存在正相关关系①。我们的研究，试图从逻辑上证明和引出影响成本的自变量。首先，已有研究基本围绕农民工市民化展开，最终测算结果也是每转移一个劳动人口的支出。而从成本要素的构成看，无论是劳动力载体，还是公共服务对象，都与“人”直接相关，因此，转移人口数量以及居住时间以及所直接决定的城镇化率，都是城镇化成本最基本的影响因素；其次，土地、基础设施建设都围绕“地”做文章，无论是“地上”楼堂馆所、还是“地下”水电气暖通道，不管其布局密度高或低，都依赖于“城镇规模”。

基于此，我们提出城镇化推进的元变量，即人口、城镇规模两个变量。总体上，以上因素通过影响具体成本要素发挥作用，是城镇化成本要素的自变量。当然，他们之间也存在若干关联，我们的研究无意于通过计量验证复杂的内部关系，只是试图通过确定外生变量，汇总并明确成本测算的前提和假设。

（2）成本测算约束条件。基本要素条件的提出仅提供了一个成本测算“入口”。想要明确约束条件，则要考虑一些基本假设，结合城镇化发展规律以及各项标准、政策而设定。因为成本的庞杂和无序，很难对每一种类进行有效控制。为了使研究更具可操作性，我们依然从变量选择的基本要素谈起，在涉及预期指标方面，先利用政策目标及要求；没有设置目标的，再考虑基于研究和推断予以给出。至于已设计目标及相关结论的科学性问题，并不在本研究要解决的问题之列。因为这项任务过于庞大，很多指标也未能列出具体的数据。

① 魏后凯：《走中国特色的新型城镇化道路》，社会科学文献出版社 2014 年版。

表 3－2　　　政府层面新型城镇化投入的主要项目及指标体系

目标层	准则层	指标层	相关指标说明
政府	基础设施	人均建设用地面积	标准为 65～115KM^2，新建
		城市人均拥有道路面积	从规划中提取
		每万人拥有道路面积	从规划中提取
		每万人拥有公共交通车辆	公共交通占机动化出行比例到 2020 年达 60%。
		城市用水普及率	到 2020 年达到 90%
		城市燃气普及率	从规划中提取
	公共服务	基本养老保险参保率	到 2020 年达到 90% 以上，
		医疗保险覆盖率	到 2020 年达到 98%；
		教育经费投入	使农民工随迁子女收教育比例 2020 年达到 99%
		每千常住人口拥有床位数	从国家十三五医疗卫生规划获取
		每千常住人口拥有职业医师	
		每千常住人口拥有注册护士数	
		免费接受职业技能培训覆盖率	95%
		每百名老人拥有床位数	从十三五养老规划获取
		城市综合服务设施覆盖率	100%
	维持社会秩序	政府购买社会组织服务支出	无固定值
		社区用房达标率	不同城市设置不同标准
	维系生态平衡	万元 GDP 能耗	按照国家要求或在十三五期间降低 10%～15%左右
		城市绿化覆盖率	到 2020 年达到 38.9%
		绿色建筑达标率	50%
		城市污水处理率	到 2020 年达到 95%
	纠正土地征用价格		3/4 的土地收入或被用于征用补偿和基础设施
	提供基本住房保障		到 2020 年覆盖率达 23%

续表

目标层	准则层	指标层	相关指标说明
企业	提供就业，消除工资歧视		就业岗位投资成本
	缴纳社保		为所聘员工提供必要劳动条件、劳动保护、福利报酬，并依法为劳动者缴纳社会保险
社会组织	第三方服务		根据大概的预测值判断
	维持运营成本		根据大概的预测值判断
个人	生活成本		是指达到城市居民平均消费水平的支出
	生产成本		交通等维系正常工作的成本
	智力投入		整体较低，在测算中未纳入

注：以上指标主要参考《国家新型城镇化（2014—2020）》以及其他规划文件，难以估测的单独做了说明。

第一，基本假设条件应当具备。如劳动力价格与其数量直接相关，但根本还在于全社会的劳动生产率；融资成本、各项支出的测算，建立在稳定的利率与通货膨胀率基础上。因此，测算成本前假定劳动生产率且利率条件一定。第二，自变量变动区间可以从政策文件中找出。如从人的约束条件看，2020 年要达到的城镇化水平为常住人口城镇化率 60% 左右，户籍人口为 45% 左右。中央经济工作会议的要求更加具体，到 2020 年要实现约“三个一亿人”的落户问题[①]，对于未来城市规模，参考国土利用规划的要求，也有对建设用地使用指标的明确划定。第三，明确因变量的约束条件。一种方法是按照关键标准来确定。国家标准委从 2014 年开始已着手编制城镇化四方面标准体系，这其中任何一项都会影响到城镇化成本的变动[②]。此

① 约 1 亿进城常住居民落户、1 亿人的城中村和棚户区改造以及约 1 亿人的中西部地区城镇化。

② 主要包括：一是转移人口市民化、城镇化布局和形态、城市可持续发展、城市治理、城镇土地集约利用等社会管理和公共服务标准；二是绿色建筑、建材既标准，市政基础设施建设等标准；三是城市能源、安全防范基础设施建设以及智慧城市建设标准设定；四是关于新农村建设以及现代农业的相关标准。国家标准委将编制新型城镇化标准体系建设指南［EB/OL］人民网．2014 年 03 月 19 日 http：//house. people. com. cn/n/2014/0319/c194441 －24681886. html。

外，对于其他各项指标的约束，在相关规划和设计中都有所涉及。当然，这些标准只是城镇化所有标准的一部分，而且也是在不断变动的，约束条件越多，城镇化成本可能会付出越多，城镇化质量也会越高。对于其他约束条件，可参考《国家新型城镇化规划 2014—2020》中的目标设计，还有部分来自相关规划的目标。很多并不能从规划中提取的数据，需要适当的预测。此外，除政府文件会涉及约束目标外，企业、个人、社会组织个体或许会设置相应地目标，但很难找到和统计整体的数据，而且他们的预期目标，也基本都是财务数据，很少考虑其他方面。基于此，研究对一些指标做了特殊处理和说明。

三、成本测算模型的构建

在明确自变量选取和成本测算目标条件后，我们试图采用分类加总办法，对各项成本进行测量，然后通过加总得出总成本。对于各成本构成，并非单纯地累加方式得出，而是考虑到了变量内部与变量之间的关系。出于计算方便以及考虑一些隐性成本因素，我们在保留主体划分方式的同时，拓展各部分包含纳入测算的成本，并给出了测算方法和过程。总成本的构成公式：

$$C = C_G + C_E + C_O + C_X$$

其中，C_G是政府成本；C_E是企业成本；C_O是社会组织成本；C_X是个人成本，拓展后成本总共 20 项。

（1）政府成本。城市基础设施建设成本，也属于城市发展成本。大量农村转移劳动力在进入城市后，需要提供配套设施以提升城市容纳性和承载力，市政建设、运营服务等基础设施要首先得以完善。相对应地，很多农村基础设施投资可能会因为人口外迁闲置。因此，基础设施总量为城镇总量减去农村总量，其中，城镇为 F_t，农村为 F'_t。

$$C_1\ (t)\ =\left[\frac{\sum_{t=i}^{n}FF_t}{\sum_{t=i}^{n}\ (F_t+F'_t)}\right]\left(\frac{\sum_{t=i}^{n}F_t}{\sum_{t=i}^{n}P_t}-\sum_{t=i}^{n}F't/\sum_{t=i}^{n}P't\right)$$

城市的管理成本，一般公共服务财政支出 G_t、公共安全财政支出 S_t，环保支出 E_t，

$$C_2(t)\ =\ \sum_{t=i}^{n}(Gt+St+Et)/\sum_{t=i}^{n}Pt-\sum_{t=i}^{n}(G't+S't+E't)/\sum_{t=i}^{n}P't$$

随迁子女的义务教育成本，是实现公共资源平等化的基础条件，根据规划的要求，到2020年将达到一个较高的要求，这意味着城镇教育设施投入的增加和农村教育设施的减少。

$$C_3(t)\ =\ \sum_{t=i}^{n}Edut/\sum_{t=i}^{n}Pt-\sum_{t=i}^{n}Edut'/\sum_{t=i}^{n}P't$$

住房保障为 $C_4\ (t)\ =\sum_{t=i}^{n}Ht/\sum_{t=i}^{n}Pt-\sum_{t=i}^{n}Ht'/\sum_{t=i}^{n}P't$；

社会保障成本，主要体现在以养老保险、医疗保险为代表的社会保险以及城市低保代表的社会救助上。目前养老社保方面，通常由企业和个人承担，但出现亏空时则需要国家财力保障。社会救助方面，主要是政府为低保人群提供的城市低保成本。

$$C_5(t)\ =\ \frac{\sum_{t=i}^{n}SSt}{\sum_{t=i}^{n}Pt}-\sum_{t=i}^{n}SSt'/\sum_{t=i}^{n}P't$$

购买服务成本 C_6，$C_6\ (t)\ =\sum_{t=i}^{n}GS$，并不是常规支出项目，但随着国家政策的鼓励，其数额将逐年增加；此外，环境维护成本 C_7 也必然随着城镇化的推进而不断加大力度，当然，这相应地减少了对农村生态环境的破坏。

（2）企业成本。主要是社会保障的成本、提供技能培训的成本和避免工资歧视的成本。其中，社保成本支出额度最大。

$$C_8(t)\ =\ \sum_{t=i}^{n}EIt/\sum_{t=i}^{n}Pet+\sum_{t=i}^{n}MIt/\sum_{t=i}^{n}Pet+\sum_{t=i}^{n}UIt/\sum_{t=i}^{n}Pet$$
$$+\sum_{t=i}^{n}WIy/\sum_{t=i}^{n}Pet+\sum_{t=i}^{n}BIy/\sum_{t=i}^{n}Pet$$

其中 EI_t、MI_t、UI_t、WI_t、BI_t 指养老、医疗、失业、工伤、生育五项保险。

技能培训成本 $C_9\ (t)\ =\ [\ \sum_{t=i}^{n}\ (TW+Pet)\ /\sum_{t=i}^{n}Pet]\ *\delta$ （11）

其中，TW_t是城镇职工人均年工资，δ 为培训经费提取比例。弥补此前的工资歧视，需要重新纠正已有的工资支付方式：

$$C_{10}(t) = \{\Sigma_{t=i}^{n}[(TWt - FWt) * Pet]/\Sigma_{t=i}^{n}Pet\} * \theta$$

城镇单位职工人均年工资 TW_t，农民工人均年工资 FW_t，θ 为工资歧视。

（3）社会组织成本。主要由提供服务的成本和维持营运的成本两部分构成。由于相关测量数据很难寻找，在具体测算过程中，将按照预期值来计算。

$$C_{11}(t) = \Sigma_{t=i}^{n}S; C_{12}(t) = \Sigma_{t=i}^{n}SL$$

（4）个人成本。由于加入了一些隐性的成本，因此子成本要相应地增加。总共有八项内容：生活成本。达到城市平均生活水平，相应地减少了在农村生活的开支。

$$C_{13}(t) = \Sigma_{t=i}^{n}(Lt * Pt)/\Sigma_{t=i}^{n}Pt - \Sigma_{t=i}^{n}(L't * P't)/\Sigma_{t=i}^{n}P't;$$

社保成本。社保中个人缴纳的部分，并减去在农村中需要缴纳的部分：

$$C_{16}(t) = \Sigma_{t=i}^{n}\left(EI't/\Sigma_{t=i}^{n}Pet + \frac{\Sigma_{t=i}^{n}MI't}{\Sigma_{t=i}^{n}Pet} + \Sigma_{t=i}^{n}UI't/\Sigma_{t=i}^{n}Pet + \Sigma_{t=i}^{n}WI't/\Sigma_{t=i}^{n}Pet + \Sigma_{t=i}^{n}BI't\right)$$减去农村缴纳的部分。

此外，借鉴杜海锋（2015）的研究，个人成本中还设计了一些隐性成本，如放弃土地的成本、社会交往的成本、子女教育机会成本和失业风险成本等，都在其列（详细内容见表 3－3）。

表 3－3　　分类加总法城镇化成本的计算过程

一级	二级	计算方法
政府成本 C_G	基础设施建设成本 C_1	$C_1(t) = \left[\frac{\Sigma_{t=i}^{n}FFt}{\Sigma_{t=i}^{n}(Ft + Fe't)}\right]\left(\frac{\Sigma_{t=i}^{n}Ft}{\Sigma_{t=i}^{n}Pt} - \Sigma_{t=i}^{n}F't/\Sigma_{t=i}^{n}P't\right)$。基础设施投资 FF_t，其中，城镇为 F_t，农村为 F'_t。
	管理成本 C_2	$C_2(t) = \Sigma_{t=i}^{n}(Gt + St + Et)/\Sigma_{t=i}^{n}Pt - \Sigma_{t=i}^{n}(G't + S't + E't)/\Sigma_{t=i}^{n}P't$。城镇一般公共分服务财政支出 G_t、公共安全财政支出 S_t，环保支出 E_t，带’对应的是农村的情况。

续表

一级	二级	计算方法
政府成本 C_G	教育成本 C_3	$C_3(t) = \sum_{t=i}^{n} Edut/\sum_{t=i}^{n} Pt - \sum_{t=i}^{n} Edut'/\sum_{t=i}^{n} P't$
	住房保障成本 C_4	$C_4(t) = \sum_{t=i}^{n} Ht/\sum_{t=i}^{n} Pt - \sum_{t=i}^{n} Ht'/\sum_{t=i}^{n} P't$
	社会保障与就业成本 C_5	$C_5(t) = \frac{\sum_{t=i}^{n} SSt}{\sum_{t=i}^{n} Pt} - \sum_{t=i}^{n} SSt'/\sum_{t=i}^{n} P't$
	购买服务成本 C_6	$C_6(t) = \sum_{t=i}^{n} GS$
	环境维护成本 C_7	$C_7(t) = \sum_{t=i}^{n} E - \sum_{t=i}^{n} E'$
企业成本 C_E	社会保障成本 C_8	$C_8(t) = \sum_{t=i}^{n} EIt/\sum_{t=i}^{n} Pet + \sum_{t=i}^{n} MIt/\sum_{t=i}^{n} Pet + \sum_{t=i}^{n} UIt/\sum_{t=i}^{n} Pet + \sum_{t=i}^{n} WIt/\sum_{t=i}^{n} Pet + \sum_{t=i}^{n} BIt/\sum_{t=i}^{n} PeT$，其中 EI_t、MI_t、UI_t、WI_t、BI_t 分别指养老、医疗、失业、工伤、生育等五项保险
	技能培训成本 C_9	$C_9(t) = [\sum_{t=i}^{n}(TWt + Pet)/\sum_{t=i}^{n} Pet] * \delta(11)$，$TW_t$ 是城镇职工人均年工资，δ 为培训经费提取比例①
	工资歧视成本 C_{10}	$C_{10}(t) = \{\sum_{t=i}^{n}[(TWt - FWt) * Pet]/\sum_{t=i}^{n} Pet\} * \theta$，城镇单位职工人均年工资 TW_t，农民工人均年工资 FW_t θ 为工资歧视
社会组织成本 C_O		第三方服务成本 $C_{11}(t) = \sum_{t=i}^{n} S$；维持运营的成本 $C_{12}(t) = \sum_{t=i}^{n} SL$
个人成本 C_X	生活成本 C_{13}	$C_{13}(t) = \sum_{t=i}^{n}(Lt * Pt)/\sum_{t=i}^{n} Pt - \sum_{t=i}^{n}(L't * P't)/\sum_{t=i}^{n} P't$
	智力成本 C_{14}	$C_{14}(t) = \sum_{t=i}^{n}(Et * Pt)/\sum_{t=i}^{n} Pt - \sum_{t=i}^{n}(E't * P't)/\sum_{t=i}^{n} P't$，城镇居民人均教育支出 E_t，农村为 E_t'
	住房成本 C_{15}	设城镇居民年人均住房支出为 D_t，农村为 D_t'，则 $C_{15}(t) = \sum_{t=i}^{n}(Dt * Pt)/\sum_{t=i}^{n} Pt - \sum_{t=i}^{n}(D't * P't)/\sum_{t=i}^{n} P't$
	社保成本 C_{16}	$C_{16}(t) = \sum_{t=i}^{n} EI't/\sum_{t=i}^{n} Pet + \frac{\sum_{t=i}^{n} MI't}{\sum_{t=i}^{n} Pet} + \sum_{t=i}^{n} UI't/\sum_{t=i}^{n} Pet + \sum_{t=i}^{n} WI't/\sum_{t=i}^{n} Pet + \sum_{t=i}^{n} BI't/$ - 农村

① 根据我国《企业所得税法实施条例》第四十二条规定，除国务院财政、税务主管部门另有规定外，企业发生的职工教育经费支出不超过工资薪金总额 2.5% 的部分准予扣除，超过部分准予在以后纳税年度结转扣除。

续表

一级	二级	计算方法
个人成本 C_X	放弃土地机会成本 C_{17}	$C_{17}(t) = \sum_{t=i}^{n}(At*P't+Tt*P')/\sum_{t=i}^{n}P't+\sum_{t=i}^{n}\frac{vc}{p'c}$，其中地经营收入 A，农村居民人均转移性纯收入 T，集体分红 V
	社会交往成本 C_{18}	$C_{18}(t) = \frac{\sum_{t=i}^{n}SCt*Pt}{\sum_{t=i}^{n}Pt} - \sum_{t=i}^{n}SCt'*P't/\sum_{t=i}^{n}P't$
	子女教育机会成本 C_{19}	$C_{19}(t) = \frac{\sum_{t=i}^{n}ECt+Pt}{\sum_{t=i}^{n}Pt} - \sum_{t=i}^{n}ECt'*P't/\sum_{t=i}^{n}P't$，城镇居民的教育机会支出 EC_t，农村子女教育支出 EC_t'
	失业风险成本 C_{20}	$C_{20}(t) = [(CEt-UIBt)*\mu]/(n-i+1)$，城镇居民最低收入户年人均消费性支出为 CEt，城镇单位职工失业保险金为 UIBt，城镇居民年失业率为 μ

注：设为 t 年份，年末城镇户籍人口为 P_t，农村户籍人口为 P_t'，企业单位职工人数 Pe_t。

四、模型实证检验：广东省的数据

鉴于国家层面完全成本测算过程过于庞大和繁杂，我们选取广东省作为实证检验目的地。广东省是我国转移劳动人口聚集最多的省份，也是具备较强发展梯次的省份。其中，珠江三角洲城市群是最发达地区；中部、北部山区则仍然比较落后。根据广东省人社厅的统计，2013 年广东省的农民工数量约为 2702 万人。2009 年至 2013 年间，广东本省农民工由 790 万人上升至 1048 万人，年均增长 64 万余人。与此同时，外省农民工从 1777 万人下降至 1654 万人，年均减少 30 万余人。城市化加速导致省内农民工数量的快速增长；珠三角转型升级带来对人口素质要求的提高，以及中西部经济加快发展导致省外农民工数量的减少。这种省区结构与发展阶段变化，都与中国现实国情非常类似，具有典型性和代表性。

基于此，我们选用 2010～2014 年《广东统计年鉴》《广东农村统计年鉴》以及政府部门的公报数据和政策数据，计算公共成本、企业成本、社会成本和部分的私人成本；由于实地获取数据的难度，结合文献数据中对私人成本中的隐性成本的调查测算，对广东省的完全成本做了量化。加总计算公式如下：

$$C = C_G + C_E + C_O + C_X \tag{1}$$

$$C = C_1 + C_2 + C_3 + C_4 + C_5 \cdots\cdots + C_{20} \tag{2}$$

其中，C_G是政府成本；C_E是企业成本；C_O是社会组织成本；C_X是个人成本。C_1到C_{20}为拓展后的总成本，共计20项。为了能够与其他基于农民工市民化的成本测量对比较，无论政府成本、企业成本、社会组织成本，还是个人成本，最终都以人均形式呈现，即最终结果以2013年农民工数量2700万为基数。这一测算主要采取简单加总的方式，目的在于检验我们所提出的完全成本量化模型，并证明两个假设：

假设1：城镇化完全成本能够得以测算，且最终结果要超过已有农民工市民化测算且远大于农民工年收入。

假设2：在改进支出结构前提下，东部发达地区以土地财政为核心的地方财政能够应对和满足城镇化完全成本中的政府支出。

（1）基本数据选取说明：

C_1成本的测算，以经济社会发展年鉴、城市统计年鉴中城市公共服务基础设施固定资产投入年度变动情况为标准；人均数值测算，以所有城镇人口为基数。

C_2成本的测算，公共管理财政支出未分城乡统计，农村以自治为主，成本极低，故以省辖区公共管理财政支出近似表示农民工市民化的公共管理成本。

C_3成本的测算，根据相关政策文件要求，2013年广东省义务教育公用经费补助标准为小学生人均750元，初中生人均1150元。《2013—2014年度广东地区薪酬调查报告》显示，广东小学和初中教师月平均工资分别为4066元、6928元。根据2008年《广东省中小学教职员编制标准实施办法》，小学师生比为1∶22，初中为1∶16。

C_4的住房保障成本，全部发生在城镇，而农村的保障房数为零。

C_5中政府承担的居民社会保障成本主要包括养老保险和医疗保险。根据《广东省城乡居民社会养老保险实施办法（2013 年）》第二章第八条规定，政府每年向参保者提供不低于 30 元的补助；各级人民政府共同出资建立基础养老金，广东省的基础养老金标准为每人每月 65 元。故政府每年用于农村居民和城镇非从业居民养老保险的支出人均 810 元，2014 年新农合财政补助为年人均 320 元，选取新农保和新农合作为省辖区农村社会保险支出。

C_6中社会组织购买服务的成本为：2013 年广东省向社会组织转移职能 56 项，省级具备资质的社会组织 618 家，全年度向社会组织购买服务达 4.66 亿元，支出假设这些服务全部发生在城镇，农村可忽略不计。

C_8和 C_{16}间的关联性在于，农民工由于户籍问题，一般在市民化前企业不予以缴纳社会保险，故设为零，相加企业负担的社会保障缴费即可得到个人所担负的企业社会保障成本。广东省城镇居民基本养老保险、基本医疗保险、失业保险的个人缴费比例分别为 8%、2% 和 1%，以城镇社会平均工资约 5 万元作为基数。新农保的费用约 260 元，新农合的费用约 120 元。

C_{13}生活成本和 C_{15}住房成本分别按照城镇居民人均基本生活消费支出以及月均“房租”费用计算。

C_{18}社会交往成本、C_{19}子女教育机会成本属于隐性成本的一部分，由于缺乏相关统计，本文借用相关研究调研数据分别为 584 元/月和 626 元/月①。

（2）结果分析与讨论。如表 3－4 所示，城镇化完全成本年按农民工人均测算，总成本为 7.25 万元/人每年，由于完成市民化需要一定周期，假定为 5 年（事实上可能更长），则总成本预计达 35 万元/人。因此，实现转移

① 杜海峰、顾东东、杜巍：“农民工市民化成本测算模型的改进及应用”，载于《当代经济科学》，2015（3）。

劳动人口全部城镇化，需要一个庞大的数额，超过已有的关于农民工市民化成本的测算，也远超农民工自身承担能力。其中，政府支出成本最高，约为2.75万/人。以2700万农民工基数而言，完成全部农民工市民化，完全成本中涉及政府的支出为7425亿，以2013年广东土地财政收入约3000亿元为参考，按照1/4的土地出让收入能够转换成财政纯收益的标准，维持2013年水平不变，则至少需要十年的土地财政收入并完全用于实现城镇化。当然，由于农民工市民化进程较为缓慢，这些成本并非一次性集中投入，也不会在短期内集中发生。若按照每年1%人口城镇化速度测算，需要政府负担成本约为74亿元，在完善支出结构前提下，只需要拿出年度土地财政纯收益的1/10即可。因此，在东部发达地区以土地财政为核心的地方，财政能够应对和满足城镇化完全成本中的政府支出。由于市场机制影响和个人行为的不确定性，我们并没有完全证明其他行为主体的成本承担能力。

表3－4　2013年广东省农民工市民化年度人均成本构成测算

一级	二级	城镇（万/人）	农村（万/人）	实际
政府成本 C_G	基础设施建设成本 C_1	1.6	0.16	2.44
	管理成本 C_2	0.18	0	0.18
	教育成本 C_3	0.12	0.06	0.06
	住房保障成本 C_4	0.23	0	0.23
	社会保障与就业成本 C_5	0.06	0	0.06
	购买服务成本 C_6	0.006	0	0.006
	环境维护成本 C_7	—	0	—
企业成本 C_E	社会保障成本 C_8	1.21	0	1.21
	技能培训成本 C_9	0.10	0	0.1
	工资歧视成本 C_{10}	0.74	0	0.74
社会组织成本 C_0		0.006	0	0.006

续表

一级	二级	城镇（万/人）	农村（万/人）	实际
个人成本 C_X	生活成本 C_{13}	1.37	0.34	1.03
	智力成本 C_{14}	0.25	0.04	0.21
	住房成本 C_{15}	0.19	0.11	0.08
	社保成本 C_{16}	0.46	0.04	0.42
	放弃土地机会成本 C_{17}	0.26	0	0.26
	社会交往成本 C_{18}	0.75	0.02	0.73
	子女教育机会成本 C_{19}	0.70	0	0.7
	失业风险成本 C_{20}	0.004	0	0.004
合计		8.236	0.83	7.246

需要说明的是，后期伴随新型城镇化推进，城镇化“完全成本”构成会发生动态变化，成本构成重要次序会调整，测算结果也会受到转移劳动人口自身特征因素影响，呈现非线性增长的态势。公共成本用于购买大量非排他性和非竞争性的公共产品与公共服务，公共成本将逐年递减，规模效益将不断增加；伴随城乡一体化的推进，企业成本将面临先增加后降低的过程；户籍制度改革后，农民工市民化后人力资本的提升，私人成本会逐步下降；伴随我国公共服务均等化逐步展开，市民化成本值会进一步降低。

五、小结

我们所设计的是一个完全成本的城镇化分析框架，而不是农民工市民化成本框架，而且最后要呈现的结果亦不是单纯政府应支付的成本，而是全社会所共同负担的成本，因此完全成本测算的结果要远超过已有测算。事实上，目前关于农民工市民化成本测算以及未来财政支出测算，都已有较为权威的研究。但是，由于各地区、各城市城镇化成本构成不尽相同，其所获得的结果指导意义不大。测算的目的，在于了解和把握子成本组成部分和内容，结合当前城市在吸引人口时的状况，对标找准问题和不足，对于未纳入考虑的必要因素，要尽快补齐；对于还未出现但可预见的成本，要提早准备，从而“用时间换空间”、以时间分解阶段性地消耗成本，不至于在短期给财政造成过大压力。

地方政府也不必因成本骤增“谈虎色变”。这种成本的产生和演化，只有一部分是需要财政来承担和解决的，案例分析结果也证实，东部发达地区在完善财政支出结构的前提下，依靠土地财政收入能够满足和应对财政投入部分。不仅如此，这些所列的成本，能够成为拉动社会投资和消费的引擎，也是实现地区经济增长，做大经济总量，活跃地方经济的重要动能。而且，随着转移劳动力进城，经济的活力、创造力等都将得以实现。从长远看，未来城市“得人口者得天下”，这从主要地区发展与人口流入的关系中能够得出①。地方政府对于人口流动带来的成本增加，不应短视地将其看作为“灾难”，而应当成为宝贵财富和获取后发优势的推进，应以历史担当的勇气和魄力，推进人口城镇化，实现地区长远福祉。

成本化解与分摊机制设计：技术性方案

尽管从长远看，城镇化带来的财富效应远大于成本支出，但成本化解与分摊机制设计，却是当下亟须解决的任务。传统的低成本强制扩张、不可持续模式，以土地城镇化和土地财政为核心手段，较少考虑成本分摊机制设计问题，在新型城镇化语境下，随着完全成本的引入和由于上一个阶

① 《价值线》数据中心选取了2013年中国公共财政收入最高的50个城市，对城市的人口吸引力进行排名并发现，人口吸引力最高的城市往往经济越有活力。财力高的城市与人口吸引力高的城市基本重合。

段城市化矛盾的累积，未来中国的城镇化将进入“高成本”时代①。对于成本化解，从技术性手段考虑的视角出发，需要借助经济思维，多主体、多手段、渐进性推进。

一、根据产品属性界定分摊主体

理论上，公共产品分纯公共物品、准公共物品和私人物品三种。不同的属性，需要化解和分摊的主体、比例和具体内容也不相同。各种分类方式中，政府主导与市场主导，表现出的形式和参与程度有着严格区别。

未来的城镇化过程，政府主要发挥公共服务和制度职责。首先，应当明确基本民生需求中的托底事项，并由此形成统一的制度安排。其次，公共事业和民生类工程，主要由财政来负担。《国家新型城镇化规划》明确了两项任务：一是按照事权、支出责任相匹配的原则，完善财政转移支付制度，在“教育、基本医疗、社会保障等公共服务”的事权上明确各级责任，建立健全成本分担机制。二是通过“完善地方税体系”实现开源、培育地方主体税种、增强地方政府基本公共服务供给能力。对于具体的税种，规划列出了房地产税、资源税和环境保护税（费改税）以及房地产税改革②。此外，产业布局结构、公共产品布局结构、大中小城镇布局结构和国家基础设施布局结构等，都需要政府综合统筹，只是仅适宜提出原则性举措，不适合确定具体指标和干预。不应对城市该集中还是分散进行不恰当的引导，应当遵循市场机制的作用。

---

① 刘世能：“南船北马总他乡”，载于《中国民航》，2012－07－15。

② 有人提出，房地产税的征收成本和社会成本较高。笔者认为，从地方政府税收可持续的角度看，未来以房地产税替代土地财政收入是必然的，但在具体制度上要结合中国国情，即在普遍征收的基础上，适当进行税收优惠、放开限制；税收征管机构设置要力求客观中立；建立完善的争议处理体系，降低改革可能引发的社会成本。

表 3-5　政府在城镇建设管理中的成本分摊职责①

项目类别	受益属性	主导分摊方	受益方
公共教育	较强的外溢性	C，P，L	P，L
公共卫生	转移性支出	C，P，L	P，L
社会福利	转移性支出	C，P，L	P，L
警察	受益者主要为地方	P，L	P，L
上下水	受益者主要为地方	L	L
垃圾处理	受益者主要为地方	L	L
消防	受益者主要为地方	L	L
公园与休闲	受益者大致为地方	C，P，L	P，L
本地公路	受益者与成本主要在本地	L	L

注：C 代表中央政府；P 代表省级政府；L 代表县级政府。

资料来源：王元京、张潇文："城镇基础设施和公共服务设施投融资模式研究"，载于《财经问题研究》，2015（1）。

产业部分主要靠市场来解决：企业要着重做好"同工同酬、同工同权"的工作，针对转移劳动人口就业，满足其必要的工资支出及社保需求；在有能力的前提下，鼓励企业将闲置土地和厂房用于改造成转移劳动人口住房。另外，根据企业的需要，加强对劳动者职业技能和相关素质方面的培训。

此外，对于社会组织而言，需要在保护转移劳动自身权益、保护生态环境、融洽社会秩序等准公共产品方面做好应尽职责，借助政府购买公共服务支出、自身募集费用等多种渠道，形成问题解决的长效机制。对于个人而言，则主要关注私人产品，最大化地满足自身物质与精神需求。

二、渐进地变革土地财政制度

土地财政是支撑传统低成本扩张城镇化的主要财力分担来源，伴随经济转型的推进，正面临深度转型。从路径依赖的视角看，至少到 2020 年，

① 王元京、张潇文："城镇基础设施和公共服务设施投融资模式研究"，载于《财经问题研究》，2015（1）。

建设用地由政府统一征收并通过“招拍挂”出让、获取土地收益差的方式很难改变，地方政府仍旧可以获得大量土地出让收益。根据《全国土地利用总体规划纲要（2006—2020年）》的预期目标，2011～2020年十年间，国有建设用地实际供应量可达到350万公顷。以市场出让比例占70%左右计算，以7%（预期经济增速）作为土地价格增长率，计算到2020年各年的土地价格，未来各年土地出让价款十年合计为30万亿元。这意味着每年地方政府仍能获得3万多亿元的土地出让收入①，但事实上，地方政府的土地出让净收益率已缩水严重，大约只占10%～15%，商品房开发的土地出让收益，也基本用于补贴工业开发园区、棚改和地方配套基建等的支出②，因此，土地财政的老路已走不通。对于成本分摊而言，这部分资金仍会被地方政府当作支付城镇化成本的重要工具，但不应再高度倚重。在“地方债”问题凸显的背景下，未来应有效摆脱对“土地财政”“土地金融”的依赖，渐进地变革土地财政制度，构建起以存量资源征收为基础的税收体系。而在这一过程尚未来临前，还是应利用土地收益有效解决城市化进程中的建设资金问题，化解地方债务危机，并为迁移人口提供可支付的住房与公共服务③。

三、明确成本分摊中的激励机制

完全成本分析框架的提出以及对成本分摊主体行为、客体内容的判断，主要目的在于达成成本与收益的基本对等，实现“激励相容”，让城镇化推进成为各方之职责。因此，在城镇化成本分摊过程中要处理好几方面关系：

---

① 刘立峰：“地方政府的土地财政及其可持续性研究”，载于《宏观经济研究》，2014（1）。

② 钟伟：“中国房地产：泡沫应该不会溃破”，载于《华尔街见闻》。转自网易，2016-02-11 http：//mone y.163.com/16/0211/21/BFIRNVAP00253B0H.html。

③ 陶然、汪晖：《中国新城镇化应走出当前改革误区》，http：//www.ftchinese.com/story/001059638？page=6，FT中文网，2014-12-15。

首先是各主体之间的关系，包括政府与市场、政府与社会组织、企业与个人、政府与个人等，围绕“人”的融入，设计并提供激励条件；其次，在主体内部也要处理好各种关系，尤其是中央与地方的关系，财权事权的划分等，需要重新厘定；再次，人口流入地与流出地间的关系，削减原有的静态划定贫困地区而确定转移支付标准的“制度黏性”，使中央财政投入向人口自然聚集集中的地区倾斜；此外，对于跨行政区域问题，可创新采取诸如教育券、培训券、住房券等可携带流动手段，让转移人口“用脚投票”，实现“财随人走”的财政分成机制和转移支付机制。

四、提高转移人口成本担负能力

私人成本的分摊，是旁观者和其他主体无法替代的。实现人的城镇化，既要在“需求端”创造新增农村转移人口融入的就业条件，也要在“供给侧”提升就业者的素质和技能，以达成城镇产业发展与劳动力要素的有效对接。尤其作为“80后”“90后”二代农民工，更需要自身发展和融入城市的机会。人力资本理论和国内外劳动力转移实践早已发现，教育和培训是提升人力资本水平，解决转移劳动力就业和收入问题的重要途径。国内很多实证研究（如周其仁，1997①；陈玉宇，2004②；王德文，2008③；周亚虹，2010④），也已证明了教育培训在农村劳动力转移过程中的关键作用以及对收入提高、生活改善以及丰富职业选择、促进社会流动方面的重要意义。

培育转移劳动人口在城市的适应能力和发展能力，是解决私人成本分

---

① 周其仁：“机会与能力：中国农村劳动力的就业和流动”，载于《管理世界》，1997（5）。

② 陈玉宇、邢春冰：“农村工业化以及人力资本在农村劳动力市场中的角色”，载于《经济研究》，2004（8）。

③ 王德文、蔡昉、张国庆：“农村迁移劳动力就业与工资决定：教育与培训的重要性”，载于《经济学季刊》，2008（7）。

④ 周亚虹、许玲丽、夏正青：“从农村职业教育看人力资本对农村家庭的贡献——基于苏北农村家庭微观数据的实证分析”，载于《经济研究》，2010（8）。

摊的治本之策，也是规避转移劳动人口“进城后”因为贫困引发社会风险、产生更大成本的选择。在国家政策层面，自《2003—2010年全国农民工培训规划》以来，国家陆续出台多项直接与农村转移劳动力教育培训相关的政策文件。2003年启动的“星火科技培训专项行动”、2004年实施的“阳光工程”、2007年开展的“雨露计划”，构成了当前转移劳动力教育培训的主体架构，将农村扶贫开发带入自然资源开发与人力资源开发并举的新阶段①。政策与项目的出台，为转移农村劳动力就业铺就了道路，但时至今日仍难看到有效解决劳动力供需匹配难题的办法。考虑到大量转移人口已经居住在城市，未来对于转移劳动力的培训和教育，应当将重心从农村转向城市，切实提高劳动用工方的培训激励，强化城市中存量劳动力资源的教育培训工作，不断提升广大农村转移劳动力的素质和工作能力。

五、致力于制度创新与政策调试

构建成本分摊机制，制度创新与政策调整带来的是“化学反应”和改革红利。很多成本构成，单纯从资金角度，通过“输血”来弥补永无止境；有的成本分摊还涉及公平与效率问题。制度变革与政策调整，才是成本付出的治本之策。借鉴相关研究观点②，推进转移劳动人口市民化的制度与政策，可采取“三步走”的策略（图3-2）。

就业方面，降低就业门槛，完善就业服务和技能培训，建立权益保护和工资合理调整机制；社会保障制度创新上，建立“广泛覆盖、费率较低、转移自由”的工伤保险、养老保险等基本的需求，构建制度、水平大致统一的现代社保体系。土地制度上，把转移劳动人口市民化和农村土地制度改

---

① 徐建军：“中国农民工市民化进程中的问题与对策——基于人力资本开发视角的分析”，载于《中国人力资源开发》，2014（15）。

② 张国胜、陈瑛：“社会成本、分摊机制与我国农民工市民化——基于政治经济学的分析框架”，载于《经济学家》，2013（1）。

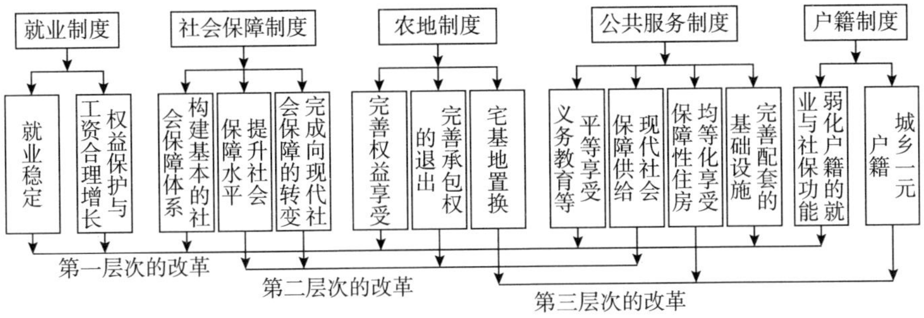

图 3-2　城镇化成本分摊涉及的制度变革与政策调整

革结合起来。落实中央赋予农民更多的财产权，用活农民在农村有承包地、宅基地、山地、林地等离农民最近的“沉睡的资本”①。考虑到长期内土地依然是农民就业、养老的主要保障，创新土地制度也需要三个阶段的推进。第一阶段确权使农村转移劳动力获得收益；第二阶段允许土地转让、退出或折价入股；第三阶段，可考虑实施宅基地转让与置换政策。创新公共服务制度同样要解决最基本的随迁子女教育问题，而后是公平的社会保障体系，还要考虑将转移劳动人口纳入城市保障房范畴。在户籍改革领域，先弱化户籍与隐性社会福利之间的关联，再通过居住证等改革，实行有条件的一元户籍。当然，制度变革与政策调整并不止于此，但这几方面却具有基础性。

本章主要结论

庞大的城镇化成本，对于任何国家和地区都是一个极大挑战。如何发挥好市场、政府、社会组织和个人作用，将成为完全成本条件下城镇化政

① 李凤桃：“专访中国社科院城市发展与环境研究所副所长魏后凯：‘中国将在2050年完成城镇化’”，载于《中国经济周刊》，2014-03-10。

策出台的核心博弈。完全成本城镇化，呼吁建立多元、可持续的资金保障机制。我们的研究，通过模型构建来考察和验证完全成本的假设，并试图透过其了解各子成本产生、演变的过程，以做好成本化解与分摊工作。

基于传统的、低成本强制扩张城镇化模式不可持续的认识，需要纠正扭曲的成本、增加不该被忽略的成本、削减过分开支的不必要成本。总的趋势是，一些成本会增加，如生态环境保持、资源能源利用等；一些成本会补齐，如农民工的各项社会保障以及所享有的基本公共服务等。为此，应当尊重市场在资源配置中的决定性作用，最大限度地纠正扭曲、压缩消耗。对于存在外部性、市场调节不能很好解决的行为，需要政府来负担，这突出表现在公共产品提供、公共制度供给以及适当而适度的宏观调控上；对于社会组织而言，要承担起大量的购买服务职责，将很多由政府包揽的任务借助购买服务模式承揽过来，增强自身承接、提供服务的能力，赢得社会信任。对于企业、个人而言，则要不断提升企业的竞争力和转移劳动者的个人综合能力。总的理念是，市民化成本需要个人、企业以及政府间分担；公共成本则需要中央、省和市间统筹。进一步分析，单纯从技术上化解和分摊成本，整体上还是基于扩充增量的考虑。在产业格局、城乡二元体系以及社会财富创造机制未发生根本改变的前提下，单纯靠做大增量、提高总量来实现人的城镇化，中间传导过程过长，关联效应较弱，很容易被收入差距拉大的“马太效应”所侵蚀。从存量调节出发，保障转移劳动人口“低成本”融入城镇生活，规避贫富差距拉大，社会矛盾频发等问题，需要大的理念与模式创新。从这一认识出发，探讨并建立一种新的、可持续城镇化模式，应当纳入讨论视野。

低生存成本城镇化：关于城镇化未来模式的建构

人们为了生活来到城邦，为了更好的生活留在城邦。

——亚里士多德

传统的低成本扩张城镇化模式，建立在要素价格扭曲，交易成本畸高，成本转嫁给普通民众，尤其是转移劳动人口基础上，是一种门槛高、阻碍“人的城镇化”实现的模式。仅从技术手段入手，难以从根本上破解转移劳动人口融入城镇的成本困境。着眼于实现人的城镇化，顺应开放、包容、共享时代发展趋势要求，不让城镇化高成本成为阻碍城市化、现代化的“绊脚石”，未来的城镇化，需要理念与模式的创新。通过建立一种新的、可持续城镇化模式，保障转移劳动人口“低成本”融入城镇生活，让更多的人在城市中获取基本生存和发展权利，让原有强势部门和组织受益的“低成本扩张”，转变为服务于中低收入阶层，实现城镇化包容、可持续推进的“低成本受益”。基于完全成本假设，立足底线思维，注重公共政策托底功能，我们的研究提出并发展了一种“低生存成本城镇化”的新模式。以下部分旨在系统性阐述低生存成本城镇化模式的概念内涵，推行必要性、可行性、内在架构及其逻辑关系，对低生存成本城镇化模式进行宏观架构的设计，并为后续研究构建分析框架。

低生存成本城镇化：我们在谈论什么？

城市是人类最伟大的发明与最美好的希望，城市的未来将决定人类的未来（爱德华·格莱泽，2012）[①]。无论是田园资本主义、新城市主义[②]，还是“景观都市主义”[③]，一个无可争辩的事实是，世界各地越来越多的人将告别农村，走向城市。据预测，到2050年，世界城镇人口将增加到62.5亿人，城镇化率从2011年的52%提高到66%[④]。城镇化过程，最大的优势是缩减了交易成本，提高了要素流动的频率与效率，让经济活动变得更活跃，也让个体参与程度、全社会文明程度不断提升。但是，这种状态是以全社会成本增加为代价的，国家、企业、社会所要实现的成本分摊，最终还建立在个体劳动价值和劳动生产率提升基础上。如果全社会劳动生产率变动与城镇化推进速度以及转移劳动力就业、消费能力提升不匹配，就会产生拉美“城市病”等社会问题，落入“中等收入陷阱”泥沼。

回顾中国城镇化发展过程，虽然成功避开了一些通病，尤其是避免了大规模的城市贫困、失业和贫民窟问题（世界银行、国务院发展研究中心，2014），但也助长了城市扩张的无效率和制度二元化的不公平。与此同时，这一过程还伴随着生产、生活成本的持续高企，最大负面影响是民众生存、生活成本的增加。新型城镇化旨在解决这些问题，化解、分摊城镇化成本，构建一种以人为本、发展福祉惠及民生的城镇化模式。事实上，公平与效率间很难完全平衡。世界的贫富差距正在严重恶化，而且据预测将会继续恶化下去[⑤]（托马斯·皮凯蒂，2014）。快速推进的城镇化，很容易落入功利主义思维的俗套，走进效率与增长优先、忽略个体权利的陷阱，让原本

---

① 爱德华·格莱泽（Edward Glaeser），刘润泉译：《城市的胜利》，上海社会科学院出版社2012年版。

② 新城市主义是20世纪90年代初针对郊区无序蔓延带来的城市问题而形成的一个新的城市规划及设计理论。主张借鉴二战前美国小城镇和城镇规划优秀传统，塑造具有城镇生活氛围、紧凑的社区，取代郊区蔓延的发展模式。

③ 将城市理解成一个生态体系，通过景观基础设施的建设和完善，将基础设施的功能与城市的社会文化需要结合起来，使当今城市得以建造和延展。

④ 据联合国《世界城市化展望2011年修正版》预测，转引自《世界主要国家城镇化发展情况及基本趋势》http：//www.qddpc.gov.cn/qddpc/16/20/85/13083009531806248O.html.

⑤ 托马斯·皮凯蒂：《21世纪资本论》，中信出版社2014年版。

处于弱势的群体处境更为不利。这显然不是以“人的城镇化”为核心新型城镇化所希望达成的结果。基于此，我们认为，有必要借用罗尔斯“无知之幕”正义理念，关注存在城镇化需求又处在社会不利位置的中低收入群体，立足底线思维，注重公共政策托底功能，提出并发展一种新的城镇化模式，从而让城镇化惠及于民，真正实现“共建、共享、共受益”。

一、对既有城镇化发展模式的反思

在一些宏大的规划和研究中，关于城镇化发展的模式构想有多种。典型的，《国家新型城镇化规划（2014—2020年）》明确了“以人为本、四化同步、优化布局、生态文明、文化传承”的新型城镇化道路；国务院发展研究中心、世界银行（2014）提出高效、包容、可持续的城镇化①；仇保兴（2009）的“C模式”构想②，强调在坚持发展前提下，既充分发挥市场机制的高效作用，又低成本地补偿其负面影响的城镇化新模式。应当说，这些愿景和构想都有助于辨别城镇化未来发展方向，并在细微处明确不断改进的举措。不足之处在于，研究所遵循的基本是线性思维模式，将未来发展置于经济增速较高的预期下，很容易产生困难预估不足的风险。尤其作为存在的前提假设是，农业转移劳动力职业能力、人口素质和结构随着城镇化推进而不断改善，他们融入城市的能力与经济发展是同步的。也就是说，发展能够自动惠及各层次人群。事实上，结合托马斯·皮凯蒂（2014）的论证，这种“均贫富”式的均衡、协调发展愿景并不会自动实现。相反，在“技术门槛”“马太效应”等影响下可能变得更趋恶化。

将分析置于现实情境，结合中国经济发展增速换挡、结构调整的现实

---

① 中国财政部、国务院发展研究中心和世界银行联合课题组撰写的《中国：推进高效、包容、可持续的城镇化》报告，转引自《通过改革承担新型城镇化成本》中国经济时报，2014-3-27。

② 仇保兴：“中国特色的城镇化模式之辨“C模式”：超越“A模式”的诱惑和“B模式”的泥淖”，载于《城市发展研究》，2009（1）。

困境，不难发现，我们的一些研究和政策建议，多秉持功利主义理念，注重短期而忽视长期，所设计的愿景过于理想和抽象，所依据尺度也多是有能力“进城”或已经“进城”的人群，较少考虑两亿多农民工实现市民化的困境。而他们，往往所处的是社会中最不利的位置：离福利分配最远，离危机转嫁最近，对成本—收益的感知和判断最为直接和深刻。因此，借助一些务实的研究手段，弥补这些被忽视的“坏情景”，无论从未雨绸缪的预警角度，还是为弱势群体适应和融入城镇化争取话语权的角度，都非常必要。

二、低生存成本城镇化模式的提出

城市中不同利益群体对城市有着不同期待。发达国家的实践表明，低收入群体比较关注的是，城市能否存在改善境遇的机会，城市的物价以及子女教育条件等；而中产阶级、非公民的商人与专业人士以及访问者与旅游者，则有着与之不同的需求（见表4－1）。实现人的城镇化，从公共政策视角出发，关键在于应对低收入群体尤其是贫困阶层融入城镇化的诉求。对他们而言，城市是安身立命、满足基本生存权和生活权的场所。伴随着城镇化快速推进，中国的新增城镇人口以转移劳动人口居多，他们大多来自缺乏原始积累的农村，所处的阶段至多是“半贫困”或刚摆脱贫困不久，他们也是城镇化过程中需要重点关注的弱势群体。

表4－1　　不同社会群体对城市不同共性需求的分析

利益群体	与自己相关的城市功能	对城市的主要关注点
贫困阶层	尽管生活艰难，但比较而言比乡村好；能够存钱买土地，保证子女通过正规教育获得更好的未来	收入机会，能够承受的物价、教育机会、住房和交通
富裕与半富裕阶层	城市是理想的居住地，这意味着更好的服务，容易建立同商界和政府的联系，是走向外部世界的大门	社会地位、收入、安全、廉价的劳动力，关注生活质量以及商品服务的质价平衡

续表

利益群体	与自己相关的城市功能	对城市的主要关注点
非公民商人与专业人士	城市是短时间内获得更高利润的场所，是进入各种公司和机构总部的理想之地，是少花钱但能享受体面活动的地方	政治和社会稳定、安全，城市的服务、就学机会、住房、社交、劳务市场。关注服务的可得性与可靠性，产品质量，不太介意价格高低
访问者与旅游者	城市的气氛、轻松宜人的环境、良好的购物环境以及一切保证使假日和短期舒适愉快的因素	食宿、交通、安全、舒适、购物环境、观光资源、特色商品服务的可得性

资料来源：尹继佐《世界城市与创新城市——西方国家的理论与实践》，上海社会科学院出版社 2003 年版。

基于此项研究的前述假设①，结合对城镇化完全成本的测算，在综合罗尔斯“无知之幕”正义理念、杰里米·里夫金（2014）“零边际成本社会”②预测、仇保兴“C 模式”理论和“低生存成本型社会”（2011）③设想基础上，我们试图从成本视角出发，提出并发展一种致力于有效解决中低收入阶层“低成本融入城镇化”的应对模式。我们认为，未来应当建立低生存成本的城镇化模式。

所谓低生存成本城镇化模式，是从成本视角出发，致力于降低以转移劳动人口为主体，处在社会不利位置人群在城镇生产、生活、定居与发展的成本，降低非消费支出，提高成本支付能力，缓解民众生存压力；借助

① 研究假设为：若将成本作为城镇化研究核心要素，把其中每项子成本条分缕析，纠正扭曲的成本、增加不该被忽略的成本、削减过分支出的成本，无论从资金投入、时间安排还是体制机制创新上，都能对指导新型城镇化提供一定借鉴。准确地说这是一个很难量化和明确证明的假设，也可看作一个研究问题视角。

② 源自杰里米·里夫金《零边际成本社会》著作，他开创性地探讨了极致生产力、协同共享、产消者、生物圈生活方式等全新的概念，详细地描述了数以百万计的人生产和生活模式的转变。他认为，“产消者”正在以近乎零成本的方式制作并分享自己的信息、娱乐、绿色能源和 3D 打印产品。零边际成本模式的到来是大势所趋。几乎零边际成本的社会代表了资本主义的终极胜利，是推广社会福利的最佳状态。

③ 低生存成本型社会的定义：我们可以将消费，按不同层次分为生存性消费、享受型消费和奢侈型消费三个类型。所谓“低生存成本型”社会就是降低生存型消费品的价格，以满足民众对生存必需品的需求，从而达到降低生存成本、缓解民众生存压力之目的的社会模式。

要素构成优化与制度构建调适，实现以人为核心、共建共享的城镇化发展模式。这一模式的特点是：立足底线思维，注重公共政策托底功能，以保障中低收入群体融入城镇化为出发点，力求降低门槛、减少损耗、提高质量；既注重效率，又关注公平，使城镇化成为一个内生、包容、良性循环的自组织系统①。

低生存成本城镇化模式以重塑价值理念，减少中间交易损耗、降低社会总成本，实现人的城镇化为目的。所谓“低生存成本”最直观的表现是：低物价、低制度成本、低住房、教育、医疗卫生以及社会保障支出、完善而低廉的公共服务供给，致力于促进社会和谐，降低社会冲突的城市治理模式以及高效、廉洁的政府运行与行政管理体制。这是一个庞大的模式设计，后续研究将逐步丰富和完善。

低生存成本城镇化何以值得信赖？

无论从新常态下国内、国外经济社会发展需求，还是从提高城镇化水平和质量视角，抑或从未来社会的发展趋势看，低生存成本城镇化都是一种值得借鉴和推崇的模式。通常认为，经济增长产生的“波及效应”有助于解决弱势群体贫困问题，实现发展成果普惠、共享。但是，这种效应并不能自动完成，还要受内外部多重因素影响②。无论发达国家还是发展中国

① 所谓自组织系统，即能自行演化或改进其组织行为结构的一类系统。在一般系统论中，其最广泛的含义是指：该系统能在与环境相互作用条件下，通过自身的演化而形成新的结构和功能。

② 例如，空间布局特征就是影响“波及效应”效果的重要变量。新地理经济学以边际收益作为理论基础，通过区位聚集的“路径依赖”，研究经济活动的空间集聚现象。城镇化的推进，亦是这一趋势的体现。但所谓“物极必反”，城镇化带来的聚集效应，其边际收益同样呈现递减趋势。

家，城镇化率都有一个峰值。中国的城镇化率最高或达75%左右（韩俊，2013①；易鹏，2013②），不同地区间峰值也呈现较大差异。中国的现实国情，决定了城镇化模式、框架难以雷同；“一刀切”的划定城镇化基准线、统一而硬性的城镇质量、水平和标准要求，既不科学，也难以实现。从底线思维思考和解决城镇化发展中的目标取向问题，似乎更易达成共识。鉴于多数农村转移劳动人口受教育水平、职业选择方向以及人力资本能力的不足，做大总量，让多数人通过波及效应以实现完全“中产化”难度极大，且充满不确定性。唯有变换思维，推行低成本的生存、发展模式，才能使数亿转移劳动人口在城镇立足，共享发展成果，实现城镇化开放、包容、可持续。

一、应对社会民生问题的选择

解决生存发展难题，是多数国家面临的普遍而长期的任务。国际劳工组织预测，2019年全世界失业人数将达2.13亿人③，发达国家更是重灾区。至今，全世界每3名工作者中就有1人每天生活费不到两美元。在发达国家，高失业率、高财政赤字、高人力成本，使得社会发展乏力、社会活力和动力不足，既影响了长期增长，也积累了诸多社会风险。2008年金融危机以来，世界几大主要经济体很难看到复苏迹象；广大发展中国家更持续面临生存发展难题。这其中，除部分因为分配不公、保障不足等制度性因素外，根本上还是由生产力发展滞后、产业结构不匹配造成的。社会民生难题的解决，必须建立在居民收入增长的基础上，但又不能完全依赖于收入增长。尤其是与高通胀伴随的收入增长，既是对社会中低收入阶层的一

① 韩俊：“城镇化率峰值将在70%到75%之间”，载于中国地产网，2013年07月09日 http://dali.house.qq.com/a/20130709/000022.html。

② 易鹏：《中国新路——新型城镇化路径》，西南财经大学出版社2014年版。

③ 2007年为1.69亿人。

种掠夺，也会造成社会福利的极大损失。

毋庸置疑，无论考虑城乡间“衣食住行用”等不同生活模式，还是从土地制度、税收制度、传统商业模式以及不断攀升的劳动力成本角度看，选择居住在城镇的成本，都远高于居住在农村的成本。因此，在实现“高收益”难度极大的情形下，保持生存的低成本，就显得更加必要和相对可行。结合国际经验，虽然高工资、高税收、高福利的发展模式，是解决民生问题，实现社会和谐幸福的有效途径，但这种模式建立在全社会劳动生产率大幅提升基础上，而且往往发生在人口相对不多的国家。分析转型阶段中国的现实情境①，至少在城镇化率尚未达到峰值这段时期②，中国还很难复制高福利国家路子。不仅如此，跨越中等收入陷阱，规避高通胀、高失业现象，还必须依靠发展实体经济、强化增长内核。在劳动力结构及素质没发生大的改进，新技术革命尚未真正到来的前提下，依托劳动密集型制造业与低端服务业实现创造就业、拉动增长之作用，仍是应对经济急速下滑、社会问题频发的权宜之计。着眼未来，即便技术创新能够替代劳动力投入、解放劳动者双手，也不可避免地会加剧失业、贫困和社会分配不公等问题。因此，为增强转移劳动人口在城镇落地扎根、谋求持续发展能力，需要在“开源、节流”双向机制上寻求出路，降低高成本衍生的阻力，提高转移劳动人口以及城镇常住人口的收入和生活水平，实现转移劳动人口进城落户的边际收益大于边际成本，进而保证城镇的强大拉力。低生存成本城镇化模式，是在经济增速回落前提下实现“存量优化”的一种选择；是满足城镇化过程中的转移人口基本生活需求、保障其基本尊严，进而实现内需扩大的前提条件。

西方福利国家模式备受推崇，并被视作解决社会民生问题的归宿。事实上，发达国家“高福利陷阱”问题，同样值得警惕。欧债危机的爆发表

① 经济增速下滑、转型难度加大、劳动人口总量众多、日趋高龄化的年龄结构、依旧偏低的整体受教育水平制约。

② 多数学者认为，中国的城镇化率在 2030 年前后达到峰值。

明，超越发展阶段的高福利，对社会创造性是一种打击。在劳动生产率难再取得实质性提升的前提下，传统产业优势、技术优势和经济总量优势都缺乏稳固基础；而且，高福利往往伴随高负债。一些不负责任的政府，通常会采取高通胀方式变相将高成本转嫁到普通民众。这种传导机制的异化和扭曲，反过来又对处在社会中低收入阶层的人群形成了更高的生存成本支出，造成了更大的伤害。显然，这些方式存在的前提条件过于苛刻，不仅难对农村劳动力持续转移产生激励，甚至会导致城市常住居民也不堪忍受。因此，从解决民生问题视角出发，既要寻求增量，也需要降低城镇生产、生活成本，兜住民生"底线"，缓解民生压力，提高消费能力，在此基础上，再根据不同发展阶段，合理设计社会福利体系，有层次地满足城镇居民日益增长的物质、精神需求。从这个意义上讲，低生存成本城镇化模式构建，是应对社会民生问题的一条可行路径。

二、跨越中等收入陷阱的选择

"中等收入陷阱"在世界银行《东亚复兴》报告中首次被提及。虽然一直存有争论，但作为统计上的显著现象，逻辑上合理，事实上也存在。"历史表明，很多经济体通常能迅速地达到中等收入发展阶段，但只有少数国家能够跨越这一阶段"[①]，从而出现经济增长回落或停滞、民主乱象、贫富分化、腐败多发、过度城市化、社会公共服务短缺、就业困难、社会动荡、信仰缺失、金融体系脆弱等诸多问题[②]。"中等收入陷阱"的引出，旨在表明由中等收入向高收入增长的不易，根本上讲，是一种比较典型的经济发展停滞甚至倒退现象。中国或有50%以上可能滑入"中等收入陷阱"（楼继

---

① World Bank，2007a，"An East Asian Renaissance"。中文译本：吉尔：《东亚复兴：关于经济增长的观点》，中信出版社2008年版。

② 人民论坛问卷调查中心："中国能否越过"中等收入陷阱"——50位专家与6575名网友调查结果的对比分析"，载于《人民论坛》，2014（11）。

伟，2015)[①]。多数关于“中等收入陷阱”的研究，关注的是成长驱动和经济转型的视角。如跨越中等收入陷阱，要经历从市场驱动向要素驱动、效率驱动，再到创新驱动的过程（郑秉文，2011)[②] 等。试图通过最大程度提高劳动生产率，以获取、掌握并支配更多资源、更大物质财富的能力。不可否认，新技术、新制度等创新要素的引入，创造了前所未有的物质产品，引发了新一轮制度变革，降低了生产成本和交易成本，增加了社会福利总量，助推了社会文明进步。但是，这个过程并不是人为设定的；而且，竞争到最后往往成了零和博弈。总会产生落后的地区，也少不了处在社会不利位置的人群。试图凭借创新创造更多有价值的产品和服务，让更多人获益，是必要且可行的。但技术的“失控”，也会进一步助长社会贫富差距拉大、资源要素垄断，对于原本处于不利位置群体的处境更为不利。

从本质上看，技术进步也是降低成本的过程，这与低生存成本在目标诉求上是一致的。低生存成本的城镇化模式，也要借助和依靠技术进步来实现发展普惠于更多人的目标。但技术增量解决不了社会结构问题，难以保障转移劳动人口公平的城镇进入权。从世界银行总结的 13 个跨越“中等收入陷阱”经济体经验看[③]，除日本外，这些国家和地区国土面积都很小、人口数量较少或极少，对中国难有借鉴意义[④]。但其成功的一个显著特点是，他们“均在跨越中等收入阶段的过程中，实现了可融入的城市化，特别是避免了发展中国家普遍出现的农村衰败和城市贫民窟的问题，从而实

---

① 财政部长：中国有 50% 以上可能滑入中等收入陷阱［EB/OL］. http：//news. sohu. com/20150426/n411920834. Shtml. 2015 -5 -1。

② 郑秉文：“‘中等收入陷阱’与中国发展道路——基于国际经验教训的视角”，载于《中国人口科学》，2011（1）：2 -15。

③ 这些国家和地区包括以色列、日本、新加坡、韩国、中国香港、中国台湾、西班牙、葡萄牙、希腊、爱尔兰、赤道几内亚、波多黎各和毛里求斯。

④ 贾康、苏京春：“直面‘中等收入陷阱’真问题——基于 1962—2013 年全球数据对‘中等收入陷阱’的判断、认识”，载于《中共中央党校学报》，2015（8）。

现了国民基本权利的均等化”[①]，这对中国难以打破的城乡二元体制是一种警示。

中国的城乡二元化体制，使得两亿多人居无定所，流离于城乡间，这部分人中的多数以及仍滞留在农村的居民，成为中低收入群体的主要成员。在越来越依赖创新驱动的大环境下，技术、资本的投资回报率，将持续高于劳动回报率。由此，中低收入阶层的收入增速慢于高收入群体的增速。“马太效应”或托马斯·皮凯蒂所预言的贫富差距扩大[②]，如若不预先采取对策，将成为事实。在全球经济增速普遍下滑、收入提升难度增大的视角下，需要解决“r（资本回报率）＞g（经济增长率）”问题，规避资本收益率大于经济增长率所导致的贫富差距拉大、社会割裂现象。单纯依靠技术创新的作用显然不够，还需要通过提高劳动收益或压低财产收益，借助打破制度掣肘造成的要素资源流动阻滞，最大限度地压缩生产成本和制度成本，提高劳动产出，从而实现产出效率最大、中间消耗最小和消费品价格最低，这也是低成本城镇化模式构建所极力达成的目的。

三、纠正要素配置扭曲的选择

土地、资本、劳动力是构成城镇化发展的基础要素。在传统城镇化条件下，要素资源的扭曲以及制度设计的不规范，使得一些基于此类要素的最终产成品价格变相抬高，而这部分成本负担往往最后都落在普通民众身上。典型的，城市建设用地中工业企业的用地比重过高、价格过低，导致

① 华生、汲铮：“中等收入陷阱还是中等收入阶段”，载于《经济学动态》，2015（7）：4－13。

② 《二十一世纪资本论》的作者托马斯·皮凯蒂的论点基于资本收益率（r）与经济增长率（g）的关系，“r”包括利润、股息、利息、租金和其他来自于资本的收入，而“g”以收入或产出来测量。他提出，当增长率低时，那么财富倾向于通过“r”而不是劳动来积累，并且会更多向最富的10%或1%的人群集中，加剧贫富不均。因此，两极分化和贫富差距的原理可以用不等式r＞g来概括。为了扭转这一趋势，他建议征收每年不超过2%的全球性财产税，并结合最高到80%的累进所得税，以缩小贫富差距。

了土地市场调节机制的扭曲，反过来使得商业用地和房地产价格畸高。据测算（见图4－1），1998年以来，全国商品住宅房价收入比持续维持在6.6以上[1]，2014年，北京市以14.5占据首位，而根据国际通行标准，超过6即表明房地产处于泡沫区。

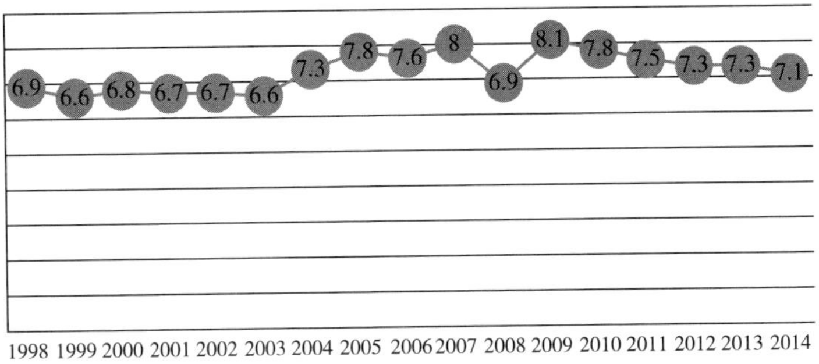

图4－1　1998～2014年全国商品住宅房价收入比情况

此外，政府的行政成本也因为维持传统社会管理需要、对具体事务过多干预而高企。“行政管理费”（2007年前）或一般公共服务支出[2]（2007年后）从1990年时占9.83%，到2006年增长至18.73%，期间在2004年曾达到过最高的19.38%（见图4－2）。再者，企业融资受相对封闭金融环境所限，多年来也处在高位运行，尤其是急需资金的中小企业，普遍面临融资难、融资贵问题困扰。资本市场被扭曲，极大减弱了社会经济运行的效率。从劳动力资源市场看，主要的扭曲是，“同工不同酬”以及城乡以及不同地域间户籍制度割裂的工资福利体系问题。人口的流动和迁徙，是一国或地区经济发展活力的体现，这种劳动力资源市场的扭曲，降低了劳动力的流动性和创造性，难以实现人尽其用。

① 房价收入比（Housing Price－to－Income Ratio），是指住房房价收入比房价收入比价格与城市居民家庭年收入。一般认为，合理的房价收入比的取值范围为4－6，若计算出的房价收入比高于这一范围，则认为其房价偏高，房地产可能存在泡沫，高出越多，则存在泡沫的可能性越大，泡沫也就越大。

② 大致等同于行政成本和管理费用。

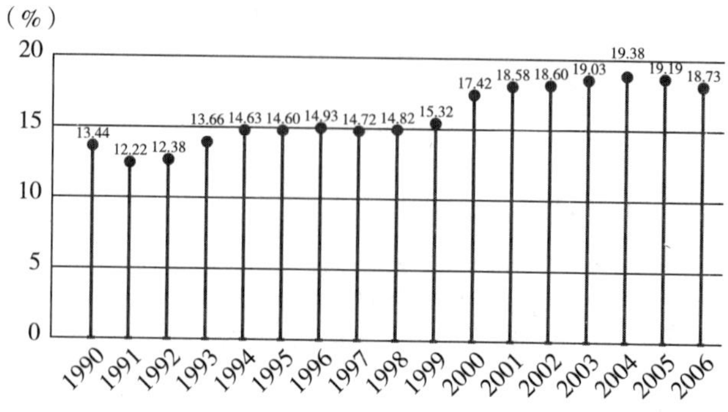

图 4-2　1990～2006 年行政管理费用占 GDP 的比重

要素资源配置的扭曲，不仅提高了城镇化的落地成本，也降低了农村的劳动生产率，使得农业劳动产出率更低。例如，由于土地权属关系不明晰，大量农民守着土地、山林这些“沉睡的资本”，挣扎在贫困的边缘，既摆脱不了初始资本不足、融资困难的窘境，反过来也制约了农业规模化扩张的进程。陈锡文（2015）指出，城镇化进度对农业起决定性作用，而“这种半截的城镇化，严重耽误农业现代化”①。不仅如此，一些严谨的研究也揭示，资源配置扭曲，尤其是资本和劳动力的跨部门扭曲配置，使得农业 TFP 被压低，若这些扭曲得以纠正，农业 TFP 能提高 6%～36%（陈训波，2012）②。

基于以上判断，低生存成本的城镇化模式，一个基本的宗旨在于利用市场机制，实现对土地、资本、劳动力等要素资源的优化配置，从而有助于使物尽其用、人尽其才，降低交易成本，打通要素配置过程面临的“梗阻”，纠正资源错配和扭曲，实现城镇化内部要素的合理配置、有序循环。对于城镇要素资源配置问题，单个要素层面有很多学术研究成果，但组合起来的量化分析却较为缺乏。实践工作中，也产生了一些值得借鉴的典型

① 陈锡文：《如何破解农业三量齐增怪现象》［EB/OL］，http：//china. caixin. com/2015－07－06/100825748. html，财新网，2015－7－6。

② 陈训波：“资源配置、全要素生产率与农业经济增长愿景”，载于《改革》，2012（8）。

案例。重庆市市长黄奇帆就曾给出过他对城市产业、人口、土地容量和配置的判断，这些从实践中得出的经验结论，为城镇化过程强调要素资源配置的科学性做了注脚。

“一个地方每平方公里城市建成区一般应容纳 1 万人，100 平方公里就是 100 万人，这样产城融合就比较繁荣。但如果一个地方只有 50 万人，土地开发了 100 平方公里，这城市不管造得多么繁华，晚上一定是空城、鬼城、死城，这就是过剩。……工业园区发展也有一个经验标准，每平方公里要有 100 亿产值。……这种过剩的不景气会像瘟疫，让所有来考察的企业吓得落荒而逃，最终害人害己。”①

传统城镇化模式下的要素配置扭曲，助推了要素价格的高企。作为市场机制的核心要素，资源配置与最终价格始终存在着一定相辅相成的关系。要素配置扭曲，导致最终产出品价格高，而产出品价格高又造成大量要素资源被攫取、囤积或浪费，进一步造成价格机制失灵并形成恶性循环。低生存成本城镇化模式的提出，旨在打破这一恶性循环，改变高房价、高地价、融资难、融资贵以及劳动力价格歧视等现象。需要说明的是，这种“低”并非人为压低所造成的，而是借助市场力量、利用竞争机制，纠正行政强制引发的交易成本虚高，调控随意性导致的价格变相波动，从而促进激发市场活力、降低中间消耗、削减交易成本。

四、缓解资源环境压力的选择

价格作为一种激励机制，在供需两端直接决定着资源的配置和利用效率。传统城镇化低成本扩张模式，加速了资源紧张，带来了生态环境破坏；还通过价格扭曲，助长了无序投资和铺张浪费，导致了资源的错配、结构

① 黄奇帆：《在重庆市金融工作会上的讲话》，载于共识网，http：//www. 21ccom. net/articles/economics/Dongjian/20150303121674. Html. 2015 －05 －25。

的失衡和发展的粗放，不断冲击着原本脆弱的资源环境承载能力。1978 年以来，中国的能源使用总量增长了一倍多[①]（Wang、Jiashun，2010），能源使用的增长速度前所未有、超出预料。根据国务院发展研究中心（2014）的测算，到 2015 年，中国的能耗水平已达到 6 年前预计的 2020 年的水平。碳排放量的增长直观地反映了这一趋势，2013 年中国碳排放超过欧盟和美国的总和，达 100 亿吨，人均碳排放量也超过欧盟，达到 7.2 吨[②]。从淡水资源看，中国每年城市用水供需缺口达 60 亿立方米，650 个城市中，420 个城市面临供水不足，110 个城市严重水资源短缺[③]（OECD，2009）；可建设用地资源在 2001 ~ 2011 年间增加了 58%，其中，90% 靠征用农村土地获得，只有 10% 是通过未开发城市建设用地现有存量来供应。城市边缘地区低密度快速扩张，导致城市“摊大饼”式蔓延，交通拥堵和环境污染加剧。成本外部性未能实现内部化，成为城镇化推进乃至中国经济发展结构失衡的表现和症结。

低生存成本城镇化模式，有助于压缩耗能型、污染型行业在城市的分布空间，缓解资源过度挤占、竞争无序的状况，通过加大清洁能源使用比例，加快推进资源、能源价格改革进度，将环境污染、生态破坏等负外部性行为“内部化”，进一步提高资源能源的利用效率。尽管推行这一模式，在短期内或将提高资源、能源使用价格，助推生活、生产成本，但从长期看，则既能够降低环境污染、生态破坏导致的成本，也有助于在价格机制倒逼和激励双重机制作用下，加快新技术、新能源的发明应用步伐。资源、能源价格随着技术的应用和推广，边际成本大大降低，甚至有很大可能将

---

① Wang，Jiashun. 2010. ” A Study on the Attitudes toward the Immigrants by Urban Residents with Regional Disparities Based on the 2005 National Comprehensive Social Survey Data. “Chinese Journal of Sociology 30（6）：156 – 74.

② 澎湃新闻网：“中国 2013 年碳排放量全球第一，或促使能源结构加速调整”，2014 – 9 – 24. http：//www. ev hui. com/16400. html。

③ OECD. 2009. “Urban Trends and Policy in China. ” OECD Regional Development Working Papers 2009/1.

为零（如分布式能源推广）①，无疑将对生存成本削减、社会总福利增加产生积极的影响。因此，低生存成本城镇化模式与资源环境压力缓解具有内在一致性。

五、构建协同共享社会的选择

作为“第三次工业革命”和“零边际成本社会”首倡者，美国思想家杰里米·里夫金认为，21 世纪下半叶，资本主义将走向没落，协同共享取而代之，成为主导经济生活的新模式②。“交通、能源、信息结合在一起，能够从根本上改变整个社会的沟通运行和生产方式，从而产生新的经济范式，它改变我们时空的关系，改变我们的社会管理，改变了所有的一切，也改变人们的意识”③。

尽管这一理念仍存在较大争议，但其与低生存成本城镇化模式，在趋势上是一致的。正如里夫金（2014）所提及的，通过组织协同和技术创新，未来多数产品的边际成本将降为零，这将在微观上改变人们的生活。而低生存成本城镇化模式，正是以此为出发点，不断获取降低成本、实现低价格甚至免费的多种途径，也将在一定程度上加速共享社会的来临。譬如，通过社交媒体、租赁商、合作组织，以极低甚至接近零边际成本分享汽车、住房、服装等私人产品或教育、医疗等公共物品等。

低生存成本模式是实现零边际成本的某个阶段和过程，包含着协同、共享的基本理念，也可能是未来进入共享社会的必经阶段。城镇化过程中，借助全社会信息技术、物联网、新能源等的技术变革和模式创新，使人类以一种无法想象的方式，在协同共享中分享经济生活，将城镇化变成一种

① 杰里米·里夫金：《零边际成本社会》，中信出版社 2014 年版。
② 杰里米·里夫金：《零边际成本社会》，中信出版社 2014 年版。
③ 杰里米·里夫金：“经济将迈向零边际成本时代”，http：//finance. 21cn. com/news/macro/a/2015/1024/22/3019073 6. shtml，新华网，2015 - 10 - 24。

顺其自然的安排，成为超越成本—收益权衡的选择，成为人类追求认同、自由和自治的过程，这些愿景已初现端倪。不管未来是否成为主流趋势，仅从互联网时代的发展前景看，共享经济、协同发展，都至少代表着社会前进的一种方向。低生存成本城镇化模式，本质上包含着与之类似或相同的价值观，有必要从细微处挖掘共通之处，丰富低生存城镇化模式的内涵，实现相得益彰、共同获益。

低生存成本城镇化遵循哪些构建原则？

低生存成本城镇化模式的提出，是一种尝试性构想和愿景。这种模式不是空中楼阁，也不是空想基础上产生的“乌托邦”，而是坚守“底线”思维，应对传统城镇化“低成本、不可持续”弊端的关键举措；是对完全成本语境下化解城镇化高成本的积极回应；也是服务于以人为本新型城镇化的有益探索。结合对这一趋势的判断，我们认为，构建低生存成本的城镇化模式，必须在发挥市场决定性作用的前提下，遵循主体责任共担、内生良性循环、要素双向流动、个体福利最大、多方机制协同的原则。

一、主体责任共担

保证低收入人群在城镇的基本生存与发展权，是一项基本权利。众所周知，被城镇化裹挟的农民和广大农民工群体，占据社会资源少、收入水平低、抵御风险能力弱。生存的需求，至少包含了马斯洛需求层次理论中的生理层次和安全层次。随着时代的进步，部分发展需求也被纳入基本生存需求之列。所谓低生存成本，主要是满足居民吃、穿、住、行、用、健康和教育等基本条件所付出的成本。这些基本条件的满足，需要“完全成本”各方共同承担。

为应对个体力量薄弱问题，包括中国台湾、日本等地区和国家，都有着抱团取暖的理念与做法。例如，对职业农民的保护，一方面通过严格限制措施，保护本国农业产业安全和农民利益；另一方面，借助“农会”“农协”等模式①，实现权益保护和协同合作。低生存成本城镇化模式推进过程中，也应当明确这种理念，让更多主体有组织地参与其中，承担职责、形成合力；借助全社会力量，降低低收入阶层的成本，从而使个人既有的成本能够转嫁到社会组织或其他主体身上。

在这一思想指导下，低生存成本城镇化首先必须是多方共担的模式，其维系的基础在于明确划定个人、企业、政府与社会职责边界，构建职能定位与作用配合发挥适当的结构。政府、市场与社会各司其职，共同降低城镇化过程中发生的交易成本、制度成本，提高资源配置效率。这一基础上，还必须考虑到，如何给予农村转移劳动力以明确预期和信心，使所产生的成本代价不会过多地转嫁给弱势群体，并尽量压缩中间消耗等交易成本。

二、内生良性循环

在城市规划领域，城市营销模式和内生式发展模式作为两种主要的发展模式备受关注（John Friedmann，2004）②。前者认为，城市发展动力不由

---

① 日本农会的组织化程度非常高。它的设置与行政组织设置相吻合，采取三级组织体制：即基层（市、町、村）农协、地方（都、道、府、县）农协和全国农协，地方农协和全国农协按其业务不同又分为两大系统：一是主要从事指导业务的“农业协同组合中央会”（简称中央会），二是主要从事经济事业的“农业协同组合联合会”（简称联合会）。

② “城市营销”（city marketing）模式，把城市的未来建立在城市对外来资金的竞争力上。John Friedmann 提出一个替代模式。这个替代模式基于这样的认识：城市的发展应主要基于自身的资源和能力而不是外来的资金，我把它称为“内生式发展模式”（endogenous development model）或“内部发展模式”（development from within）。

城市本身所控制，是外生的且极具竞争力；后者则将这种模式划归为零和博弈。“只会带来少量短期的物质收益和大量长期的成本……实现可持续发展的前景渺茫”①。因此，城市发展要强调内生性，实现内生良性循环。反思中国的城镇化过程，行政主导成为低成本、快速扩张的重要根源。被征地、被搬迁等现象，在大幅度提高城镇化率的同时，也产生了大量人口难融入城镇、陷入进退两难境地的事实。一些典型城镇化推进模式因未能实现内生循环，可持续性不断减弱。例如，出口导向的广东模式；依靠外部市场，服务于传统商贸、加工、制造等的温州模式和苏州模式等，虽盛极一时，但都随着中国经济转型逐渐黯淡。受行政主导或出口等外部市场影响的城镇化，往往凭借行政配置资源以及“灵活与积极响应”地配合跨国、跨区域资本等外生力量得以维系，在外向出口型经济模式终结、劳动力成本持续上升等打压下，这些地区经济发展、城市转型等都遭遇困境，城市化水平与质量提升速度也大大减缓。城市经济的单一性，城市功能、结构的不完整性，使得城市体系过于单薄，发展能力过于脆弱，助长了城市的系统性风险，增加了城市固有成本，并使其越来越不可持续。

表 4－2　城市发展的两种模式

	模式Ⅰ：城市营销（基于外部发展）	模式Ⅱ：内生式城市发展（基于内部发展）
行动空间	核心城市	城市—区域
时间框架	长期负债	短期负债
影响范围	经济增长最大化	众多发展目标的优化
发展动力	外生	内生
模式	竞争的（零和）	合作的（网络组织）
可持续性	差	强

资料来源：John Friedmann：“规划全球城市：内生式发展模式”，载于《城市规划汇刊》，2004（4）：3。

① John Friedmann：“规划全球城市：内生式发展模式”，载于《城市规划汇刊》，2004（4）。

理论上看，区域发展有两条道路：区域财富的创造和城市间贸易，且它们必须保持大概的平衡（Thomas、Vinod et al，2000）[①]。一系列城市衰败的案例表明，“城市—区域”不能完全依靠外部获取可持续发展的力量。构建低生存成本城镇化模式，必须是基于内生型动力，不断实现“变量变动→引发需求→满足需求→发生经济行为→产生经济效益→投入其他行业→实现社会效益→再次触及变量变动”的循环，提升城市政治、经济、文化和资源配置等方面良性循环能力。要形成这样的内生循环，最基本的是要有坚实的产业支撑能力；较为完整、能够提供就业机会以及实现可持续发展的产业和规划体系。

历史上的城市变迁，揭示了“资源诅咒”对于一个城市、地区甚至国家由盛转衰的深刻影响。对国内多数处在转型发展阶段的城市而言，产业基础的系统构建、产业结构的优化更新、产业链的延展升级，都是城市赖以维系并保持持续吸引力的基础。美国城市底特律以及国内众多资源枯竭型城市作为转型失败的典型案例，从反面证明了坚实的产业支撑能力，不断创造出的新就业岗位，对吸纳外来人口、维系城市体系的重要性。这对构建低生存成本城镇化模式的启示是：城市经营者要有战略眼光和预判能力，以增强内生发展动力为出发点，通过科学规划体系，适时调整更新，在产业转型、社会转型、文化发展以及体制保障等方面加大力度，为实现低生存成本城镇化以及城市可持续发展奠定坚实基础。

三、要素双向流动

低生存成本城镇化，不再是要素由农村“单向”流至城市，而应实现城乡间要素双向互动和“对流”。传统城乡二元体制下，以工业、城市导向

① Thomas，Vi nod et al.，2000，The Quality of Growth. Published forthe World Bank. Oxford and New York：Oxford University Press.

的重心偏离政策，使得城乡间要素流动长期呈现“单向度”状态，农村人口、资源、资金不断向城市集聚，反方向流动却几乎阻塞。据统计，中国的农村公共投资远低于城市，且差距很大。农村公共投资只有城市的39%，农村社会救助的转移支付只有城市的8.9%（魏后凯，2015）①。这种单向的要素流动，导致城乡间发展鸿沟越来越大，在加大城市资源要素稀缺性和竞争压力的同时，也抬高了要素的价格。另一方面，城市人口向农村迁移，城市公共资源向农村延伸，城市公共服务向农村覆盖，仍处在一种很低的水平。事实上，在城镇化发展逐渐摆脱行政主导的情景模式下，随着城乡一体化的推进，很多发达地区已经具备了城乡要素双向流动的条件和基础，有必要先行探索。此外，从成本—收益视角出发，一方面，将农村的要素资源置于市场大环境下，能够还原其应有价值，给予农村转移劳动力脱离农村、在城市扎根落户的初始资本；另一方面，双向流动也能够缓解城市压力，打破城镇“只进不出”的密闭空间，发挥“减压阀”的作用，从而让城市系统变得更加开放、包容并处于正常新陈代谢的良性循环中。

当然，由于要素资源的基础性和根本性，实现双向流动是一项复杂工程。尤其是，在农村要素资源产权不明晰的前提下，一开始就寻求上层建筑的突破，容易陷入基础不稳的困境，改革也只能停留在表层。另一个值得探讨的问题是，即使在农村产权制度改革推进下，未来是否允许城市居民按照自己的意愿选择到农村落户，也需要重点关注。要素的配置最终在价格上将实现区域趋同，也即城乡的要素配置将达到一种最优的均衡模式。支配人们城乡切换的驱动力，将不再是成本—收益的权衡：农村居民转移到城市，不再单纯为了城市完善的基础设施，高质量、全覆盖的公共服务；城市居民转回农村，也不再是争取从集体土地中“分一杯羹”，而是建立在

① 魏后凯在“中国城市百人论坛2015年会”上的讲话［EB/OL］. http://www.gucp.org/News/Articles/Index/1177。

价值认同和生活方式选择的基础之上。由市场主导、意愿支配的模式，将成为要素流动的主流，也是要素双向流动要达成的目标。

四、个体福利最大

城市规模，是决定城市成本、影响社会总福利的重要变量。城镇化的社会福利问题，多建立在对城市规模讨论基础之上。从事最优城市规模研究的阿诺特（1979）认为，最优城市规模，应当是社会福利或人均社会福利最大化的人口规模①。而且，城市规模越大，产品产出效益就越高，集聚效应产生的高劳动生产率的优势就越明显，所创造的就业岗位、提供的公共服务种类就会越多，城市的吸引力、集聚人口能力也越强。另一方面，“虹吸效应”的存在，在为大城市、超大城市提供巨大要素支撑的同时，也侵蚀着中小城市和小城镇的发展能力。而且，在城市盲目扩张过程中引发的规模膨胀、恶性循环，成为“城市病”的产生根源。城市规划领域在“二战”后提出的“有机疏散”（Organic Decentralization）道路曾引领了“大伦敦”“大巴黎”的规划，大多数世界城市都曾出现人口疏解的过程。这表明，城市的扩张都不是无限的，其规模都存在一个边际收益为零的临界值。考察传统的城镇化发展路径还可以发现，聚集效应的自然传导作用，是一个持续、惯性、不规则的过程。因此，很难单纯从“经济人”视角解读城市中的流动人口问题。这其中一个深刻的变量来自于预期收益，而非眼前收益。这种当前与长远、不同城镇间的收益不统一，可称之为福利的时空分割，正是这种分割，助推了城镇化的不均衡和空间分布的无秩序。曾经的“小城镇、大战略”决策失效表明，行政主导、多点开花的城镇化模式并不能达成政策初衷；北上广等一线城市局部“城市病”也印证了旧有规划体系和结构布局，并不能支撑过度集中的特大城市、超大城市模式，

① 刘永亮：“置疑中国最优城市规模”，载于《城市规划》，2011（5）。

这两种情形对个体福利都造成了一定损害。如北京等特大城市的人口疏导，使大量底层民众丢失了维系大城市就业的机会。

低生存成本城镇化模式，应当以个体福利最大为出发点，既要重视积聚效应，又要考虑集中成本。而且，随着技术进步、社会劳动生产率的提高，最优规模也处在不断变动中。之前的“小城镇”战略或某些学者基于数据测算出的最优城市规模，经实践检验效果并不明显。为此，应当摒弃以往的城市规模线性思维，以个体福利最大为原则，从保障人的权益，尤其是底层民众的权利出发，分区域、分阶段，因地制宜地明确城市规模和发展进度。理想的个体社会福利最大的城镇化模式，也是城市规模经济最优、空间布局集约、居民获益最多的模式。一个认识误区是，人口大量涌入，必然会稀释城市既有福利，背离福利最大化的初衷。事实上，很多已经出现“城市病”的特大城市，根源并不在于人多，而在于规划设计前瞻性不足，产业转换接续不及时。诚然，交通拥堵、环境污染、社会问题频发等环绕的“病态”城镇化，并非理想的适宜模式，但在规模经济未达到最优的前提下，这不能成为限制人口进入大城市的理由。国内外城市发展过程表明，“城市病”是发达国家走过的老路，也是发展中国家必经的阶段。所有城市问题的根源，是发展阶段使然，而非完全由发展模式造就。秉承个体福利最大化的原则，很多对大城市、特大城市的限制措施，特别是在控制城市人口的过程中，最大限度排斥、驱赶处在社会底层的“外地人”的做法，应当被重新审视。

五、多方机制协同

城市化是自我调整的过程，但城市的自我调整，也并非完全自发。在系统论视角下，城市系统各类要素流交汇、子系统繁多、结构复杂，相互作用、相互演化，共同构成一个有机体。通常，城市系统演化有市场主导、政府主导两种方式。市场作用下自然集聚而发展起来的城市，属于自组织生长，即“自下而上”模式……而政府主导下构建起来的城市，则是由“自上而下”模式发展而来[①]。西方国家城市化，多是自发形成的自组织模式，在城镇化内部形成了一个自动调试、耦合的复杂体系。中国的城镇化，在地方政府助推下，加入了一些外生的影响因素，体制机制的更新并不能自动完成，而是需要竞争、协同双重驱动。竞争作用不需过多赘述。协同作用则是“各种分散的作用在联合中使总效果优于单独的效果之和的相互作用”，也就是通过系统主体间的协同作用，可以实现单独难以实现的“1 + 1 > 2”的效果[②]。传统的行政管理、社会管理服务等模式以及一系列服务于城乡发展模式转变的体制机制，由于变革的滞后以及对新情况、新问题预计的不足，部门、主体职能“碎片化”，导致机制难协同，整体功能大于个体之和功效并未发生，相反，还成为阻碍城镇化推进的掣肘和障碍，加大了城镇化成本和难度。

低生存成本城镇化战略，应当坚持协同发展、有序推进的策略。其中，协同发展包含互联互通、城乡协同、城际协同、区域协同、生态环境保护协同以及物质流、能量流、信息流、货币流、人才流的五流协同；同时，实现公共服务均等化和消除二元结构，最终达到共同富裕（牛文元，2015）[③]。这些协同既不能完全靠自发实现，又非行政主导所能解决，需要借助背后的制度性杠杆发挥作用。因此，协同机制的发挥就显得尤为重要。协同发展正成为新型城镇化的基本战略，而要实现协同发展，又必须构建多方协同的机制，这也是低生存成本城镇化模式实现的制度基础。实现城乡一体化，是协同发展机制在城镇化中最终的实现目标。

唐纳德·博格等于20世纪50年代末提出的推力—拉力模式，是城乡流

① 杨亮洁、杨永春、王录仓：“城市系统中的竞争与协同机制研究”，载于《人文地理》，2014（6）。

② 郑刚、梁欣如：“全面协同：创新制胜之道——技术与非技术要素全面协同机制研究”，载于《科学学研究》，2006（12）。

③ 牛文元：《城市的成功是国家的成功》［EB/OL］，http://www.zgcsj.net/NewShow/375.shtml，中国城市经济学会网站。

动人口研究中最具影响力的一种理论。事实上，中国的城镇，从市场配置资源的角度看是一种拉力，但加入城乡二元体制变量，尤其是考虑中国的户籍制度后①，又成为强大内在阻力，从而使得这一理论解释失效。传统城镇化在制度设计、管理体制以及建设规划上，城乡被人为割裂并分别制定政策。制度壁垒，成为城镇化推进的最大阻碍。低生存成本城镇化模式，旨在打破这一制度壁垒，将城乡作为一个整体考虑，实施城市与农村协同的政策，让农村的要素资源能够与城市的要素资源获得相同的资质和待遇，破解区域差异、贫富差异、城乡差异的结构性矛盾。同时在城镇化推进过程中，要实现城乡间、区域间、不同职业群体间基本公共服务体系的均衡同质；城市新型管理体制、治理机制、行政体系的有效协同；通过构建多方机制，为民众创造一个有益的、和谐的、满足不同层次需求的生产空间、生活空间、生态空间、社会空间和心灵空间。

机制与制度设计的职责主体是政府。在中国这样一个资源、要素行政掌控能力强的国家，服务于大规模、大跨度、高度复杂的城镇化过程，政府仍须发挥引导作用，不越位、不缺位、不失位。敢于从既得利益的“藩篱”中挣脱出来，从“土地财政”依赖中解脱出来，从“短、平、快”高压管控的管理模式中解放出来，顺应以人为本、全面、协调、可持续的要求，借助制度调整，厘清城镇化过程中的具体职能，做好规划制定、制度设计、公共服务、环境保护、市场监管、社会管理等工作。借助多方机制的协同，平衡各方面利益博弈，实现以人为本、多方协同、市场促动的城镇化。

① 中国的户籍制度是多数社会福利制度的基础，户籍门槛是维系二元结构的最直接障碍。尽管近些年户籍制度改革在不断推进，但对于吸纳就业劳动力强，吸引力强的大城市和特大城市改革障碍明显，而多数中小城市和小城镇尽管名义上完全放开，但吸引力不足，改革成效不明显。

低生存成本城镇化有哪些要素构成?

考虑到新型城镇化现实需求以及中国的人口结构和资源禀赋条件，未来的城镇化，应当是低生存成本城镇化模式。这一模式不同于北欧的福利型社会，也不同于自由市场经济国家下的完全自发模式，而是一种立足底线思维，注重公共政策托底功能，以保障中低收入群体城镇化为出发点，降低城镇化门槛、提高城镇化质量，既注重效率、又关注公平的城镇化模式。按照一般的理论框架体系，研究将这种模式分为核心层、外围层和保障层三部分并分别予以阐释。

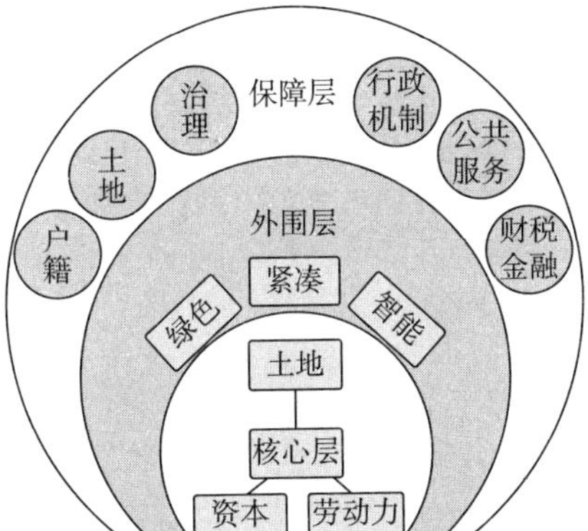

图 4-3　低生存成本城镇化构成框架

(1) 核心层，主要解决要素配置问题。从土地、资本、劳动力基础要素条件入手，重新设计要素资源的配置机制，界定政府与市场的关系，强化并发挥市场的主导作用，使之成为市场决定资源配置、要素自由流动的城镇化，并不断规范政府的调节机制。

（2）外围层，是城镇化所呈现的外在特质。考虑到全面削减成本需求、保持内外部统一，在形态上应当是紧凑型城镇化；考虑到降低环境治理成本，应当是绿色低碳的城镇化；考虑到降低管理、协调成本，应当是智慧型城镇化。

（3）保障层，主要考虑构建城镇化高效率、低损耗运行的制度体系问题。包括基本公共服务体系构建、城市社会治理以及行政区划与行政体制改革相关联的制度等。

基于以上分析，研究构建了一个由“核心层+外围层+保障层”组成的整体架构，在此基础上试图形成一套逻辑严密、结构完整、运转顺畅的自循环体系。

一、核心层：要素配置优化

城镇化转型，本质上是为城市增长与繁荣寻找可持续的动力之源；最原始的动力来自于生产率的扩张。生产率的变化通过改变劳动力、土地和资源的重新分布，重塑城市的增长动力①。因此，土地、资本、劳动力配置情况及其使用效率决定着城镇化推进速度、质量和水平。实现以人为核心的新型城镇化，重在由低效城镇化转向高效城镇化，由粗放污染型发展转向绿色低碳发展；由政府过度主导发展转向市场驱动型发展；从分散外延型的模式转向集中集约模式。所有这些形态的实现，都是要素重新排列组合的结果。低生存成本城镇化的实现，应建立在要素配置优化、中间损耗最小的基础上，形成可持续发展的内生动力。

（1）土地要素的优化配置。快速推进的传统工业化、城镇化，建立在工、商、住用地“剪刀差”和城乡用地制度断层基础上。尤其是，各地采取的低地价甚至零地价招商做法，导致工业地价畸低，很多企业囤积土地，

① 巴曙松：“城镇化区域差异与融资机制”，载于《中国金融》，2013（8）。

不仅占据土地不开发而且还难收回，城市政府也不得不转向集体土地流转，压低从农民手里征地的价格，导致农民不满。为缓和紧张情绪，政府又不得不抬高补偿价格。最终，这部分支出只能从高房价和商业用地价格中得以补偿。带来的后果是，高房价、高物价以及由此引发的更多社会不满。这种不合理的地价和土地利用制度，除了对部分房地产、地方政府以及囤积炒房者有益外，对其他各方都是福利受损的格局，尤其是中低收入群体或“后进城”群体，成了一种隐性掠夺方式，对于推进中低城镇化进程甚至社会良性运转，都产生了极大破坏。

在低生存成本城镇化模式下，未来的土地要素配置应重在实现，一是提高城市土地集约利用程度，减少土地资源的浪费，通过深挖存量资源、适度利用增量资源，降低农村转移劳动力进城的住房成本、生产成本；二是改革农村集体土地制度，最大限度地盘活土地资源，在助推农业现代化，并为转移劳动力城镇化过程提供必要的初始资本。优化资源配置，降低土地要素成本，核心在于“盘活农村集体土地”，这既能为农业转移人口进城提供原始资本，也有助于加快推进农业现代化。

采取双轨制、渐进式改革的方式，可以通过四种途径达成这一目的：确定农村集体土地用益物权的基础上，实现更细化的土地确权，确保农民是土地收益的最终获得者；构建城乡统一的土地交易市场[①]，借助多种形式的土地流转，释放土地要素新红利；实施规模化经营，以期同步实现农业现代化；通过限定区域的土地置换，如村庄整体搬迁腾出的土地通过复垦，同其他集体土地置换，盘活土地资源存量。对于已划归为国有用地的城镇土地，也要限定投资时限、强度等；未达标者，政府主管部门应及时收回进行二次开发。此外，参考美国经验，列入世界500强的美国企业的平均存活期为40~42年，一般跨国公司为10~12年，中小企业存活期不到7年，

① 这个交易平台也要以用途管制为前提，不能原来农业用地现在非农用地了，要有严格的用途管制，这种管制怎么做，技术上也需要保障。

因此，现有的40年工业用地批租期会有很大矛盾，有必要缩短或分割原有的工业用地年限，保证更多土地利用的灵活性。

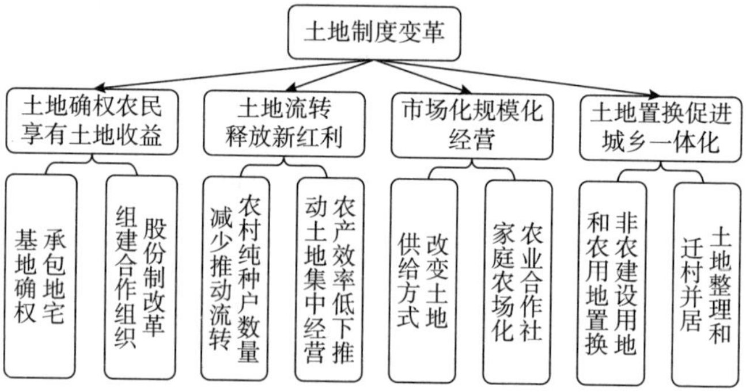

图4-4　土地制度变革的四条路径

在低生存成本城镇化模式下，解决住房问题是最大的制约和障碍。房地产供需的不匹配，将大部分中低收入的转移劳动人口挡在城镇化门外。如何通过激活土地要素，解决城镇化过程中住房需求问题，需要进一步探索。此外，现行的土地占用补偿政策，尽管提高了征地的效率和城镇化推进速度，但对远离城市的农村居民则极为不公。解决城市中住房难题，规避人为财富分配造成的城镇化新的不公平，应探索在城郊村、城中村率先实现土地“变性”，即由土地集体所有转化为土地国有，以“涨价归公”为主要手段，在划拨专门公益事业用地和基础设施融资用地后，将剩余土地用于市场化出租房建设开发。旧城改造过程中，应明确建设低成本廉租房、公租房的目标。将“城中村”“城郊村”地段，改造为低收入阶层、流动人口能够负担起的廉价、体面住房，最终实现政府、开发单位、包括村民与村集体在内的原土地权利人、农村转移人口及其子女在内的多方利益均沾。

（2）资本要素的优化配置。在快速推进的城镇化过程中，资本配置也即投融资模式遵循“以政府为主导，以财政税收、银行贷款和地方政府融资平台为主要途径”模式，可称作“土地财政+政府融资平台+政府背景贷款”的组合。其中，土地财政是引擎，各级融资平台是枢纽，政府背景贷款则是支撑这一运转体系的源泉，三者互为依托，构成了一个相对稳定的体系，并呈现以下特点：一是行政分配资金色彩浓厚。现行税制安排导致税权集中于中央政府，地方政府缺乏支配权，加之市场化融资方式不健全，不得不靠搭建融资平台弥补资金缺口，城镇化资金使用方向、重点受地方政府干预控制特征明显；二是民间资本在城镇化建设中介入不足；三是直接融资在城镇化建设中的比重相当低，政府财政仍占主导①。不可否认，传统城镇化投融资模式，在加快城市基础设施建设、完善公共服务、公用事业方面发挥了积极作用，但由于国内金融体制不完善、地方政府融资冲动缺乏约束以及市场化融资手段匮乏，土地财政模式承受着巨大风险，政府债务高悬、资金使用效率低下，城镇化投融资过程多被诟病。

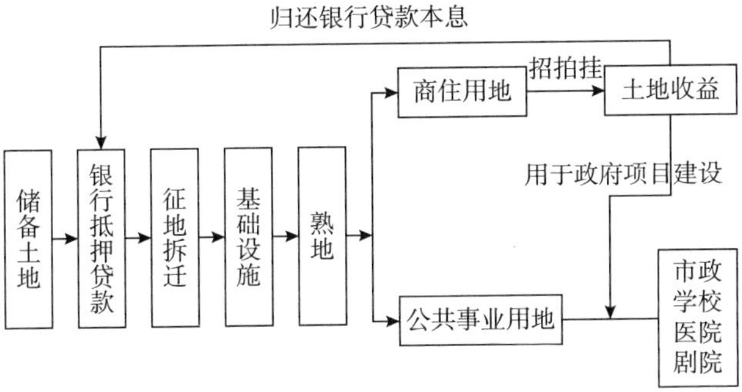

图 4－5　土地财政的运作流程

只有通过适当改革并建立一套新型的融资体系，中国的财政和金融体系才能为即将到来的财政支出和融资需求提供必要的支撑②。新型城镇化以人的城镇化为核心，旨在改变低成本传统模式，寻求多样性成本化解途径。一方面，要建立多层次、多样化、市场化投融资机制；另一方面，构建政府、企业、个人多主体共同参与的成本分担机制③。着眼于新型城镇化的投

① 马振涛："基于成本视角的城镇化投融资模式创新研究"，载于《财政研究》，2015（5）。
② 巴曙松、杨现领："城镇化融资：历史、问题与改革"，载于《新金融评论》，2013（12）。
③ 李秀萍："推进城镇化进程中的金融支持研究"，载于《中国商贸》，2014（1）。

融资模式探索已从多方面展开，在低成本城镇化模式淡出后，城镇土地利用的约束条件正在强化，地方政府的债务管理将更加规范。在推进完全成本的城镇化过程中，中央政府、地方政府的财政投入占比将相应降低，而长期债券融资、信托、股票市场等其他融资方式都会增加，公私合作模式是大势所趋。顺应投融资模式要完成由低成本向完全成本转变的趋势，结合国际经验，应当发挥市场对城镇化资本配置的决定性作用，以构建高效的融资体系，使资金流向生产率最高的部门，以直接融资为主要手段，扩大投融资主体、拓展投融资渠道、丰富投融资方式，短期强调策略调整，长期关注制度建设，以此形成长效机制①。

从已采取的创新手段和举措看，PPP 模式备受推崇，这一旨在将社会资本引入新型城镇化项目，引导各类市场化主体参与城市基础设施建设和运营的手段，正成为多元化的投融资体制建设的重要着力点。PPP 不仅是一种融资，更是一种管理模式，需要对现有的融资主体角色定位、对原有的合作和利益分享模式进行创新。事实上，PPP 所包含的一些金融工具、金融手段早已得以应用。如 BOT（建设—经营—转让）、TOT（转让—经营—转让）、BOO（建设—拥有—经营）、BTO（建设—转让—经营）、PFI（民间主动融资模式）等鼓励民间资本进入的方式大范围推广；资产证券化推行、市政债发行扩大、政策性金融供给不断增大等得以实施，都为创新投融资模式、优化城镇化资本要素配置提供了可选途径。加快资本要素的低成本配置，在制度层面，还需要加快金融、财税体制改革，加快政府职能转变，提供投融资创新方面的法律保障，使之高效、规范、顺畅地运营，借助典型案例的示范作用，加快新模式推广。

（3）劳动力要素的优化配置。城市化对人的吸引通常经历了一个“歧视（限制）—平等对待—重视（采取有吸引力举措）”的过程。人口的吸引力，一定程度上代表了城市竞争力。研究表明，在城市化早期，对移民的

① 马振涛：“基于成本视角的城镇化投融资模式创新研究”，载于《财政研究》，2015（5）。

歧视可能有利于城市居民，但当城市化进程达到一定阶段、城市内移民规模达到一定水平时，对于移民的公共服务歧视也会加剧城市内部不同户籍身份的劳动力之间的福利差距和社会冲突，又将造成社会资源的非生产性消耗，阻碍城市化进程①。城镇化是实现农村转移劳动力“市民化”的过程。过去的人口红利为城镇化跃进提供了重要条件，但受户籍制度所限，这部分劳动力并没有转换成城市存量“人力资源”。

长期以来，劳动人口年龄增长、人口抚养比下降带来的人口红利，是支撑中国经济高速增长的关键要素，但随着计划生育政策实施、老龄化社会来临，能够转移的农村劳动力逐渐减少，人口红利已经或即将消失，“民工荒”问题，正是这一问题的深刻反映。快速推进的老龄化，不仅降低了经济的活力，还带来了严重社会问题，制约了城市发展的活力和可持续能力。研究发现，中国从2010年开始出现劳动年龄人口负增长，考虑到人口参与率，经济活动人口预计到2017年达到峰值（蔡昉，2014）②，之后是负增长，尤其是农村毕业的学生、农村青少年人口的负增长，必然导致农民工外出增长速度的显著减缓，城镇化速度也将大大减缓，“未富先老”的格局值得警惕和重视。

通过增加劳动力供给延缓人口红利，以户籍改革延长劳动力供给的红利，是一项可供选择的举措。借助农民工市民化这一改革增加劳动力供给、提高生产率，从而达到提高潜在增长率的效果，是最大的改革收益或改革红利③。以人为核心的新型城镇化，是实现“三维转换”的过程。不仅要完成地域转移、职业转换，还要完成身份转变，从而为激活人力资本要素奠定制度基础。这其中，深化户籍制度改革是“突破口”，借此进一步刺激劳动供给、增加劳动力市场和经济总体规模；提高人均产出水平和全要素生

① 刘晓峰、陈钊、陆铭：“社会融合与经济增长：城市化和城市发展的内生政策变迁”，载于《世界经济》，2010（6）。

② 蔡昉：“农民工市民化：立竿见影的改革红利”，载于《中国党政干部论坛》，2014（6）。

③ 蔡昉：“农民工市民化：立竿见影的改革红利”，载于《中国党政干部论坛》，2014（6）。

产率，实现经济结构的优化。此外，鉴于城乡在公共服务水平上的差异，借助人口流动实现公共服务的集中供给，既能促进第三产业的发展，也可以降低城镇化发展的总成本。据预测，户籍制度改革初期可以获得每年约2个百分点GDP净收益，到2020年仍然可以获得约1.6个百分点的净收益[①]。按GDP增速6%计算，年净收益将超过1万亿元[②]，收益非常可观。

2014年公布的《关于进一步推进户籍制度改革的意见》，明确了户籍制度改革时间表、路线图，并提出三方面主要举措[③]，这些举措的推进并非易事。如果要实施户籍制度改革，就必须先对《户籍登记管理条例》进行改动，不是要全改但是要有部分改动，否则没办法执行户籍制度改革，执行了就违法[④]，再者，对改革成本—收益预期的不确定以及不同城市间城市规模、承载能力、发展潜力的不同以及出于地方财力支出结构不匹配的原因，使得主要城市行政长官对外来人口进入心存顾虑。人口大量涌入的地区对户籍制度卡得严、门槛太高，多数外来人口无法获益，而放开户籍的地区又多数没有吸引力，很难对人才要素流入产生实质性影响。整体上，改革推进并不顺利。着眼于构建低生存成本城镇化，根本性的改革户籍制度，仍需设计并细化路线图、时间表，全面深入地落地实施。

从根本上改变地方政府“户改”观念，还要依赖政绩考核制和财政体制调整。如将人口总量、素质和公共服务供给能力作为政府政绩考核的重要标准；在财政体制调整上，要按照人口流动、集聚状况，调整转移支付

---

① 都阳、蔡昉、屈小博、程杰：“延续中国奇迹：从户籍制度改革中收获红利”，载于《经济研究》，2014（8）。

② 按2013年同比价格计算。

③ 一是调整户口迁移政策。全面放开建制镇和小城市落户限制，有序放开中等城市落户限制，合理确定大城市落户条件，严格控制特大城市人口规模，有效解决户口迁移中的重点问题。二是创新人口管理。建立城乡统一的户口登记制度，建立居住证制度，健全人口信息管理制度。三是切实保障农业转移人口及其他常住人口合法权益。完善农村产权制度，扩大城镇基本公共服务覆盖面，加强基本公共服务财力保障。转自国务院印发《关于进一步推进户籍制度改革的意见》. [EB/OL] 网易网. 2014-07-30 http://money.163.com/14/0730/10/A2D5J3N400254TI5.html。

④ 姚洋：“户籍制度改革推进遇阻源于法律法规的冲突”，载于金融界网. 2014-09-22 http://finance.jrj.com.cn/people/2014/09/22151918055518.shtml。

力度设计相关评价体系，中央政府与地方政府在保障人口城镇化中可采取按人头设计分摊比例等。此外，制度的跟进，取决于转移人口素质的提升。构建统一有序、自由流动的人才市场；推进教育制度改革，发展职业教育，对新型城镇化推进将产生基础性的先导作用。未来的城镇就业人口，大部分还将是参与一线生产及服务的"蓝领"及"灰领"工人。在劳动力总人口出现拐点的形势下，如何改变长期以来对职业教育认识不足、关注不够的现象，需要推进教育结构、教育理念等方面变革。

二、外围层：紧凑绿色智慧

从外围层看，城镇化给人以最直观的感知是，城市市容市貌、空间布局、基础设施、园林绿化及环境生态整治效果；与日常生活紧密相关的公用事业提供能力、交通、市政管理以及公共服务的管理水平、便利程度以及发展方向等。基于此，我们认为，规模空间、环境治理和城市管理，是构成外围层模式框架的三大组成部分。

（1）低成本的规模空间结构。城市空间的布局，体现了一个国家对经济与社会发展的效率、公平和可持续性的基本导向。城市经济的聚集效应，是其赖以维持并发展壮大的根本。受自然环境、区位条件、要素禀赋、资源条件、人口结构、优惠政策、政治以及文化等因素的影响，每个城市的最优规模并不确定，且存在较大差异。研究发现，初始优势水平越高的地区①，城市人口规模越大、工资水平和人力资本水平就越高②。但在市场配

① 即地理区位便利、自然气候适宜以及行政等级高。

② 详见王垚、王春华、洪俊杰、年猛："自然条件、行政等级与中国城市发展"，载于《管理世界》，2015（1）。

置资源的调节下，同量级的城市①，最终会有大致类似的经济总量、人口基数、人均收入以及产出总值构成，城市规模及布局有一定规律可循。从成本视角出发，不同级别类型的城市存在较大差异。大城市市民化成本是中小城市的2~3倍，特大城市是中小城市的3~5倍②。到中小城市落户的成本较低。但现实情况是，近20年来中国小城镇人口占城镇人口比重减少10%。大城市膨胀，而中小城市、小城镇持续萎缩现象表明，转移人口对迁移目的地的选择并不单考虑成本要素，而是基于成本-收益测算的判断。在以城市为中心的发展策略和严格按行政等级划分的城市体系下，大量财政资金聚焦到中心城市和行政中心所在市，中小城市、小城镇由于基础设施投资和就业机会不足、公共项目缺乏、人居环境改善迟缓，工资水平低，社会治安、文化、休闲娱乐等无形收益不高，难以对人才聚集产生吸引力、也大大抵消了这些城镇低成本优势。麦肯锡在2010年设计了一个包含“土地开发、交通拥堵、人口就业、资金投入、水资源消耗、污染、能源”等多个压力点在内的城镇化情景模式发现，承受压力点最少、适宜性最大的城镇化发展路径，并不是分散的、孤立的中小城市和小城镇模式，也并非过度集中的大城市和特大城市，“而是围绕500万~1000万的中心大城市、中小城市与小城镇分层次抱团发展的城市集群模式”③。

就城市内部空间看，城市基础设施、公共服务机构的分布，也要力求科学、适度，这需要一些微观承载量测算。黄奇帆（2015）提出过城市发

① 根据最新的城市规模划分标准确定。国发〔2014〕51号《国务院关于调整城市规模划分标准的通知》以城区常住人口为统计口径，将城市划分为五类七档。城区常住人口50万以下的城市为小城市，其中20万以上50万以下的城市为Ⅰ型小城市，20万以下的城市为Ⅱ型小城市；城区常住人口50万以上100万以下的城市为中等城市；城区常住人口100万以上500万以下的城市为大城市，其中300万以上500万以下的城市为Ⅰ型大城市，100万以上300万以下的城市为Ⅱ型大城市；城区常住人口500万以上1000万以下的城市为特大城市；城区常住人口1000万以上的城市为超大城市。

② 魏后凯：“中国将在2050年完成城镇化”，载于《中国经济周刊》，2014-3-11。

③ 诸大建：“城市集群是中国特色的城市化之路”，载于《环球时报》，2015-4-11。

展要防止六种过剩[①]。

一是住宅人均40平方米。二是写字楼，2万GDP每平方米。三是商铺，大都市2万零售额需要1平方米商铺，区县城级差地租低，1万零售额1平方米商铺。四是贸易市场，义乌全国就一个，如果每个县都想搞一个小义乌，一搞就是几十万上百万平方米，肯定门可罗雀。五是会展中心，一个千万人口的大都市有几十万平方米会展中心是合理的。六是城市综合体……

从城市空间结构看，紧凑型城市是包括简·雅各布斯在内的众多城市规划大师所极力推崇的模式。包括日本东京、中国香港、新加坡等多数发达国家大城市核心区都属于紧凑模式。这种模式着眼点在于实现规模经济，加速市场形成，降低交往成本、形成并满足多样性的城市需要，是从人的需求出发的理念，与新型城镇化理念要求一致。实践表明，许多工业化国家在城市化空间布局上经历了集中—分散—再集中的过程。当然，紧凑型城市并非无限度。城市人口过于密集，就容易造成城市拥堵、负外部性凸显、交易费用陡升，大城市病严重。因此，要找准城市规模存在的临界点，超过或不及，都会形成城市“规模不经济”。事实上，紧凑型城市空间格局中，人口聚集只是一个方面，更重要的是，强调土地混合使用、密集开发策略，主张人们居住在更靠近工作地点和日常生活所必需的服务设施的地方，进而实现功能紧凑、规模紧凑和结构紧凑。

（2）低成本的环境治理机制。从中国人口多、资源少、环境脆弱的国情出发，城镇化与都市化更符合可持续发展的要求。城镇化有助于恢复生态用地，缓解农村环境压力，改善环境质量。环境变化是与城镇化相伴而生、无法回避的现实问题。人口聚集、工业扩散、城建扩张等产生的“三废”排放、雾霾、水体、土壤污染等，带来了生态环境退化、生态系统失

---

① 黄奇帆：“在重庆市金融工作会上的讲话”，载于共识网．http：//www.21ccom.net/articles/economics/Dongjian/20150303121674.Html.2015年5月访问。

衡、生态物种减少、生态功能下降等诸多生态风险①。此外，在绿色生态城市建设实践中，很多地方出现了“打着生态幌子干反生态事情”的现象，城市大拆大建、推倒重来，对自身特色挖掘不深，对本土化技术和材料使用不足，造成了资源浪费。

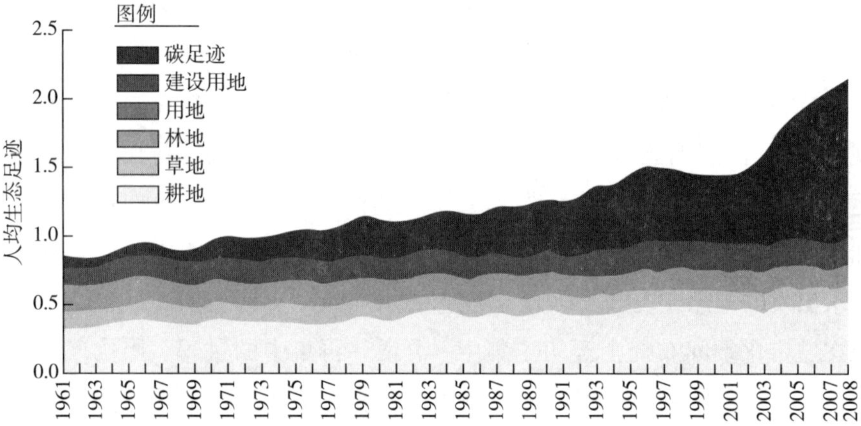

图 4-6　1961～2008 年中国生态足迹组构成成部分

资料来源：世界自然基金会（WWF）联合中国科学院联合发布的《中国生态足迹报告 2012》。

国内外学者多用生态足迹和生态承载力来测量可持续发展问题。从生态足迹的研究看，尽管人均生态足迹未达到世界平均水平，但由于人口基数大，中国生态足迹总量是全球各国最大的②。自 2000 年以来，中国的生态足迹加速增长，尤其是碳足迹和农田足迹增长明显，这与城镇化率快速提升所处时间段契合，也验证了传统城镇化模式下资源价格低与生态成本未纳入，对环境与生态承载力造成的破坏。根据发展特征预测，中国人均生态足迹将在 2029 年达到峰值，为 2.9 全球公顷。如果选择绿色发展道路

① 曾睿：“农村城镇化进程中的生态风险及其法治路径”，载于《湖南农业大学学报（社会科学版）》，2015（10）。

② 2014 年中国生态足迹总量为 30 亿全球公顷；美国为 22 亿全球公顷；印度为 11 亿全球公顷；巴西和俄罗斯都为 5.8 亿全球公顷。

则到2026年达峰值，为2.7全球公顷[①]。

城镇化过程衍生的生态环境问题，既是发展阶段使然，也是治理机制所致。2012年的中央经济工作会议提出，要把生态文明理念和原则融入城镇化的全过程，走集约、智能、绿色、低碳的新型城镇化道路。绿色是城镇化最基本的底色，也是构建低成本环境治理机制所应达成的目标。绿色发展是指能够将一切可以循环利用的资源和能源进行再利用，大量减少一次性能源资源使用量，善待生态环境，使发展带来的冲击能够降到最低。构建低成本的环境治理机制，应坚持绿色发展理念，遵循存量改造、增量优化原则，严格限定城镇发展边界，提高新的产业环境准入门槛，“关停并转”城市高污染、高排放企业，发展高新技术、高效益、低能耗、低排放产业；结合城市实际进行精细化、本地化设计，充分考虑自然条件、资源因素以及文化特色，明确绿色方向、优化绿色布局、推广绿色建筑、发展绿色交通、使用绿色能源、建设绿色设施、实行绿色管理，避免“以绿色生态之名行大拆大建等破坏之实”。

环境治理方面一些制度性缺陷，亟须在城镇化推进过程中解决。这些问题包括条块分割、各自为政、主体单一、信息失真、手段刚性、统筹不足、监管不力、标准不统一、公众参与流于形式以及法律救济途径不完善等。可借鉴美、欧等发达国家经验，强化环保部门职权，成立纵向管辖、跨区域的环境治理机构[②]，补齐农村环保短板，建立城乡一体的环境治理机制，避免污染向农村转移；要利用卫星遥感、云数据等新技术，确立企业、个人以及NGO组织等多个环境治理主体，动员全社会力量共同参与环保事业，监督污染破坏行为；此外，还应从司法途径规范环境管制标准，扩大

① 赵丽芳：“中国人均生态足迹2029年将达峰值——WWF发布城镇化与生态足迹报告”，载于《WTO》，2015（9）。

② 美国环保局（EPA）在全国设立区域办公室的做法很有特色，由于环境监督管理的需要，将全美50个州划分为10个大区进行管理，在每个大区设立区域环境办公室，每个区域办公室在管理的州内代表联邦环保局执行联邦的环境法律，实施联邦环保局的各种项目，并对各个州的环境行为进行监督。区域办公室只向EPA负责，EPA与各个州是所谓的伙伴关系，而不是领导关系。

诉讼主体范围，强化行政强制执行权力①。

(3) 以智能化压缩管理成本。所谓智能，即城镇“智慧化、精细化、人性化、可视化、互动化”，以此构建更为智慧的生活环境，实现生活更便利、幸福的目标（仇保兴，2013）②。智能化城镇，是利用物联网、云计算、云存储、大数据分析等新兴信息技术，将城市运行各个核心子系统整合到城市这个总生态系统中，植入智慧理念，从而使城市运营更加高效的过程③。IBM认为智慧城市有四个特征：全面透彻的感知、宽带泛在的互联、智能融合的应用以及以人为本的持续创新④。智慧城市建设有助于挖掘基础设施投资的纵深空间，据世界银行测算，人口超百万的城市，若开展智慧城市建设并使其达到运行程度，在投入不变条件下，该城市的总财富将增加2.0－2.5倍。在互联网日益入侵传统社会背景下，城镇化正在加速实现与智慧、智能发展深度融合、紧密相连，并成为一个整体。这将带来生产方式、生活方式、流通方式和公共服务的巨大变革，实现政府决策、市政管理、公共服务的革命性飞跃⑤。在“互联网＋”浪潮影响下，“互联网＋工业制造＋信息化”融合、“互联网＋工业制造＋生产性服务业”融合、“互联网＋创新创业＋金融服务业”融合、“互联网＋产城＋综合治理”融合、“互联网＋文化产业＋闲暇生活”融合、“互联网＋健康产业＋老龄化社会服务”融合、“互联网＋商业＋物流”融合等⑥一系列基于互联网的智能生产、管理、服务模式推广开来，如若能有效实现，将对促进城市健康、有序和可持续发展带来根本性变革。

---

① 沈月娣：“新型城镇化背景下环境治理的制度障碍及对策”，载于《浙江社会科学》，2014（8）。

② 仇保兴：“智慧地推进中国新型城镇化”，载于《城市发展研究》，2013（5）。

③ 牛丽：“新型城镇化背景下的智慧城市管理模式探析”，载于《法制博览》，2015（10）。

④ Townsend, Anthony M. Smart Cities: Big Data, Civic Hackers, and the Quest for a New Utopia, W. W. Norton & Company, 2013.

⑤ 牛文元：“智慧城市是新型城镇化的动力”，载于《高科技与产业化》，2013（6）。

⑥ 陈桂龙：“城镇化建设与智慧城市内涵”，载于《中国建设信息》，2015（9）。

智慧城市或智能城镇化，是城市实现有效管理、科学管理的途径，是创造新生产力、新生活方式的必要手段，日益成为信息化与城镇化交融的节点。欧盟的报告将智慧城市分为六大坐标系统：智慧经济、智慧流动、智慧环境、智慧公众、智慧居住和智慧管理。智慧、智能，是从根本上改变城镇特质的一种工具。通过实现城市经济、生活运行“智能化”，精准管理、服务和制造等标准化流程得以实现，要素资源能够按需配置、个性化服务和安全有效管理不断应用推广，多方面作用通过智慧系统汇集在一起。这其中，智能化在城镇治理方面的应用，无疑是最贴近人、服务人和体现其优势的。实现城镇使生活更美好的愿景，重在让人们感受到政府睿智的管理方式和以人为本的服务功能。智慧系统带来的后台大数据的积累、挖掘以及可视化分析，能够有效提升城市的管理决策能力。同时，市民还可以用互动方式参与到城镇管理和建设中，提高了反馈的及时性和公众的参与度，从而使城镇化处于精准、高效、健康、安全、舒适的全方位智慧服务体系之中①。当前，城镇智能化改造整体仍处在起步阶段，还缺乏一套全面、系统的理论指导和宏观层面的顶层设计。对“智慧城市”内涵特征、战略意图、发展阶段、发展目的缺乏认识或者认识存在一些误解和偏差。牛文元（2014）从战略蓝图、战略基础、战略核心、战略主导、战略启动五方面构建了智慧城市体系，勾勒了智慧城市轮廓，并提出要通过提升智慧城市能级，为新型城镇化积累更多财富：完善数字基础设施，构建14项城市基础数据库②、加速电子政务、全方位铺开电子商务、加快城市智能交通建设等建议③。

---

① 牛文元：“智慧城市是新型城镇化的动力标志”，载于《中国科学院院刊》，2014（1）。

② 一个智慧城市的基础数据库至少应包括以下14项内容：智慧人口（户籍）管理；智慧土地（地籍）管理；智慧资源管理；智慧生产管理；智慧市场管理；智慧金融管理；智慧交通管理；智慧社区管理；智慧环境管理；智慧文化管理；智慧灾害管理；智慧犯罪管理；智慧社会民生管理；智慧家庭管理。

③ 牛文元：“智慧城市是新型城镇化的动力标志”，载于《中国科学院院刊》，2014（1）。

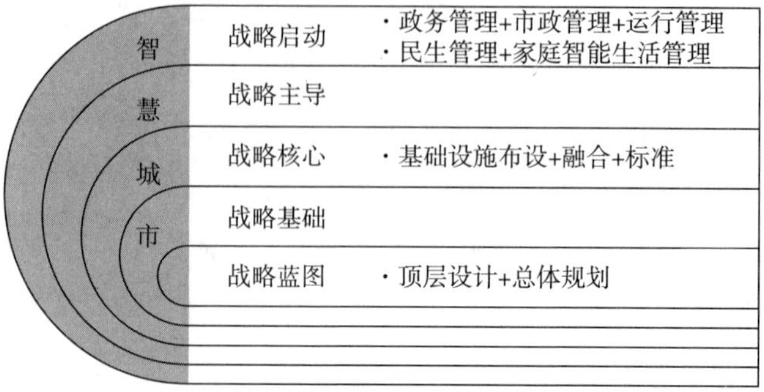

图4-7　智慧城市顶层设计五大战略

利用智能化改造传统城镇，重在降低城市各项运营管理成本。其前提是实现智慧城市与政府、通信、水和能源等各个系统实现网络互联、数据共享。而从理念上对政府行为进行改造还面临重重约束，需要配套措施的跟进。首先，强化顶层设计，在政府信息公开机制上进一步出台强制性规定，打破“信息孤岛”；其次，构建城市公共信息综合平台，收集、整理和利用政府、事业单位、企业、家庭信息，打破“信息壁垒”，必要的情况下，设立专门行政机构（如大数据局），统筹整合相关工作；再次，对于现有机构，如何实现“互联网+”的升级、改造，显得更为重要和紧迫。无论如何，技术都只是一种手段，而这种手段最终目的在于服务于人。以智能化压缩管理成本，不仅需要技术支撑，更依赖思想解放、人性解放。智能化管理的革命，或将成为城镇化过程最彻底的变革。

三、保障层：体制机制创新

中国的城镇化是政府主导的模式。“政府悖论”的存在，使得城市化进程出现交易成本增加、寻租腐败盛行、公共政策失效、公共产品供给不足等现象。究其根源在于，计划经济体制下的路径依赖效应，旧有政府主导城镇化模式的根深蒂固。低生存成本城镇化模式，旨在破解转移劳动人口融入城镇的成本困境，寻求多样性成本化解途径。这些成本构成，既有经济因素，更重要的是制度成因。发挥体制机制创新的作用，需要加快改革步伐，以城镇化凝聚改革共识，以创新体制机制为动力，推进全面综合改革，通过制度变革，实现城市之间、城乡之间人口、技术、资本、资源等要素进一步相互融合①。与此同时，任何制度设计都是有成本的。“制度设计的成本取决于用于设计新的制度安排的人力资源和其他资源的要素价格”②。制约新型城镇化城乡协同发展的体制性因素包括户籍、土地、投融资、公共服务、财税制度、社会治理和行政管理等方面。这其中，公共服务体制、财税制度、社会治理以及行政区域与行政体制尤为重要。

（1）公共服务体系的统筹。实现以人为核心的新型城镇化，根本在于公共服务的均等化。就业、社会保障和住房，作为支撑公共服务体系的三大支柱，对户籍人口、常住人口或城乡不同的群体，存在着一定的制度和政策歧视，这也成为引发社会问题的根源。其中，基本公共服务“制度统一”是第一步，然后才能谋求“水平统一”。这方面的改革尝试早已起步，但进展并不顺利，如医保城乡一体化呼声较高，但制度并轨进展缓慢，城镇居民基本医疗保险仍归人社部门管理、新农合仍由卫计委经办，医保管理体制分割局面未有改观，反而带来一系列待遇失衡和制度衔接问题，重复参保、重复享受、多头报销等现象仍然存在。在养老保险制度方面，应想方设法，让更多的转移劳动人口加入到城镇就业职工的养老保险体系，并同步提高农村、城镇的基本养老保险水平。而在解决进城转移劳动人口居住问题上，应加快住房制度改革步伐，尽快考虑实施将农村转移劳动力纳入保障性住房的制度性安排，一方面帮助房地产“去库存化”，借助商业化渠道解决改善型需求问题；另一方面，实质性推进城镇化人口融入，让转移劳动人口能够平等地获取保障房、廉租房的居住机会。

（2）财政税收体制的调整。调整城市财政税收体制，是保障低生存成

---

① 赵峥、刘涛：“着力推进中国城镇化转型”，载于《中国发展观察》，2014（12）。

② 奥斯特罗姆、菲尼·皮希特：《制度分析与发展的反思：问题与抉择》，商务印书馆1992年版。

本城镇化模式顺利推进的物质基础。目前的财政分成和税收体系，使地方政府热衷于城市土地面积快速扩张和高新区建设；助推了地方政府招商引资的热情，但在鼓励外来人口市民化方面，则缺乏相应的激励；不仅如此，还通过一系列传导张力，提高了外来人口融入的成本。之所以产生这类问题，究其根源在于中央、地方政府间财权与事权不对等、“激励不相容”的财税体制。着眼于低生存成本城镇化模式，有必要实现财政投入由偏重大城市向具有人口集聚能力和趋势的中小型城市、小城镇倾斜；在跨区域转移支付方面，适度向人口自然转移集中区域集中；增强地方政府的财政决策权，全面推开财政“省直管县”，变革中央地方财政关系，实现“资源统筹权下移，资源配置权下移”，真正做到激励相容、上下同欲。此外，土地财政收入是传统城镇化快速推进的主要支撑。广义上看，土地财政收入不仅包括土地拍卖差，还包括政府以土地储备中心、政府性公司和开发区为载体向银行进行土地抵押融资的收入①。客观看，以土地财政为核心的地方财税体系，在支撑保障房建设、水利建设、教育资金，水、电、气、暖、公共交通、城市环境绿化等民生支出方面发挥了积极作用。但长期看，随着土地资源减少、建设用地使用量缩减，土地财政将日益萎缩，在未来财政支出“刚性增长”趋势难逆转的形势下，需要未雨绸缪，形成长期、可持续的城镇化财政资金来源机制。而在土地出让金未退出历史舞台前，地方政府应将土地出让金收支情况作为重大事项，定期向人大报告，增加公众信息公开透明度，接受公众信息公开申请，减少土地出让金的收支随意性，压缩权力寻租空间。②

（3）社会治理机制的创新。城镇发展的动力、活力和魅力，无不建立在高水平治理基础之上。传统城镇化存在的诸多问题，与治理不到位密切相关。城市新增居民区的社会管理、旧有农村社区的整合改造、社会组织

---

① 邓子基、唐文倩：“‘土地财政’与中国地方财政收入的平稳转型”，载于《福建论坛·人文社会科学版》，2012（4）。

② 刘武俊：“用法律管好国家的钱袋子”，载于《光明日报》，2014－9－4。

等第三方力量的培育和发挥，都是城市化治理能力和水平的体现。与之不相符的，由于政府职能的错位、越位和不到位，宏观管理水平不高、微观管理“跟不上”，使得有序参与城镇治理的机制没有形成，社会建设由此成为城镇化过程的蹩脚环节。从成本视角出发，仅依靠政府单方主体承担扩展的管理成本，维持城市治理，显然是庞大的、难以承受的，需要系统的、主动而积极的体制与政策设计。现代城市治理是集社区内政治管理、经济运行、文化生活、生态维护等于一体的复杂系统。真正体现治理的内涵，还在于共享共治，多元参与、树立公民、营利部门、非营利组织共同参与的公民社会理念，发挥多元治理主体的合力。就城市社会治理而言，新型城镇化进程中要解决整合不同利益主体诉求、塑造被广泛接受和认可的公共平台、培育各利益主体参与公共活动的积极性、激发理性参与能力、建构公平可持续的社会保障体系、推动社会发展的重任①。借鉴发达国家多中心治理机制，低生存成本城镇化模式，要在多元协同共治机制、多模式并举、法治保障、技术引领等新格局方面创新。

（4）行政管理体制的改革。现行行政等级制下，中国的城市体系也有严格的行政级别，主要包括五个层次：直辖市、副省级城市、地级市、县级市和建制镇等。等级森严的行政区划和行政体系加上地方政绩考核、财政分成等一系列制度安排，产生了显著的负面影响。现有的行政架构，并不利于城镇化的健康发展，其弊端主要是省域太大，县域缺乏活力，小城市或城镇无城市之实；各级政府之间的公共职责没有相对清晰的划分；地方自治的理念几乎不存在②。条块分割的城市化行政体系，由于纵向干预，容易产生部门分割、各自为政、相互掣肘等问题，对城市区域的整体特性具有负面影响。“创新行政管理和降低行政成本的设市模式”正成为新型城镇化推进过程中必须解决的制度性难题。着眼于构建低生存成本城镇化模

① 韦诸霞、汪大海：“中国城镇化进程中社会治理的公共性困境与重建”，载于《中州学刊》，2015（4）。

② 党国英：“在高度城镇化基础上实现城乡一体化”，载于《新视野》，2013（1）。

式，行政区划调整与行政体制改革应打破层级过多、协调不畅、成本过高的掣肘，适应市场化、区域经济一体化的要求，形成“设置科学、布局合理、规模适度、服务高效”的行政区划和行政管理体制①。由于行政区划调整与行政体制改革牵涉面广、改革周期长、阻力大，应做好统筹安排，循序渐进、制定相应时间表和路线图。

规划调整与低生存成本城镇化实施

城市到底是人为设计出来的，还是自发生长形成的？两种模式哪种更能提升人们福祉？这一问题争论已久。两种观点的代表人物为库布西耶和雅各布斯，前者极力推崇规划作用，力主“等级性、功能分区和大尺度”城市规划空间，巴西巴西利亚、澳大利亚堪培拉、印度昌迪加尔是代表杰作；后者认为，城市是自发成长起来的，理想的城市发展空间应当是小尺度街区、多功能混合、建筑风格和形态多样性、步行交通优先，即“低碳的、紧凑型城市”②。西方国家城市化过程一开始是由市场力量推动发展；政府对城市发展的基本态度是不干预，只是通过法规、土地规划加以调控③。日本的城镇化实行的则是政府主导型的市场经济体制，中央集权的财经政策和国家对经济干预的传统，是导致大城市特别是东京等大都市膨胀的重要原因④。中国的城镇化在推进过程中长期遵循行政主导原则。这种模式既有加速城镇化的优点，也存在前瞻性不足、朝令夕改的缺陷。规划所

① 马振涛：“新型城镇化下行政区划调整与行政体制改革：一个成本的视角”，载于《求实》，2016（2）。

② 樊纲、武良成：《城市化发展——要素聚集与规划治理》，中国经济出版社2012年版。

③④ 姚士谋、冯长春、王成新、年福华、陈春等：《中国城镇化及其资源环境基础》，科学出版社2010年版。

应具有的预测、谋划、规避问题的功能并未实现。尽管从原则上看，低生存成本的城镇化是一种市场主导的模式，但也离不开规划的有效约束和规范。只有明确目标、方向、原则、思路和工作重心，才能未雨绸缪，使成本化解和分摊有效落实，从而规避城镇化“大跃进”或“停滞不前”两个极端，防止因高成本造成的歧视而阻碍新型城镇化实现。

一、明确城乡一体化理念

中国的城乡规划模式是在城乡界限鲜明背景下形成的。2008 年实施的《中华人民共和国城乡规划法》仍然沿袭将规划类型分为城镇规划和乡村规划两大类。城乡规划包括“城镇体系规划、城市规划、镇规划、乡规划和村庄规划”①。“城是城，乡是乡”的二元规划模式依然存在。从规划层次看，城市规划、镇规划分为总体规划和详细规划。城市总体规划、镇总体规划、乡规划和村庄规划，根据城乡经济社会发展水平和统筹城乡发展的需要划定②。这导致了不在规划范围的乡村地区被忽略，在图纸上被处理为背景色而呈现虚化状态；另一方面，广大具有城镇化特征、仍被视为乡村的地区，往往被当作乡村进行规划，在规划内容、用地安排、基础设施和公共服务设施方面差异很大。这种模式，随着城镇化推进已越来越不合时宜。

在低生存成本城镇化模式推进过程中，城乡界限将逐渐淡化，传统的规划理念需要重新审视。将低生存成本融入城镇化理念，有必要打破行政区划限制和城乡二元分化格局，全盘按照“城镇区域”概念进行规划，并将其纳入城乡规划法的法定体系，使之具有强制约束力与实施效果，使城

---

① 《中华人民共和国城乡规划法》（2007 年 10 月 28 日第十届全国人民代表大会常务委员会第三十次会议通过）［EB/OL］http：//www.gov.cn/ziliao/flfg/2007－10/28/content_788494.html。

② 姚建华：“城市地下空间开发利用规划编制研究——以浙江省地下空间开发利用规划为例”，载于《〈规划师〉论丛》，2010（11）。

乡规划真正融为一体，城市融合和协调落到实处。在总规层面，从区域整体角度对规划要素进行时空安排；在详规层面，尝试将规划控制范围拓展至准城镇地区。在规划方法上，要在人口与城镇化水平预测、规划基础数据的统计方法以及弹性规划方法的应用上充分考虑到人口就地转型的现实。在规划内容上，要从土地利用、空间规划、产业规划以及基础设施与公共服务设施规划上，满足城镇要素累积、城乡融合发展和城乡一体化的要求①。

二、摒弃传统小规划思维

诸多地方城市规划中，一个突出的问题在于多是“小规划”，倾向于把规划做小，尤其是人口规模方面，地方政府长期以来受计划生育政策控制人口的影响，出于减少基础设施、公共服务供给，缓解社会管理压力以及实现基本公共服务均等化的需要，在人口规划上按“小”来做，导致随着人口增多，大量的基础设施和公共服务等尚未跟上人口增长速度，原有的城市规划不得不陷入修修补补、甚至推倒重来的困境。

以北京和深圳国内特大城市为例。2005 年通过的《北京城市总体规划（2004 年—2020 年）》，确定 2020 年北京市人口总量控制目标为 1800 万人，事实上，2014 年底全市人口已达到 2152 万，这导致了城市资源、能源和公共产品的供给长期处于紧张状态。深圳市规划也一直是“小规划”。1986 年版的城市规划，预计 2000 年特区人口规模只有 80 万；1996 年的规划也只预计 2000 年的人口规模 400 万，2010 年 430 万；2009 年发布的《深圳市城市总体规划（2010—2020）》，将 2020 年的人口规模限定在 1100 万内。事实上，2014 年底，全市人口已经达到 1062 万人，这其中，户籍人口只有

① 朱宇、祁新华、王国栋、林李月、林敏等：《中国的就地城镇化：理论与实证》，科学出版社 2012 年版。

400万人。显然，人口“小规划”导致公共服务、城市管理方面缺乏预见性和前瞻性，给城市发展、管理带来难题。统计显示，多数中心城市2009年的人口数量已非常接近2020年规划人口规模①。在市场决定性作用得以更有力彰显的形势下，未来人口流动和调控将更具不确定性。尤其是，随着城市在基础设施、公共服务、发展水平上差异缩小，低成本特征发挥作用，人口要素的不确定性，将加大规划的变数。

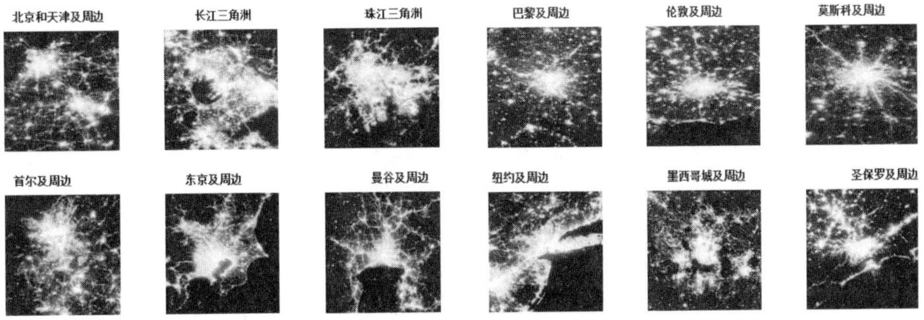

图4-8　NASA制作的国际主要大城市及城市群“夜晚灯光地图”

资料来源：黄文政、梁建章：《城市规模——北京该不该严控人口》[EB/OL]，http：//opinion.caixin.com/2014-05-23/100681323.html。

利用美国宇航局（NASA）制作的“夜晚灯光地图”②，可大致判断相关城市及周边的聚集规模，国内的长江三角洲和珠江三角洲乃至国外的那些集聚区域，并不只是一两个城市，而是巨大的城市群；但国外的城市群多为单一大城市带动的。京、津聚集规模在国内比不上长江三角洲和珠江三角洲，在亚洲比不过首尔和东京甚至曼谷，在欧洲也比不上巴黎、伦敦甚至莫斯科，在美洲则不及纽约、墨西哥城和圣保罗③。这一状况，与城市

① 樊纲、武良成：《城市化发展——要素聚集与规划治理》，中国经济出版社2012年版。

② 该地图并非真实的照片，而是根据卫星在2012年一些特点日子里对大气层和地表的遥感数据编辑而成，大致可以反映不同城市的灯光密度。由于中国的人均用电量已超过世界平均水平，不至于出现低估情况。

③ 黄文政、梁建章：《城市规模——北京该不该严控人口》[EB/OL]，http：//opinion.caixin.com/2014-05-23/100681 323.html。

规划约束有着直接关系。参照国际上的大都市区，如东亚地区的首尔、东京和香港，其单位面积人口密度要远超过国内主要城市，随着资源环境约束的日益趋近，除了少数有严重“城市病”的大城市，多数城市规划应该“做大”，这种做大，并非是“宽马路、大广场、大街区、摩天大楼的城市地标”模式，而是人口的“做大”加城市空间资源的集约利用，改变传统的“摊大饼”扩张模式，走集约经营、内涵挖潜、产业转换、节约资源、提高效益的道路。这是顺应城市化低成本的举措，也是保障低成本得以实施的前提，更是未来大城市、特大城市发展的动力源泉。

与大规划相对应的是，城镇化内部空间应当是紧凑的。实现这一理念，需要加强土地利用方式控制，强化土地用途管制，以土地利用规划约束城市规划，使城市规划服从于土地利用规划，构建集工作、学习、生活、教育医疗于一体的多个“城市中心”或“独立园区”，走向具有复合功能的新城，从而降低居民的生产成本、缓解城市交通、治安等管理压力，规避“大城市病”的产生。

三、多规合一降低实施成本

规划的生命在于执行。很多城市规划无论是初衷意愿和构思设计上，都符合科学标准，但在实施过程中，往往由于周期较长，在未实现情况下就被放弃。“一任领导、一任规划”的现象，不仅造成了城市建设的短视行为，也增大了城市的成本，造成了很多不必要的浪费。因此，规划执行中的政府行为扭曲也是工作推进过程中必须要直面的症结。规划扭曲行为，包括对城市规划体系的界定不明确、规划内容与实施朝令夕改，规划变成“争取更多建设用地”的牟利性行为等，这些行为本质上是功利的，与城市规划初衷背道而驰。有必要将《中华人民共和国城乡规划法》进一步扩充和强化，形成广义上关于规划制定、执行、实施与监督的规划法，另外可制定全国范围内的规划体系构建实施意见和建议，减少地方政府在规划制定上的随意性。

此外，保障低生存成本城镇化模式，必须强化城镇化总体规划设计。大部分地区城镇规划要由扩张性规划逐步过渡到限定城镇边界、优化空间结构的规划。保持城镇规划连续和统一，“不能政府一换届、规划也跟着换届”①。而是，推行经济社会发展、城乡、土地利用规划“三规合一”或“多规合一”，形成一个城市一本规划一张蓝图。此外，编制空间规划和城市规划要多听取专家意见，建立和完善城市规划编制的公共决策机制，把规划方案最终评审权交给社会公众，减少政府对城市规划的干预。减少规划师的千篇一律和利益导向，重塑职业独立人格。

本章主要结论

新型城镇化强调以人为核心，旨在矫正既有的要素和制度扭曲状况，将低成本、“不完全成本”模式转变为“完全成本”模式，这不可避免地使得城镇化变得昂贵和不可持续。如何化解和分摊成本，破解转移劳动人口城镇化的成本困境，既是一个技术问题，也是城镇化发展模式选择问题。既有研究提出的新型城镇化方向、目标及其任务要求，是一种理想状态，尤其是多数研究遵循线性思维，将未来模式置于经济发展预期增速较高的语境下，容易对困难预估不足。在中国经济发展进入“新常态”，人口红利、资源红利以及出口红利等逐渐消失情况下，考虑到创新发展模式冲击以及农业转移劳动人口素质、结构与分布差异，在罗尔斯“无知之幕”正义理念影响下，借助“底线”思维，反向思考解决城镇化推进过程中面临的成本高企问题，变得更有必要且具实际意义。为此，本章提出了低生存成本城镇化概念并构建了相应模式，搭建了一个宏观上的整体框架。

① “中央城镇化工作会议在北京举行”，载于《小城镇建设》，2013（12）。

低生存成本城镇化模式，既不同于北欧的福利型社会，也不同于自由市场经济国家下的完全自发模式，而是一种以保障中低收入群体城镇化为出发点，降低城镇化门槛、提高城镇化质量，既注重效率、又关注公平的城镇化模式。我们认为，这一模式是应对社会民生问题的选择、是跨越“中等收入陷阱”的选择、是纠正要素配置扭曲的选择、是缓解资源环境压力的选择、是构建协同共享社会的选择；遵循多主体责任共担、内生良性循环、要素双向流动、个体福利最大、多方机制协同原则，按照一般框架体系，研究设计了核心层、外围层和保障层三个圈层。其中，核心层，主要解决土地、资本、劳动力要素资源的优化配置问题；外围层，是城镇化所表现出的外在特质，低生存成本的城镇化，应当是紧凑、绿色、智能的；从保障层看，主要考虑通过体制机制创新，构建城镇化高效率、低损耗运行制度体系问题，这包括基本公共服务体系构建制度、财税保障制度、城市社会治理以及行政区划与行政体制改革相关联的制度。所有这些因素，构成了低生存成本城镇化模式的主体框架。

当然，模式的提出是一个实践检验修正，不断丰富完善的过程，其生命力来自于实践。中国的五年规划体系，被公认为世界上执行较成功的模式。利用规划约束低生存成本城镇化模式和行为，必须认清传统规划体系弊端，从城乡一体化理念、大规划要求、多规合一理念上，严格约束低成本城镇化行为，让城镇化成为自发的、渐进的模式。

我们所设计的“低生存成本城镇化模式”具有宏观建构性，整体结构庞大，内容繁杂，不可避免地会存在一些主观性判断。在后序的研究中，我们将对构成这一模式的要素资源配置、体制机制调整等做进一步纵深分析。

低生存成本城镇化：要素资源配置与优化

土地、资本、劳动力，是最基本的经济要素，也是低生存成本城镇化模式核心层的组成部分。构建低生存成本城镇化模式，需要从要素资源配置与优化视角出发，解决实现低成本的几个关键问题：一是基于土地基础上的住房问题。能否“留得住”转移劳动人口，还要看其能否在城镇扎根生活。土地、空间、房子，既是生活起居的现实需要，也是安身立命的精神寄托。低生存成本城镇化旨在降低转移劳动人口进城成本，这其中，最沉重的成本莫过于住房开支。因此，帮助转移劳动人口解决住房问题，应当是实现土地资源要素优化与整合的首要目标；二是纠正扭曲的投融资模式，实现低投融资成本问题。相较于传统城镇化模式，低生存成本城镇化需要更多新的投入，这要求财政、金融及私人部门共同响应和提供，继而对城镇化投融资产生了新的需求。作为构建低生存成本城镇化模式的重要一环，实现低投融资成本需要创新城镇化投融资模式和制度；三是破解“民工荒”视角下劳动力要素优化配置问题。“民工荒”问题的出现是劳动力要素供需不匹配产生的后果，是传统城镇化产生的弊端和未来构建低生存成本城镇化所必须打破的约束因素。鉴于中国固有的城乡二元结构，有必要借助新的理论分析框架，分析相关成因并提出低成本下优化劳动力要素配置的具体建议。

低生存成本的土地要素、空间布局与住房保障

住房是决定转移劳动人口能否低成本融入城镇并实现扎根的重要因素，但这一形势不容乐观。调查发现，在务工地购买住房的农民工比例仅为1%①。与之对比，调查显示95.4%受访家庭有住房，19.7%城镇居民家庭拥有两套以上住房②。中国的城镇居民自有住房空置率可能高达22.4%，其中政府用于保障房性质的经济适用房空置高达23.3%③；钟伟（2016）对中国房地产库存的测算显示“中国的楼市库存可能达50亿平方米”④。尽管这些数据多是抽样调查或估算结果，但还是揭示了问题症结：一边是如此低的农民工住房拥有率；另一边却是户籍城镇居民极高住房空置率以及楼市库存。大致匡算，22.4%空置率的住房大约可居住人口为1亿人；而50亿平方米能够解决近2亿人的住房需求。若能实现供需匹配，农民工进城居住问题将基本无忧。然而，事实总没有理想美好。转移劳动人口在城市多忍受着恶劣的居住条件。直观上看，“房价高、收入低”、房地产市场在特大城市和中小城镇的价格悬殊，是造成房地产市场供需不匹配、甚至资源错配的直接原因。进一步思考，为什么多数转移人口缺乏原始资本？为什么

① 国家统计局：《统计局发布2014年全国农民工监测调查报告》［EB/OL］，http：//www.gov.cn/xinwen/2015-04/29/content_2854930.htm，中国政府网。

② 李培林、陈光金：《社会蓝皮书2016年中国社会形势分析与预测》，社会科学文献出版社2016年版。

③ 西南财经大学中国家庭金融调查与研究中心．城镇住房空置率及住房市场发展趋势2014［R］．转引自搜狐网http：//business.sohu.com/20140610/n400656315.shtml。

④ 钟伟教授认为，如果我们考察商品房在建面积，商品房之外的保障房、公用建筑和单位自建等，那么面积可能超过80亿平方米，仅商品房在建和待售就超过50亿平方米。转引自钟伟：“中国房地产：泡沫应该不会溃破”，载于《华尔街见闻》，http：//money.163.com/16/0211/21/BFIRNVAP00253B0H.html网易．2016-2-11。

会有如此之高的住房空置率？为什么空置率如此之高而房价却仍然坚挺？供需不匹配除了行业自身属性外，背后还有哪些制度性原因？所有这些问题，从一个侧面表明，解决城镇化过程中的住房难题，仅从最后产出端发力是不够的，还要在土地制度、城市空间规划上寻求系统性解决方案。本文对城市住房保障、空间布局、土地制度等直接相关变量做了关联分析，旨在探究市场供需、土地要素、空间布局的各自特性以及与住房保障间关系，明确土地制度变革方向，把握城镇化发展空间布局，提出“低生存成本城镇化”下解决住房保障相关问题的对策。

一、相关概念界定及其问题阐释

土地、空间、住房，在各自领域分别有着诸多的研究成果，但放在一个层面上的探讨却极为缺乏。从直接的概念内涵和外延看，土地是基本的要素资源，也是空间布局和住房保障得以实现的前提基础；空间（本研究界定的主要是空间布局），是所有土地利用类型在一定范围内分布的总称；而住房，则是其中最小的一个空间单位，其建立在土地要素基础之上且分布在一定空间之中，因此，必然受二者的直接或间接影响。解决住房保障问题，对于多数转移劳动者个体而言，几乎是最大的一笔开支，也是负担最重的一项成本。那么，贯穿在土地、空间和住房三者间的是一种怎样的相互关系？住房市场的供需不匹配又与其有着怎样的演变逻辑？我们试图通过回答这样几个问题，给出相关的情景并剖析其中原因。

（1）多数转移人口缺乏原始资本的解释。大多数农村转移劳动人口“进城”是生计所迫。因为在广大农村地区各方面资源，尤其是资本和技术等现代社会的核心要素资源非常稀缺。消费能力弱、经济活力不足，单纯务农仅能解决基本的生存问题且很难形成大的财富积累，多数转移劳动人口“进城”之初缺乏必要的原始资本积累。而房地产市场的火爆使得房价收入比持续高位（见图5－1），且这一数据针对的是城镇居民人均可支配收

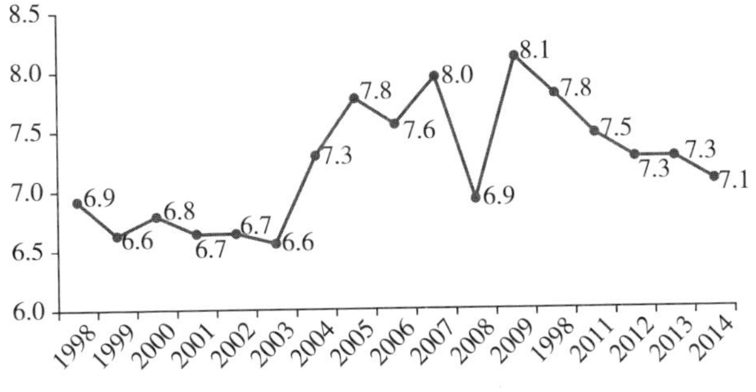

图 5－1　1998～2014 年全国商品住宅房价收入比情况

入。倘如将其换成农村居民纯收入，房价收入比数值将提高 3 倍左右[①]，远高于国际上通行的正常比率。多数农民穷其一生的积蓄，也无法支付得起在城市的住房费用。家庭经营性收入、工资性收入、转移性收入、财产性收入是构成收入的四大模块。与城镇居民相比，农业转移劳动人口收入构成中差别最悬殊的是财产性收入，城镇化过程又加剧了城乡间居民财产性收入不平等（王敏、曹润林，2015）[②]。农民所拥有的基本农用地和集体建设用地原本可作为基本的财产性收入，但在现行土地制度下，由于农村土地产权的不完整，使得基于其上的诸多权利难以“确权”，土地“变现”难度很大。再者，目前要素资源的流动仅仅是由农村向城市的单向过程，实现“双向对流”遥遥无期。分布在农村的诸多要素资源，不能在有效的供需市场上体现价值，使得转移劳动人口只能在城市中艰难地获取原始资本。不仅如此，目前的户籍制度、教育、医疗资源分配、社保体系以及一些大城市为防止人口聚集而出台的歧视政策，让多数转移劳动人口缺乏稳定的扎根观念，既没能力、也缺乏动力。社会阶层的固化在收入差距不断拉大的助推下，冲击着老一代农民工勤俭持家的观念；通货膨胀的影响、转型

---

① 根据国家统计局的数据，2014 年我国城镇居民人均可支配收入 28844 元，农村居民纯收入 9892 元，城乡居民收入比为 2.92∶1，城镇和农村居民的收入水平差距首次降至“3”倍以下。

② 王敏、曹润林：“城镇化对我国城乡居民财产性收入差距影响的实证研究”，载于《宏观经济研究》，2015（3）。

期经济社会变革的加剧，让新生代民工心存“过客”心理，对生活的热情和社会的关注处于一种麻木的状态，这些处在社会不利位置的群体不断丧失着谋划长远的考虑。

（2）住房空置率高的解释。房屋空置率的高企，从供给的角度看，主要是由于房地产开发过度，待销售面积大幅度增加。数据显示，截至2015年底，中国的商品房待售面积达7.18亿平方米，年增幅为14.4%①。有预测认为，中国的库存规模约为66.72亿平方米，按照当前的消化速度，大约要5.19年的消化周期（张鸿铭，2016）②。还有研究认为，加上全国尚未开工的企业拿地面积有42.3亿平方米以及在建商品房库存约49.1亿平方米，房地产潜在的库存总面积为98.3亿平方米，完全消化至少需要10年③。

从房地产购买端看，我们认为主要原因：一是房地产的投资属性大于居住属性。很多房子买来并不是为了居住，或者说一定时间内不存在居住需求。之所以买，很重要的原因在于多年来房价“只涨不跌”的预期以及消费者投资渠道少、投资需求强烈的事实。对于净资产较高人群，买房超越了基本的居住、生活需求，完全演变成一项金融投资品。而这些年坚挺的房地产价格，也让他们这一预期和判断更加强化。由于M_2总量的持续扩张，市场上大量新增资金找不到比房地产更合适的投资对象，很多房屋买来即被空置。二是不同地区非均衡发展导致空间分布不匹配。如前所述，房地产开发很大程度上受货币发行和流通影响。人口流入多、城市积聚能

① “商品房待售面积”的统计口径是报告期末已竣工的可供销售的商品房屋建筑面积中，尚未销售的商品房屋建筑面积，包括以前年度竣工和本期竣工的房屋面积，但不包括报告期内已竣工的拆迁还建、统建代建、公共配套建筑、房地产公司自用及周转房等不可销售或出租的房屋面积。国家统计局．2015年全国房地产开发投资和销售情况［EB/OL］．http：//www.stats.gov.cn/tjsj/zxfb/201601/t20160119_1306094.html. 2016－1－19

② 李婕、黄颖、刘夏、罗超：“住建部专家：中国楼市库存超66亿平方米，消化需5年”，载于《新京报》，2016－3－3。

③ 安信证券：“房地产真实库存98亿平，完全消化需10年”，载于《21世纪经济报道》，2015－12－3。

力强、资金量充足的特大型城市以及发达地区城市，最早开始了房地产行业兴盛和价格上涨，进而这种预期和趋势影响全国，“地产热”全国遍地开花，相应的调控政策又缺乏针对性和精准性，从而造成了特大型城市摊子越铺越大，房价高与库存量小并存；中小城市和县城开发过度、库存和空置率高企的局面。这也反映出，城镇化发展的空间布局尚缺乏大的统筹和预判。三是制度性激励扭曲影响。户籍制度徘徊不前，越是大城市户籍政策越严格，而户籍放开的城市又普遍缺少就业岗位和吸引力，使大量潜在的房屋需求者难以获得购房的资格，或者即便买房，也被排斥在城市户籍人口公共服务待遇之外，因此，他们对所在城市买房定居的欲望不强，依赖感弱。此外，房产税等改革推进缓慢，持有房屋的成本过低，也使得很多人乐于持有，缺乏交易动力。

（3）空置率高而房价坚挺的解释。根据市场经济法则，要达到市场出清，价格必须要有充分的灵活性，才能够保证供求情况迅速、及时调整，如此超额供给产生的“高库存”才不会出现。但吊诡的是，中国的房地产市场空置率如此高，尤其是中小城市房地产库存严重，但房价却几乎没有松动，“有价无市”现象较为普遍。为什么空置率如此之高而房价却仍然坚挺？为什么市场机制在中国的房地产市场会出现失灵的状况？我们认为，可能有以下几方面原因：

一是房地产实物资产的属性。房地产有土地、建筑物、房地合一三种存在形态，是房产和地产的总称，因其位置的固定性和不可移动性，在经济学上又被称为不动产，并具有使用长期性、影响因素多样性、价值盈利性、保值增值性、行业相关性以及受政府政策影响大等特征。通常，房地产被划归为大宗的投资品，而且，多数时候其价格跟供需并无直接关系。实证研究表明，“房价过高的根本原因不是刚性需求，过多的货币通过信贷渠道流入房地产市场才是根本原因（郑忠华、邸俊鹏，2015）”①。而且，对于投资主要考虑的是预期收益，而不是当下价格，这类商品的供需不仅是简单的供给、需求两条曲线（简单的供需均衡曲线如图5－3所示），而是存在一个特定预期的干扰。价格越涨，购买的积极性越高，随之价格也捧得更高；价格越降，观望看跌的心理越强，消费者就越不会购买。因此，只有在一个刚性增长或基本稳定的市场内，房地产才容易达成市场出清，而且越是价格上涨，越容易营造紧缺的假象从而加速购房者入市买入，这与股票市场“追涨杀跌”情形类似。

如图5－2所示，由于建设开发周期较长，房地产市场供应量短期内不会出现大的变动。一般均衡价格，也即市场出清的点位对应的需求为（P_E，Q_E），当价格发生变化时，即由P_E上升或下降为P_1或P_2时，其对应的需求量并不是供需量，即二者不是线性的对应关系，即价格上涨，需求量反而会反向扩大，相反则缩小，并呈现收敛的状态。当然，这种心理和行为的博弈，只存在房地产市场的初期，随着市场的不断成熟，在市场不会出现大的垄断的情况下，最终要回归到正常的供需曲线上。因此，房地产发展的初期，房价上涨除了只有购买者受损外，其他主体皆能从中受益。为避免出现价格大的向下波动，引发需求冻结，包括开发商、政府相关部门就会达成利益的合谋。

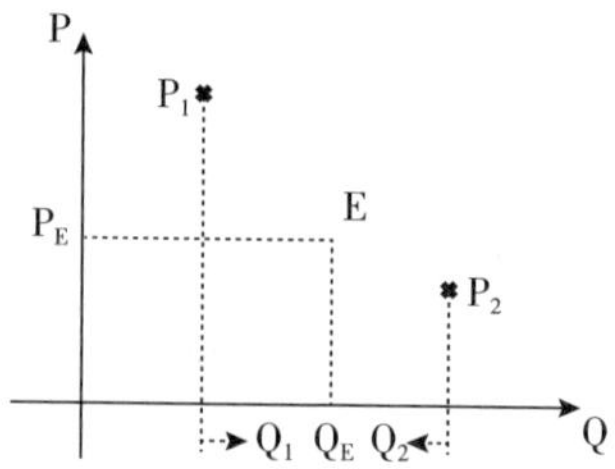

图5－2　房地产供需结构图

① 郑忠华、邸俊鹏：“房地产借贷与中国宏观经济波动——基于信贷扩张视角的DSGE模拟研究”，载于《中国经济问题》，2015（7）。

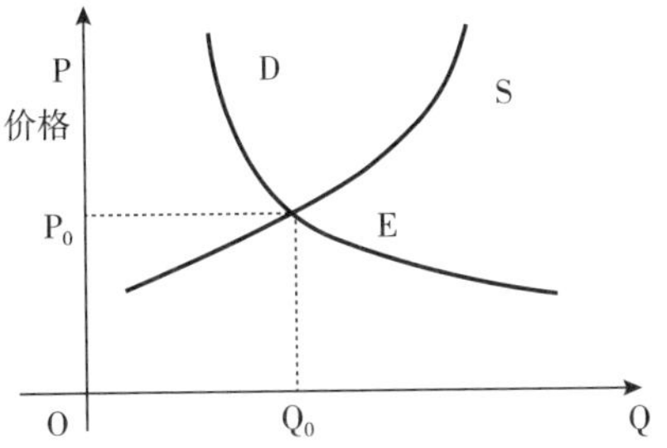

图 5－3　普通的供需结构图

二是房地产金融虚拟化的属性。统计显示，2014 年末主要金融机构房地产贷款余额 17.37 万亿①，占全部贷款总额的 21%。从需求端看，由于房地产价格高、使用期限长、个人负担重，按揭购买成为行业常态。2014 年末个人房屋贷款余额达到 10 万亿左右；从供给端看，自筹资金、国内贷款、房地产信托和基金是房地产资金开发的主要资金来源。图 5－4 显示，国内贷款占比仍占 15% 左右，自筹资金占比由 32.7% 增长到 41.3%。其中，增

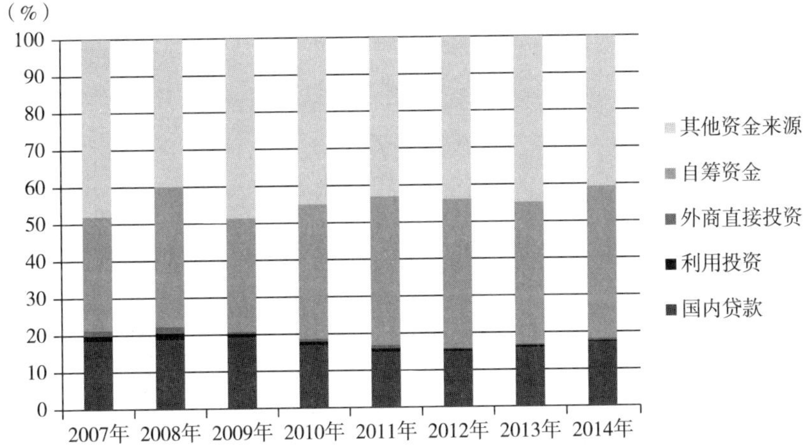

图 5－4　2007～2014 年中国房地产开发企业资金来源

---

① 中国人民银行：《2014 年金融机构贷款投向统计报告》，http：//money.163.com/keywords/0/7/00700064006 6/1.html。

长最快的是房地产信托和基金。截至2014年底，房地产信托资产总规模超过1.3万亿元，房地产基金管理规模超过4000亿元①。可见，供给端的房地产信贷相关资金量占比接近1/3。如果房地产市场难以实现有效出清，开发商资金链断裂，就很容易出现整个金融体系的系统性危机。因此，从预防系统性风险的角度出发，包括宏观调控政策的基调和举措，也都倾向于使房地产价格维持在一个相对稳定或平缓的上涨过程。

三是地方土地财政的影响。分税制改革影响下，地方政府财权事权不匹配现象严重。土地财政作为现行财税体系下一个缺口，成为地方政府主要依赖的创收途径。如图5－5所示，土地出让金占地方财政收入的比重在2003～2014年基本维持在40%以上，这主要通过开发商“招拍挂”竞价买入土地或土地开发相关税收实现。房地产行业不景气、房价过低，一方面会形成大量已拍出未开发土地开发停滞局面；另一方面，也会影响地方政府后续土地出让计划。此外，还可能对银行抵押融资行为产生巨大冲击。在财政体制难有大的变革情形下，地方财政作为发展重要动力的作用短时间内将难取代。

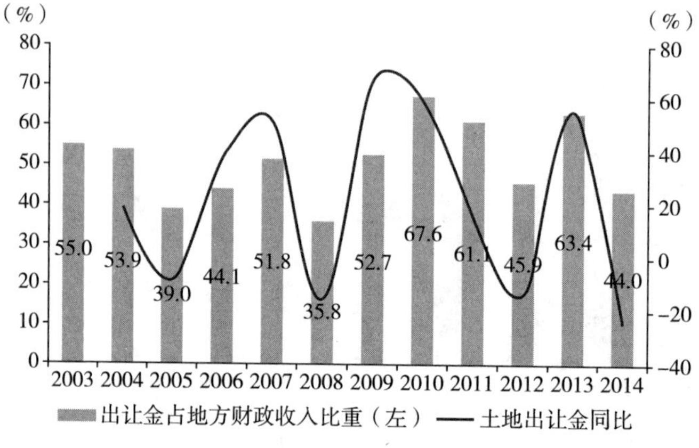

图5－5　2003～2014年土地出让金同比及占地方财政收入比重变动

① 吴莉莉、扈琮琮：“‘白银时代’下房地产开发企业融资展望”，载于《时代金融》，2015（5）。

（4）房地产供需不匹配的促成因素。结合上述的分析，我们认为房地产宅基地供需不匹配，与购买者与开发商之间的信息不对称、价格机制扭曲有直接的关系，但从深层次看，可能的原因主要集中在以下几个方面：

一是城市空间布局缺少前瞻。在市场机制越来越发挥决定性作用的情形下，未来的城市空间布局，将呈现更加不均衡发展状态，这从房地产价格的区域分化中能够发现。人口吸引与城市积聚，存在相互促进的关系，而城市的兴衰，又存在各种偶然性因素。鉴于现有理论与实践积累，很难去准确预判一个城市未来5～10年的产业发展、人口流动情况，因此，现有的很多规划也未完全将其纳入考虑的前置因素。过于看重行政主导的力量，"鬼城""空城"的出现，都体现了城市空间布局的前瞻性缺失。进一步分析，其根本原因还在于行政区划的分割和地方政府在晋升"锦标赛"中胜出的激励，为了短期政绩需求，透支或超前发展的情形屡见不鲜。事实上，城市的产生、发展是一个漫长的过程，在市场机制作用下，很多城市可能在很短时间内丧失活力和动力。前期的建设必然造成资源极大浪费，这种建立在削减整个社会福利的基础上的短时行为并不可取。因此，要达成住房市场的供需匹配，应当在空间上明确大的方向和格局。

二是土地制度二元分割制约。国有用地和集体土地，是中国土地制度中最基本的两种存在形式。城市用地以建设用地、公共绿地等为主；农村用地则主要是耕地和建筑用地，后者又分为四大类，包括住房用地、杂物间用地、设施用地和牲畜舍用地等，建筑用地占农村宅基地绝大部分。由于城乡土地二元，农村土地，很少能够转化为建设用地进而变现。农民家庭承包地、盖房、办厂等积累了不少财富，但这些潜在的资产价值并没有构成农民收入来源。2013年全国农村宅基地面积大约为973亿平方米，约为1.46亿亩，宅基地总价值达35.72万亿元[①]。尤其对于人口大省，如河南、山东、河北、安徽等地，人均宅基地面积相对较高，有着相当大的整

① 申万报告：《宅基地面积、价值测算及其流转路径探讨》，2014-1-17。

合空间（见图5-6）。基于此，十八届三中全会提出“保障农户宅基地用益物权，改革完善农村宅基地制度，选择若干试点，慎重稳妥推进农民住房财产权抵押、担保、转让，探索农民增加财产性收入渠道。”这是盘活农村存量资产的一种尝试，也是解决农业转移劳动人口进城的重要物质保障。

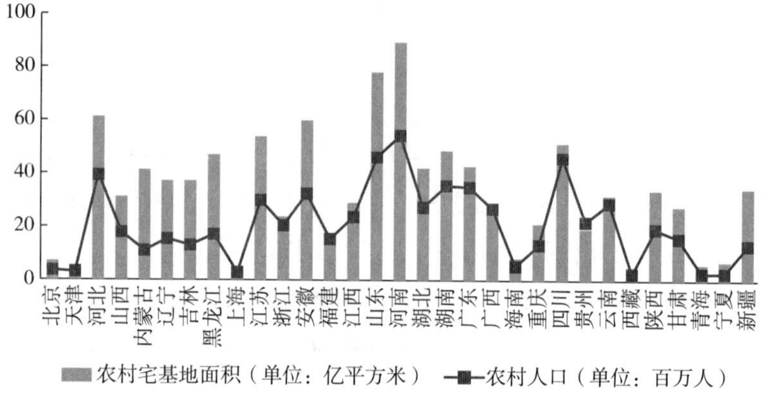

图5-6　2013年各省市农村宅基地面积和农村人口数

三是联动改革机制与政策缺失。土地制度变革、房地产市场调控，需要联动改革。而联动性改革又需要规划、土地、户籍、财政等方面的改革共同推进，涉及发改、规划、国土、住建、公安、民政、财税等诸多政府相关部门，需要发挥各方合力，避免因为部门利益而相互推诿，甚至设置障碍。而且，地方政府与中央政府行动一致，也是关系改革推进的决定性因素。此前的房地产调控中，中央与地方行动的背离，使调控效果适得其反。此外，中央对于保障房建设的规划和要求，在地方上也大打折扣，很多建成的保障房空置率要高于普通的商品房。在此，我们暂不讨论政策的有效性和合理性，仅从政策执行层面就很容易发现，在房地产改革调控中，各方利益不一致的状况相当尖锐，单凭一项改革单兵突进并不能解决问题，必须要建立联动改革机制。此外，借助法律途径保障改革的有法可依、依法行事，同样是当前的改革所不具备的，也是公共政策执行过程中的价值理念和行动不统一的具体体现。

二、低生存成本模式下土地制度变革

如前所述，土地制度变革，是房地产市场健康发展的基础条件，也是解决住房供需不匹配所能够撬动的最大杠杆。着眼于低生存成本城镇化模式，未来的土地要素配置应重在实现两个目标：一是让农业转移人口带着土地财产权进城[①]。改革农村集体土地制度，最大限度地盘活农村存量土地资源，在助推农业现代化的同时，为转移劳动力城镇化过程提供必要的初始资本；二是提高城市土地集约利用程度，减少土地资源的浪费，通过深挖存量资源、适度利用增量资源，降低农村转移劳动力进城的住房成本、生产成本，体现低生存成本城镇化之要义。

（1）明确农村土地的用益物权。优化资源配置，降低土地要素成本，核心在于“盘活农村集体土地”，这既能为农业转移人口进城提供原始资本，也有助于加快推进农业现代化。农村的土地制度改革，最具根本性的是改革土地产权制度。为此，总的改革思路是，在确定农村集体土地用益物权的基础上，实现更加细化的土地确权，并通过法律的统计加以约束[②]，以确保农民获得土地收益。

解决农民财产性收入不足的问题，只能从农民唯一拥有的稀缺资源——土地入手。农耕地出于保护的需要，不可能有大的作为，而宅基地流转是最大的突破口，这有利于增加农民财产性收入，帮助解决城市农民工住房矛盾。在这方面，中央政府设计制度、地方政府执行制度、集体经济组织分配利益、农民实现利益，由于各自角色定位不同，相互存在博弈。相关试

① 中国（海南）改革发展研究院课题组：“城镇化变革：以居住证制取代城乡二元户籍制”，载于《上海证券报》，2016－03－18。

② 建议在《土地管理法》第二条中增加一款“赋予农村土地使用权人的土地用益物权，使其拥有对土地使用权依法享有占有、使用、收益的权利”；建议将第十四条“土地承包经营期限为三十年”修改为“实现农村土地承包关系稳定并长久不变”；法律将其界定为“农民财产权”，纳入财产保护范畴。

点表明，尽管政策上的规定已有所突破，但在实践中却未能有效铺开。着眼未来，按照十八届三中全会明确的“保障农户宅基地用益物权，改革完善农村宅基地制度，选择若干试点，慎重稳妥推进农民住房财产权抵押、担保、转让，探索农民增加财产性收入渠道”的要求，宅基地制度改革，首要任务就是将其所有权和使用权分离开来，让农民真正拥有宅基地使用权这一用益物权，尽快结束现行法律限定农民宅基地“一户一宅”、转让限于本村的半商品化状况，赋予农民宅基地及其房屋所有人完整的财产权①，使得宅基地具备占有、使用、收益、转让的完整权利。

对于宅基地流转的设计，可参考的主要方式有两种：一是“政府主导、市场配合”的补偿、置换方式，这是大多地方试点主要采取方式；另一种是“市场化机制主导、政府保障”的灵活流转方式。这种方式的前提以使用权、收益权、处分权清晰界定为基础，抓住“融资抵押”这个突破口。如前所述，这还需要《土地管理法》《物权法》以及相关金融法等法律法规的支持。必要的情况下，应当设立农村宅基地储备库，建设农村土地银行、土地合作社等，有效调剂和确保宅基地出让的权威性，做好后续的保障工作。此外，在城镇化过程中，还可以尝试采取土地置换措施，加快落实宅基地流转的相关举措，限定区域的土地置换，如村庄整体搬迁腾出的土地通过复垦，可以同其他集体土地置换，盘活土地资源存量。对于已经被划归为国有用地的城镇土地，也要限定投资时限、强度等；未达标者，政府主管部门应及时收回进行二次开发。

（2）构建城乡统一的建设用地市场。统一城乡土地交易市场，实现农村建设用地平等入市，是十八届三中全会决议确定的农村土地改革目标。这其中，扩大权能是基础；征地改革是关键；城乡统一是方向②。城乡统一的建设用地市场的建立，最大的矛盾集中在农村的集体用地上。如果农村

① 潘义勇：“以落实《物权法》为动力，推进农村土地制度改革”，载于《南方农村》，2012（2）。

② 姜大明：“建立城乡统一的建设用地市场”，载于《人民日报》，2013－12－19。

土地产权改革未能有效推进，集体所有与国有土地的关系没厘清，所有权、经营权和使用权依然分离，那么这一市场的构建所发挥的作用就十分有限。此外，基于目前城乡统一建设用地市场建设推进缓慢的状况，建议在确保农村建设用地产权明晰的基础上，修订现行的《土地管理法》，明确增加“县级以上地方人民政府应当建立城乡统一的土地市场，主要通过市场配置土地资源”的规定[①]，以此明确土地交易的法律依据和制度保障；与此同时，要加快出台建立城乡统一建设用地市场的实施方案，严格规划和用途管制，严格限定征地范围，完善相关配套举措，建立公开、公正、公平的统一交易平台和交易规则，活跃二级市场，促进土地抵押、租赁、出让市场的发展和完善。

（3）形成土地集约利用使用机制。一是严格限定工业用地供应量。严禁限定工业开发区、包括欠发达地区的开发区的面积，避免进一步扩张的趋势。只有如此，地方政府才可能从存量用地集约利用这方面“做文章”。执行2014年发布的《国务院关于清理规范税收等优惠政策的通知》的要求[②]，严禁地方政府零地价、负地价招商引资。与此同时，可以制定分年度的整体土地利用结构调整方案，实现存量资源按照一定强度、时序，实现开发。测算显示，借助工业用地结构的调整，“政府可获得大约每年接近一万亿的各类财税与土地出让金收入，基本可以补足目前模式下政府土地出让金的纯收益。”[③] 二是改革完善工业用地定价机制。针对工、商、住用地价格差别大并出现倒置的状况，必须借助市场化手段，提高工业用地价格。如采用成本定价法、工业用地二级市场价格的一定比例定价法、工业用地和居住用地合理比价机制，规范对工业用地价格作“区别对待”的政策性

---

① 夏锋：“从规模城镇化走向人口城镇化——2020：城镇化转型升级大趋势”，载于《上海大学学报（社会科学版）》，2015（7）。

② 除相关法律法规规定的税政管理权限外，各地区一律不得自行制定税收优惠政策。未经国务院批准，各部门起草其他法律、法规、规章、发展规划和区域政策都不得规定具体税收优惠政策。

③ 陶然、汪晖：《中国新城镇化应走出当前改革误区》，http：//www.ftchinese.com/story/001059638？page=12，FT中文网，2014-12-15。

支持①。三是缩短一次性土地出让金收取年限。参考美国的统计，列入世界500强的美国企业的平均存活期为40～42年，一般跨国公司为10～12年，中小企业存活期不到7年，因此现有的40年批租期会有很大矛盾，有必要缩短或分割原有的工业用地年限，保证土地利用的灵活性。

三、低生存成本模式下城镇布局调整

城市空间布局是一个国家和地区城市化最直接的体现。过去多年，中国的城市空间规划都处在不断探索、变动的过程，走过以“小城镇”为中心的弯路，犯过贪大求全的错误。在市场化、信息化、现代化、智能化的冲击下，伴随着农村转移劳动人口的逐年减少，过于乐观的城市发展、人口聚集预测，对多数地区可能是不存在的。尽管如此，城镇人口增加还是对土地、水资源、能源和环境质量等产生了巨大的需求。必须因地制宜、适度发展、提高质量，用系统的方法、区域综合发展的观点进行研究，尤其是注重我国大都市用地空间的理性拓展（姚士谋，2011）②，走出一条“高密度、高效率、集约化、现代化”的具有中国特色的城镇化道路。对于未来要构建的低生存成本模式，必须在城市规划层面把好关，遵循“精明增长”理念，既要实现城市聚集功能，又要考虑生态平衡和生活舒适度。

（1）遵循市场机制决定的原则。城市的发展有一个合宜的规模。在诸多政策决策中，有过很理想化的空间布局设计，即未来要形成大中小城市、小城镇协调发展的格局。大城市不能过大，产生城市病，小城市也不希望消退，作为城乡连接点的作用仍需发挥。这在市场发挥主导作用的格局下，已经不能达到降低成本、实现收益最大的目的。对于个体而言，对于城市

① 贾康、梁季：“中国市场化、城镇化历史进程中的‘土地财政’与土地制度变革”，载于《中国发展观察》，2015（6）。

② 姚士谋、崔功豪、许学强：“按科学发展观审视我国城镇建设大局”，载于《经济地理》，2011（31）。

发展格局的共识有助于形成稳定预期并做出选择。向中心城市聚集是城镇化发展的必然趋势。大城市和中心城市能够有效地降低交易成本；服务业聚集发展要求大城市模式为支撑。“中国大城市将从目前集聚工业为主转向以集聚服务业为主，未来，创新和服务经济的集聚程度比昔日工业集聚程度更高”①。当然，怀疑也不可避免，如主要依靠市场调节的城镇化，将出现大城市过度聚集从而产生城市病的困扰等。事实上，中国的特大城市出现，并不完全是市场调节自发形成的，而是一系列行政力量、政策偏向产生的结果，加快市场化改革，并不会导致城市无限制的膨胀辖区，相反，正如亨德森（2007）对中国城市发展的警告：在财政政策和资本市场朝向某些“高行政级别”的大城市倾斜的时候，会鼓励人口向这些城市过度集中。因此，“最广泛的市场化改革将有助于避免超大城市的出现”②。在各种规划文件中，很容易能够找到关于未来城市发展重点区域或城市群的内容。但事实上，区域发展的政策很多时候并未取得预期的效果，在政府资金、政策倾斜过后，再接受市场机制的洗涤后绝大多数重归旧貌。这也表明，既有的很多规划和政策是行政导向的，还需要借助市场化机制，认清地区发展的经济基础、区位优势，未来人口与就业的总体走向，才能够合理地规划未来发展方向，明确规划重点。

（2）形成“中心城市 + 独立城区 + 特色小镇”模式。不同的城市空间布局，决定着未来经济发展的重心和格局。明确未来城镇化的主体空间构造，对土地政策、城市规划、行政体制改革、财税制度调整等都有着至关重要的意义。为了避免此前政策规划中“面面俱到”的发展模式（事实上，以往行政规划的空间导向基本没有取得过成功），需要形成遵循市场规律、适合中国国情的城市空间布局。“十三五”规划提出，形成大中小城市和小城镇合理分布、协调发展的“两横三纵”城市化战略格局，具体任务包括

① 国务院发展研究中心和世界银行联合课题组：“中国：推进高效、包容、可持续的城镇化”，载于《管理世界》，2014（2）。

② 王小鲁：“中国城市化路径与城市规模的经济学分析”，载于《经济研究》，2010（10）。

加快城市群建设发展、增强中心城市辐射带动功能、加快发展中小城市和特色镇。从低生存成本的视角看，我们认为，“中心城市 + 独立城区 + 特色小镇”是未来城镇化空间格局的主要组成部分。其中，中心城市是国家的核心竞争力；独立城区有助于化解大城市病，更好地实现城市群内部串联；“特色小镇”则能够发挥出连接城乡的纽带作用。

一是以中心城市为主导的城市群建设是大势所趋。从土地集约利用的成本视角出发，不同城市人口分布状态下的城镇土地需求，是不尽相同的。研究测算表明（中国发展研究基金会，2010），要满足 4 亿人口的城镇化需求，按照特大城市、大城市、中小城市和小城镇四类城市形态中，不同人口分布情景下，对土地资源的压力不同，其中走特大城市为主的城市化道路，即 50% 以上人口聚集到特大城市，要比均衡发展各类城市方案以及以小城镇为主体形态的城镇化道路，要分别节省 4760、11200 平方公里，因此以中小城市为主导的城市群建设，是土地利用领域最为经济的一种举措①。

表 5－1　　不同城市人口分布状态下的城镇土地需求

	人均占地面积②（KM^2）	情景一		情景二		情景三	
		人口分布	新增城镇用地	人口分布	新增城镇用地	人口分布	新增城镇用地
100 万以上人口城市	73	25%	7300	50%	14600	10%	2920
50 万～100 万人口城市	81	25%	8100	20%	6480	20%	6480
中小城市	93	25%	9300	20%	7440	20%	7440
小城镇	143	25%	14300	20%	5720	50%	28600
用地合计			39000		34240		45400

资料来源：中国发展研究基金会：《中国发展报告 2010：促进人的发展的中国新兴城市化战略》，人民出版社 2010 年版。

① 中国发展研究基金会：《中国发展报告 2010：促进人的发展的中国新兴城市化战略》，人民出版社 2010 年版。

② 人均占地中的“地”位城市建成区面积、建制镇面积，人口为城市户籍人口以及以农民工为主的居住 6 个月以上的常住人口。

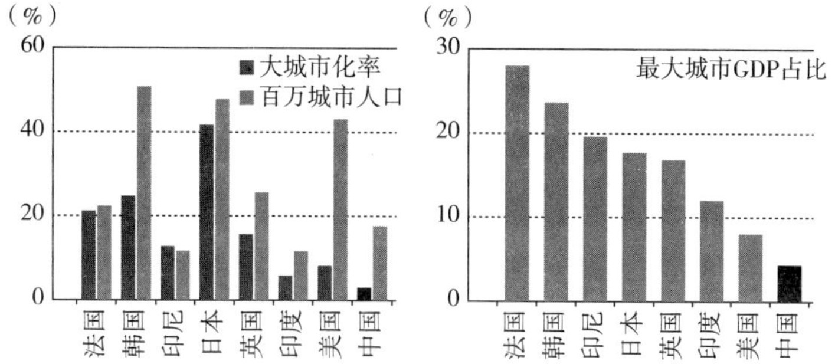

图 5－7　最大城市 GDP 占比与大城市化率主要国家比较

资料来源：CIEC、世界银行，2012。

向大城市中心聚集，是世界性潮流和趋势。很多经济学家的研究支持这一观点，典型的如周其仁（2014）指出“应建立紧凑型城市，摊子越大回报越差”[①] 赵坚（2013）指出“就地城镇化”是一条死路，中国应发展大城市群[②]。结合实践看，美国 500 万人口以上的大都市区一直处在增长的区间，纽约大都市区的人口从 1999 年的 1970 万人增长到 2012 年的 2336 万人；80% 的人口居住密度从 1990 年占国土面积的 25% 降到如今的 17% 。日本三大都市区的人口规模也从 1950 年以来持续增长，其他中小城市的人口则少有增长甚至下降。同样，中国的城市发展也呈现趋向大城市而非城镇化（李迅雷，2013）[③]。如图 5－7 显示，无论从国内最大城市占 GDP 的比重，还是大城市化率的情况看，中国的城市聚集效应几乎都是最低的，发展中心城市、大城市，仍需高度重视。由于对大城市“城市病”的顾忌，政策文件中对特大城市的发展都是限制和控制的态度，更多的是用“城市

① 周其仁：《在 2014 年中国企业家俱乐部道农沙龙上的演讲》，http：//www. rfdy. org/view－31807－1. html。

② 赵坚：“我国应实施集约型城镇化发展战略”，载于《中国社会科学报》，2014－5－21。

③ 李迅雷：《中国的城市发展也呈现趋向大城市而非城镇化》，http：//t. hexun. com/15514603/31327982_ d. html。

圈”来替代大城市和中心城市，这在一定程度上与发展中心城市的思路一致。根据一些学者的判断，未来中国将形成十个大的城市群[①]（肖金成，2013）；也有的提出，“要解决北京这样特大城市存在的城市病，需要再有十个类似北京这样的中心城市”[②]（杨伟民，2015）。我们认为，未来的城镇化空间布局，应着力加快构建包括“全球城市—区域性中心城市—地区性中心城市—县级市（镇级市）”的格局，根据不同地域发展情况，明确未来的建设用地规划以及基础设施投资，探索建立“城镇群——大城市——中小城市”多级土地开发权转移的区域统筹机制；此外，为了保证城市发展不是“摊大饼”式扩张，还可参考美国、日本等国家“容积率奖励”办法[③]，实现有限土地容纳更多人口并促成更多开放空间形成的目的。

（2）独立城区有助于规避和解决“大城市病”。结合芬兰规划学家沙里宁（Eliel Saarinen）的“有机疏散理论”，大城市周边应当建立一些半独立的城镇，定向疏导城市。从城市人口密度、城市区域发展内部看，“有机疏导”在欧洲发达国家也大致经历了三个阶段：第一代新城，即所谓“睡城”，像北京天通苑、回龙观，30 万人口新城区很少有就业岗位，大量的人口每天都在做巨大的“钟摆式”运动；第二代新城，人口在 20 万以上，就业岗位 50% 就地解决，减少一半的城际交通量；第三代新城更进一步，人口规模为 30 万人左右，就业岗位基本上能够在新城内自己创造，实现职住平衡[④]。在武汉和成都，由于市长唐良智的推进，“独立成市”与“小街区规制”理念在规划实践中推进明显。“独立成市”也属于城市辖区的一部分，所以我们认为用“独立城区”取代这一概念似乎更合适。2011 年武汉市首次提出“独立成市”，并按此理念规划在当地兴建了 6 座新城。成都的

① 肖金成：《城镇化与区域协调发展》，经济科学出版社 2013 年版。

② 杨伟民：《中国需要再建 10 个类似北京的中心城市》，http：//money. 163. com/15/1213/11/BANC9H6 600252G50. html。

③ 运迎霞、吴静雯：“国外容积率奖励及开发权转让措施”，载于《天津大学学报（社会科学版）》，2007（2）。

④ 仇保兴：“简论我国健康城镇化的几类底线”，载于《住宅产业》，2013（10）。

实践中，“独立成市”指的是“中小城市既要与特大中心城市密切联系，但又功能完整、职住平衡、配套完善、相对独立。”按照独立成市的要求，加快发展新型卫星城和区域中心城，优化规划、完善功能，培育壮大支柱产业，合理分工产业和功能。伴随老龄化时代的来临，大城市“城市病”的凸显，信息时代对于运输条件依赖性的降低，未来的大城市和城市群布局，应当围绕大城市、特大城市发展相对独立的城区，实现缓解人口，规避和解决“城市病”，减少中间成本损耗的目的。作为规划中的概念，独立城区（独立成市）已经过实践检验，这种模式“置于同一发展规划框架之内，进而统筹谋划城市空间的科学布局、基础设施项目建设以及更合理配置公共服务资源。”①

（3）“特色小镇”将发挥连接城乡的纽带作用。未来大部分农村人口将进城实现城镇化，而从事农业的劳动人口也多居住在人口相对聚集，基础设施完善，基本公共服务条件较好，有特定产业支撑就业的城镇。很多环境优美、生态良好、公共服务完善的小城镇，甚至成为老年人养老的场所。因此，对于正在消失的村镇地区，应当善于利用自身优势，挖掘新兴产业潜力，将其打造成具有特色的，既能满足人的就业和生活需要，也能符合“看得到山，看得见水”生态宜居的“特色小镇”。浙江省的探索走在了全国的前列。2015 年浙江省委、省政府决定创建 100 个省级特色小镇，这些小镇建立在传统的镇级行政单位基础上，但不同于行政区划上的小镇，也不同于高校园区，它实际上是一个创新平台，是一种全新的机制和制度创新，同时每一个小镇的建设又有着不同的发展模式和不同的机制创新和激励政策。

打造“互联网 + 创业创新孵化基地”的梦想小镇，打造“现代汽车的标杆地”的沃尔沃小镇，打造信息经济发展的集聚区的硅谷小镇……借此

---

① 常晓鸣：“‘独立成市’内涵及其实现路径”，载于四川新闻网 . http：//scnews. newssc. org/system/20150216/000539110. Html。

实现“产、城、人、文”有机融合，与此同时，良好的生态使内在的发展动力得以充分释放，对外在的高端要素资源形成强大的吸附力①。

概括而言，这些小镇主要的特色和经验体现在，创新机制体制，打造发展模式多样化的创新平台；突出高端引领，彰显产业、生态和人文特色；政府引导服务，打造更有激情的创业创新系统，所具有的共性是产业特色鲜明、人文气息浓厚、生态环境优美、多种功能叠加、体制机制灵活，这是真正的城乡结合体，也是未来农村向小城镇聚集的方向选择，值得具有特色产业支撑和人口聚集潜力的城镇借鉴。

四、低生存成本模式下住房联动性改革

住房问题，作为牵一发动全身的系统性难题，需要一整套联动性改革方案的配合，这其中也必然牵涉到要素重整和利益调整，尤其是需要放在土地制度、空间布局下统筹考虑。总的思路，一是要明确保障体系与市场体系的双重作用，界定好住房领域的市场与政府关系；二是要形成土地多元主体的供给机制，打破单一的国有建设用地“招拍挂”、拿地—开发流程；三是要加大保障房覆盖面积，让转移劳动人口同样享有服务和待遇；四是要在财政体制上，形成建设用地指标与市民化规模联动机制，形成“人的城镇化”为核心的新机制；五是用好各种市场调节手段，规范和约束交易行为，避免作为资产持续炒作而成为投机工具。

（1）明确保障与市场“双轨”推进。以市场机制为主导配置住房资源，以住房保障体系建设来满足居民的基本住房权利，规范保障住房的建设和公共资源的配置，逐步改善居民居住条件，满足多层次的住房需求，是中

① 宦建新：“崛起的特色小镇火了：浙江‘科学春天’里的一道美丽风景”，载于《科技日报》，2016－3－24。

国住房市场“双轨体系”发展的基本原则（张永岳，2014）[①]。要发挥市场机制与政府保障机制的作用，学会“两条腿走路”：一是要依靠住房市场，降低住房用地中间获取、整理以及交易等中间过程环节的税收征收，有步骤地放松政府对住房市场，尤其是中小城市、小城镇房地产价格的干涉，创造条件、纠正扭曲的价格激励，让尽可能多转移劳动人口通过努力，能够在市场上购置或租赁住房；二是要考虑那些处在社会不利位置的群体，提供最基本的家庭住房保障。当然，城镇住房发展过程中还要考虑到整个房地产市场发展的关联性，应当将其与公共服务资源的配置、公共交通的配置关联起来，实现协调发展。只有建立公平效率兼顾的住房保障体系，才能从根本上成功解决住房问题。

（2）形成土地多元主体供给机制。解决住房供给不足问题，需要发挥政府、企业、社会等多元主体的力量，尤其是改变土地出让的垄断局面。利用改造“小产权房”，既能有效盘活存量资源，也能帮助解决居住难题，是一个“一举多得”的选择。多数小产权房都集中在城中村和城郊村中。解决城市中住房难题，规避人为财富分配造成的城镇化新的不公，应探索在城郊村、城中村率先实现土地“变性”，即由土地集体所有转化为土地国有，以“涨价归公”为主要手段，在划拨专门公益用地后，将剩余土地用于市场化出租房建设开发。在棚户区改造中，应当将处于“城中村”“城郊村”的地段，更多地考虑改造为低收入阶层、流动人口能够负担起的廉价、体面住房[②]。如此，人口流入地城市出租房供给或将大幅增加，租金也可降到绝大部分流动人口可支付水平。实践表明，在严格土地用途管制，确保居住建设水平、质量的前提下，赋予城郊村村民一定土地开发权，并为外来流动人口建设出租房的“区段征收”改革，有助于全面、迅速调动城中村、城郊村村民建房积极性，从而基本解决城市现有流动人口及其留守农

① 易居论坛：住房市场“双体系”构建步伐应加快［EB/OL］. http：//www. yiju. org/news/20141030/n3131844. html。

② 陶然、汪晖：“中国新城镇化应走出当前改革误区”，载于《企业家日报》，2014－12－21。

村家庭成员迁移到城市后的居住问题①。

（3）把农业转移人口纳入保障房范围。经济适用住房的空置率达到23.3%，甚至比非经济适用住房空置率更高，这反映出保障房错配程度严重，但是，多数农业转移人口却没有争取保障房资格。因此，应依据居住年限、参加社会保障情况和就业年限制定合适的标准，把农业转移人口纳入保障房保障范围。根据规划的要求，保障房建设的重点在公租房。流动人口社会融入程度与城市房租价格有着显著的相关性，房租越高，流动人口城市融入的程度越低。着眼于更多进城转移人口能够实现基本的居住权，有必要将其纳入公租房的基础上对其进行房租补贴。根据住建部“三个层次”设想，已经在城市落户的农民，享受和原市民一样的待遇；按照居住证管理办法，取得居住证的进城务工农民，逐步纳入住房保障体系。对没有落户，不符合住房保障条件的外来务工人员，尽量要求用工企业安排，多管齐下解决农业转移人口居住难题。

（4）建立建设用地指标与市民化规模联动机制。把建设用地审批与城市人口增加、就业规模增长和公共服务覆盖人群增加建立起联系。在财政支出刚性增长，城市之间竞争不断加剧的情况下，仅仅依靠上级部门管理、督促、引导和限制，地方政府缺乏落实土地政策的积极性，更没有必要扩大公共服务和社会福利的覆盖范围，进而把更多的农业转移人口囊括进来。因此，有必要形成一套具有长效机制、能够发挥实际作用的政策体系。这其中，最重要的是，在用地审批和上级财政制度与城镇人口规模、基本公共服务提供水平之间建立起必要联系，设计并形成一套科学、合理的指标方案，让事权大小、多少，在财政体系上有所体现，以此激励地方政府解决“人”的融入问题，并有效控制用地工业化和无序化。

（5）利用多种调节手段规范房地产交易行为。一是做好的基础性工作是加快社会住房信息体系建设，形成统一的住房管理信息库；借助居民信

---

① 陶然、汪晖：“中国新城镇化应走出当前改革误区”，载于《企业家日报》，2014-12-21。

息管理系统整合相关部门信息，一方面为持有或交易税费征收提供基础数据；另一方面，也可以核定住房保障对象居住、收入和财产情况。二是简并涉及居住用房交易环节税种、降低房地产交易环节税负，完善房地产交易环节所得税制，提高持有房产的成本；对于二手房交易和租赁的个人而言，应严格个人所得税征纳，并做到不同房产持有数量人的区别对待。在此基础上，还要考虑研究开征房产赠予税问题。三是改革完善保有环节房地产税。四是遵循土地收益“跨代共享、全民共享、收益与支出更大时空配比”的原则①，在全口径预算和中长期滚动预算的管理规则和技术形式下，明确、规范使用土地增值收益，实现公共福利最大化和可持续发展原则的“涨价归公”。

五、小结

作为低生存成本城镇化模式的重要组成部分，解决住房问题，不仅有实现供需匹配、化解产能的作用；还能连带土地改革、空间调整，让城镇化发展体制更顺畅、空间更优化、推进更科学。在探究市场供需、土地要素、空间布局各自特性以及与住房保障间的关系基础上，我们的研究明确提出了土地制度变革的方向，城镇化发展的空间布局以及低生存成本城镇模式下解决住房保障相关问题的公共政策。解决低生存成本模式下的住房保障问题，必须放在土地要素、与城市空间布局的大环境下系统思考。三者间有着密切的内在关联。我们的研究对相关的问题做了解释并提出以土地变革为核心、构建市场化主导的城市布局体系以及以联动改革解决住房难题的总体思路。

---

① 贾康、梁季：“中国市场化、城镇化历史进程中的‘土地财政’与土地制度变革”，载于《中国发展观察》，2015（6）。

低生存成本的资本要素与投融资模式创新①

研究城镇化成本问题，最直接的就是要弄清楚“钱往哪儿花”“花了多少钱”“钱从哪里来”，这与投融资要解决的核心问题是一致的。围绕到2020年解决“三个一亿人”城镇化的目标，低生存成本城镇化旨在改变传统模式，寻求多样性的成本化解途径，这客观上对提升城镇化投融资能力提出了更高要求。与此同时，地方政府过度依赖土地出让收入、不规范举债“路径依赖”所产生的负面影响，日益引发高层重视和社会担忧。2013年国家审计署发布的数据显示，中国各级政府的债务总额已超过30万亿元，整体处在高位。2014年国务院专门发布《加强地方性债务管理的意见》，对“地方债”管理愈发透明和规范，这将倒逼以土地财政为核心的地方政府投融资模式加快转型，由此也引出了一个“两难问题”：一边是低成本城镇化不可持续，新型城镇化必然是一个高成本的推进过程；一边却是投融资入口的“收紧”，地方债的权限设定、规模控制、预算管理都将受到更强的约束。在双重困境下，如何依靠投融资模式创新解决新型城镇化成本问题，实现低成本城镇化模式下的低投融资成本，成为需要迫切解决的难题。

一、传统城镇化投融资模式及弊端

毋庸置疑，完全成本的城镇化，相较于传统城镇化，将产生更多新的投入，这种新投入需要财政、金融及私人部门共同响应和提供，继而对城

① 本文部分内容已发表在2015年第5期的《财政研究》杂志上。马振涛：“基于成本视角的城镇化投融资模式创新研究”，载于《财政研究》，2015（5），已发表论文是在本文基础上做的删减和修改。

镇化投融资产生了新的需求。投融资作为“投资”与“融资”的集合，融资主要解决资金来源问题，而投资解决的则是资金去向问题。“由谁来投融资（主体）”“通过何种渠道（渠道）”以及“运用什么方法（方式）”三个基本要素，构成了投融资模式的主要内容。投融资模式的创新，也必然建立传统投融资概念及理论基础之上。基于此，我们现对国内外投融资理论与实践做了梳理。

（1）国外城市投融资的经验。一是宏观层面。世界银行（1994，1998）提出了发展中国家基础设施融资应由政府财政为主“向以市场为基础的体制转变”①，其所遵循的应当是“项目融资—专业基础设施金融机构融资—资本市场融资”的演进模式。二是中观层面。Mats Anderson 等（2001）认为，城市化建设的融资渠道包括用户收费、征收财产税和租金、银行借贷和市政债券以及政府间转移支付等途径，并逐渐扩大至包括市政债券在内的借贷融资渠道②。斯蒂格利茨、Richard Arnott 合撰的论文证明了一个引人注目的定理，如果每个城市选择一个最优规模，那么所有（区域性）公共产品的提供都应该通过土地租金来融资③。三是微观层面。包括主要的投融资工具：发行市政债券融资的研究。如对美国的介绍（Frank J. Fabozzi，2006），市政债的投资者主要集中于个人投资者、商业银行和保险公司三大主体；根据性质不同，又分为一般债务债券和收入债券④，在美国基础设施建设领域中这一融资工具占有率甚至达 90% ~95% 。这一模式在国内郭兴平、王一鸣的研究（2011）中被介绍和推介⑤；资产证券化的研究。20 世

① 世界银行：《1994 年世界发展报告为发展提供基础设施》，中国财政经济出版社 1994 年版。

② Chiang R，Fong W. M. Relative information efficiency of cash，futures and options market：the case of an emerging market. Journal of Banking and Finance，2001（25）.

③ 纪沫、严焱、陈工文译，约瑟夫·斯蒂格利茨：《公共财政》，中国金融出版社 2009 年版。

④ Frank J. Fabozzi，Bond Markets，Analysis and Strategies［M］. Peking：Peking University Press，2006.

⑤ 郭兴平、王一鸣：“基础设施投融资的国际比较及对中国县域城镇化的启示”，载于《上海金融》，2011（5）。

纪70年代，资产证券化在美国出现，到2012年，美国各类资产支持证券存量达9.8万元亿美元，占债券市场总量的25.9%。研究者对土地证券化的设计（Sharp and Millerd，1990），包括土地证券的产品设计、定价、发行、流通和投资等问题以及相配套的制度研究等①，对推进中国城镇化过程中解决农村集体土地问题具有重要的意义；公私合营的融资模式研究。PPP合作框架协议、BOT模式、PFI（私人融资活动）都是研究热点。总体上，国外经验可概括为，以政府、市场多元共同参与为主体，以多元化融资渠道为依托，以多样性金融创新工具直接融资为手段，以合理价格机制为收益支撑，以财产税为主的税收体系为还款保障，典型的模式有三种：美国模式，以地方政府或制定机构发行市政债为主；英国模式，强调公私合营、吸引私人资本投资；日本模式，以政府通过股权、贷款方式对符合国家产业政策部门予以政策性金融支持。

（2）国内城镇化投融资研究。国内的研究也主要分三个方面：一是对国外研究的借鉴和引进。如“市政债”模式在国内推广（冯兴元，李晓佳②，2005；刘尚希，赵晓静③，2005；宋立④，2005），但在实践中进展并不顺利，2012年被称为“准市政债债券”的城投企业融资余额占GDP比重不足2%⑤，远低于美国15%以上和日本40%的比重；公用事业民营化理念作为“世界潮流”备受推崇，并已用于很多地区的基础设施和公用事业建设实践。二是结合国情开展城镇化投融资模式设计。研究发现，金融部门对城镇化资金需求兴趣在降低，建立多元化投融资体制、完善金融服务体

---

① Sharp and Millerd, Prepayment and the Valuation of Mortgage - Backed Securities, Journal of Finance, 1990 (44).

② 冯兴元、李晓佳：“论城市政府负债与市政债券的规则秩序框架”，载于《管理世界》，2005（3）。

③ 刘尚希、赵晓静：“中国：市政收益债券的风险与防范”，载于《管理世界》，2005（3）。

④ 宋立：“地方公共机构债券融资制度的国际比较及启示——以美国市政债券与日本地方债券为例”，载于《经济社会体制比较》，2005（3）。

⑤ 资料来源：2011年国家审计署《全国地方政府性债务审计结果》、国家统计年鉴2011，2010年数据。

系、完善信贷体系等应当作为解决城镇化资金需求的主要途径[①]（黄勇等，2008）。城镇化金融体制要实现服务对象、融资方式、管理方式、职能分工和发展目标五方面的转变，形成适应城镇化发展的差异化金融组织体系、微观金融服务创新体系、地方性的直接融资体系和区域信用与交易体系[②]（丁敏哲，2013）。三是对地方政府融资平台的研究和争执。尤其是地方债问题成为国内外关注的焦点后，其风险控制问题成为研究热点。贾康等（2011）对土地财政、融资平台、地方债三个角度对城镇化融资的局限性进行比较，将公私合作（PPP）模式作为主要的途径[③]，这一思路延续至2014年的国务院发展研究中心、世界银行和财政部研究提出的“一揽子综合改革方案的设计机理”中，发挥政府激励机制、约束机制和价格信号三种途径，PPP模式被高层所接受并付诸实践。本着实现社会资本深度参与，控制政府性债务，缓解财政压力的出发点[④]，国家财政部在2014年下发的通知中提出，“政府通过政府和社会资本合作模式向社会资本开放基础设施和公共服务项目，拓宽城镇化建设融资渠道，形成多元化、可持续的资金投入机制”[⑤]。

（3）对中国城镇投融资实践的述评。长期以来，中国的城镇化投融资是政府主导的，以财政税收、银行贷款和地方政府融资平台为主要途径的模式（见表5-2），也可概括为“土地财政+政府融资平台+政府背景贷款”的组合。其中，土地财政是引擎，融资平台是枢纽，政府背景贷款是源泉，三者互为依托、彼此支撑，构成了一个相对稳定的融资结构体系。亚洲金融危机后，地方政府以“交通公司、城投公司、国资经营公司、开

---

① 黄勇、谢朝华：“城镇化建设中的金融支持效应分析”，载于《理论探索》，2008（3）。

② 丁敏哲：“城镇化与区域金融改革”，载于《中国金融》，2013（4）。

③ 贾康、孙洁：“城镇化进程中的投融资与公私合作”，载于《中国金融》，2011（19）。

④ 财政部：城镇化建设资金缺口或达42万亿，运用PPP融资［EB/OL］，财经网，2014-9-30. http：//money.163.com/14/0925/09/A6VQN89T00253B0H.html。

⑤ 财政部关于推广运用政府和社会资本合作模式通知［EB/OL］，中国政府网，2014-09-26 http：//www.gov.cn/xinwen/2014-09/26/content_2756601.html。

发投资公司为平台，借助地方政府信用，间接向银行贷款进行基础设施建设”[1] 的“银政合作”模式，形成了政府投融资平台建设的基本架构，并衍生出“上海模式”“重庆模式”等典型代表。不置可否，地方政府投融资平台的建设，确实起到了通过吸收贷款和发行债券为市政建设筹集资金、弥补巨额资金缺口、推动投资项目市场化运作的目的，但由于制度建设滞后，使得这一平台缺乏严格的责任和法律约束，导致地方债务激增，并出现债务增速快、期限错配、越到基层政府债务增长越快等问题，成为中国经济金融领域的潜在风险。

表 5－2　政府主导的投融资主要方式

	一级分类	二级分类
政府为主体的投融资模式	财政税收	土地增值税；城市建设维护税；固定资产投资方向调节税
	银行贷款	开发性贷款（政策性银行）；商业银行贷款
	地方政府债券	
	“城投债”与地方政府融资平台	
	其他融资模式	资产证券化（ABS）；BOT 项目融资、PPP 项目融资、股权

概括而言，传统城镇化投融资模式具有如下特征：一是行政分配资金色彩浓厚。“分税制”改革产生的税制安排，导致税权集中于中央政府，地方政府税权、税种严重缺乏，再从中提取用于支付城镇化成本的部分相应更少；尽管转移支付制度逐年完善，但名目繁杂、交叉项目多，且资金缺口大的往往属于转移支付难以惠及的发达地区，再加上市场化融资方式不健全，地方政府不得不依靠搭建融资平台以弥补资金缺口，资金在使用方向、重点等方面受政府干预和控制特征较明显；二是民间资本在城镇化建设中介入程度不足。私人控股企业在交通运输、邮政、水利、环境和公共设施管理等公用事业领域的固定资产投资，占这些领域全部投资的比重均

① 李勇：“我国地方政府融资平台的规范与思考”，载于《行政管理改革》，2010（11）。

不足10%[①]；三是直接融资在城镇化建设中所占的比重还相当低，政府财政仍占相当比重。相比而言，美国政府财政投资占比仅为5%～10%；四是“土地财政”仍是主要来源。土地出让和银行以土地、物业抵押贷款的基建融资占中国地方政府基建融资总额的80%～90%[②]。

固定资产投资的变动，有助于更深刻地揭示传统政府主导的投融资模式演变过程（图5-8）。2004～2013年中国固定资产投资变化统计表明，固定资产投资占GDP的比重持续攀升，到2013年已经达到历史最高点78.6%，投资在经济增长中的角色和作用日益重要。尤其是城镇固定资产投资占全社会固定资产的比重日益攀升，随着新型城镇化的推进，这一趋势更加明显。

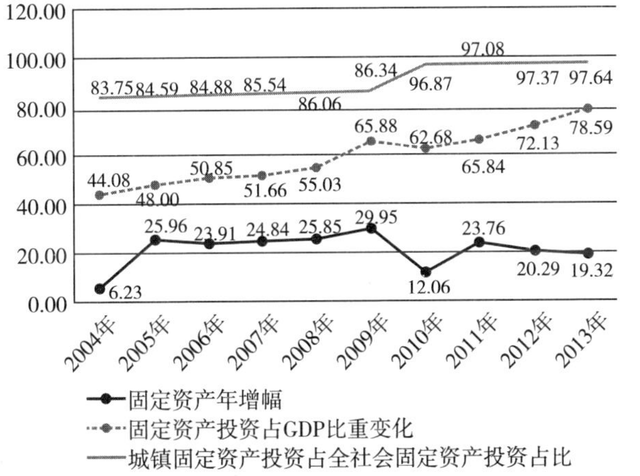

图5-8　2004～2013年中国固定资产投资变化情况

若将全社会固定资产投资增幅进一步延伸至1992年可发现，在1993年、1998年、2003年和2009年固定资产投资增速都出现了高点，这些年份集中在政府换届前后，这表明各级政府出于追求政绩和“政治锦标赛”中

① 李可、范毅：“创新城镇化基础设施融资模式”，载于《中国投资》，2014（10）。

② 李可、范毅：“城镇化过程中的基础设施融资需要改革创新”，载于国家发改委城市和小城镇改革发展中心《城乡研究动态》第238期。

胜出的考虑，往往会扩大当年固定资产投资规模，以实现拉动 GDP 总量的目的，城镇化投资俨然已经成为政府维持经济增速、塑造政绩的重要手段。

在这方面，中西方国家之间存在较大差异。以基础设施建设统计为例，世界银行的数据表明，地方政府负担了发达国家基础设施建设支出的 35%，发展中国家平均 13%，中国各级政府则承担了超过半数的责任①，这一模式尽管为中国的基础设施完善提供了强大助力，但也助长了地方争资金、上项目、“跑部钱进”的冲动，使投资结构日益失衡，成为推动和诱发信贷扩张、赤字增加、产能过剩和地方债问题的根源。

（4）传统投融资模式弊病及改进。传统的城镇化投融资模式，由于国内金融体制不完善、地方政府融资冲动缺乏约束以及市场化融资手段匮乏，在破解完全成本城镇化成本方面面临困局：表现在财政体制上，分税制导致的财政统筹权上移和资源配置权下移，成为“以人为核心”新型城镇化填补资金缺口的最大制度障碍；税收方面，“营改增”进一步压缩了地方财政空间，而房产税等“财产税”培育试点并不理想，地方政府缺乏稳定的税收来源；以土地财政为核心的传统格局，正在经受调控政策的强力约束。地方政府融资平台作为投融资主要渠道，积累的债务风险也到了不得不改变的边缘。国务院 2014 年 9 月出台的《加强地方性债务管理的意见》，标志着解决地方债问题进入正轨，倒逼传统投融资模式加速转型。根据意见，“地方政府举债权力限制在省、自治区、直辖市一级，市县一级由其代发”，政府所承担的商业营利性业务被剥离；承担一定收益的公益性事业，将实行混合所有制改造或 PPP 模式；对于没有收益的公益性事业，则直接由地方政府负责，纳入政府预算管理，从融资平台中剥离②。

一系列政策及实践表明，着眼于新型城镇化的投融资模式探索已展开。在低成本城镇化扩张模式淡出后，城镇土地利用的约束条件正在强化，房

---

① 李可、范毅：“创新城镇化基础设施融资模式”，载于《中国投资》，2014（10）。

② 金海年：“地方政府融资平台即将告别历史舞台”，载于《中国证券报》，2014－10－10。

地产行业降温拉低了土地出让金收入，地方政府的债务管理将更加规范，在推进城镇化过程中，中央政府和地方政府的财政投入占比相应降低，而长期债券融资、信托、股票市场等其他融资方式都会增加，公私合作模式将是大势所趋。2014年财政部发布的《关于推广运用政府和社会资本合作模式有关问题的通知》从实现社会资本深度参与，控制政府性债务，缓解财政压力目的出发，提出“政府通过政府和社会资本合作模式向社会资本开放基础设施和公共服务项目，拓宽城镇化建设融资渠道，形成多元化、可持续的资金投入机制”，并在此后公布了首批30个政府和社会资本合作模式（PPP）示范项目，涉及供水、供暖、污水处理、垃圾处理、环境综合整治、交通、新能源汽车、地下综合管廊、医疗、体育等领域，为创新投融资模式打开了新空间。

综上所述，中国的投融资长期以来仍然是政府主导的模式，国外的研究一直以来对国内实践都难产生大的影响，一些新的融资模式被介绍多年，但实践中采用并成功的案例较少，“念歪”的非法集资手段倒是层出不穷。经验表明，构建一个由中央政府、地方政府和民间力量组成的多元投融资体系，是保障投资稳定、健康、可持续的关键。长期以来政府主导的，以土地财政为核心、以地方债务平台建设为依托的融资方式不可持续，尤其是在告别低成本扩张城镇化模式后，对土地的约束性必然增强，对地方政府的债务更加规范，中央政府和地方政府的投入必然会降低，而长期的债券融资、信托、股票市场等其他融资方式都将增加①，公私合作模式将是大势所趋。

二、低生存成本城镇化与投融资模式互动

已有研究和实践做了很多探索并提出了多种投融资创新渠道。我们需

① 巴曙松、王劲松、李琦：“从城镇化角度考察地方债务与融资模式”，载于《中国金融》，2011（19）。

要进一步探讨和补充的是，在低生存成本城镇化模式下，考察“完全成本”所产生融资需求，探究城镇化推进与投融资创新之间的互动逻辑，结合投融资模式创新的新趋势，提出更契合完全成本、更具地域和空间识别能力的新举措。与传统低成本城镇化相伴随的政府主导的投融资模式不可持续，且在效率、公平和环境等方面的高成本正在暴露。推进低生存成本的城镇化模式的过程，首先要降低资金成本，而要实现这一目的，关键则在于创新投融资模式，实现成本的分摊和化解。“十八大”提出，发挥市场的主导型作用。从“低成本”向“完全成本”转变并提出低生存成本城镇化的设想，实质就是承认市场在城镇化过程中的自发调节作用，把扭曲的资源、要素价格矫正到市场调节应有的水平；把传统的政府职能与商业化投资、生产职能区分开来，降低中间消耗和梗阻，减少交易成本。结合对低生存成本城镇化模式的界定，二者间存在的互动逻辑在于：

（1）多主体、渐进式实现。低生存成本城镇化模式构建的基础是完全成本分析框架，而完全成本是一项系统复杂、耗资巨大的工程，需要政府、企业、社会组织和各方多主体共同参与和分摊，相应地要求发挥自发性、强制性、公益性等多种筹资手段，既要构建政府主导、中央地方合理分工负担的公共财政体制，有效支撑企业和人口流入效率更高的地区；又要发挥多方机制合力，鼓励社会资本参与，形成投融资主体多元化、渠道多元化、方式多元化的投资格局。低生存成本的城镇化模式是渐进的实现过程，需要政府与市场边界在其中不断调试和变更。这一纠正扭曲低成本的过程不会一蹴而就。一个广为接受的事实是，政府应退出具有竞争性的基础性行业，逐步实现部分过度市场化的医疗、教育服务回归公益性；对社会资金不愿、不敢单独介入的准公共项目，政府资金要先期投入，并通过财政补助、信贷补贴等手段，实现“四两拨千斤”的功效；在涉及纯公共产品和公共服务上，政府主导的财政投入还要继续保持力度，逐渐实现支出结构的不断优化。

（2）在博弈中寻求平衡。低生存成本的城镇化模式涉及多方博弈，需要妥善处理各方关系，实现利益共赢。一是处理好中央与地方、流出地与流入地政府、大中小城市之间的财政平衡关系，在财政分配和转移支付上，建立与财权事权相统一、流入地与流出地相区别的长效机制，从“钱”“地”着手，平衡流出地与流入地之间财政关系，探索建立财政转移支付同农业转移人口市民化挂钩机制、流出地和流入地间“土地财政”共享机制以及土地指标的增减挂钩机制；二是加强城市群内部的投融资合作，以此作为未来城镇化的竞争主体；三是动态兼顾投资人、经营公司和公众消费者的利益，政府必须站在改善整体发展环境的立场，摒弃自身谋利的思维，保护所有投资人利益和公众消费者利益。此外，推进低生存成本城镇化，必须注重区域差别，明确发展时序。各地基础设施完善程度不同、基本公共服务能力各异、生态环境本底有别，长期以来的“一刀切”政策模式应当逐渐被更具区域色彩的政策模式所取代。而且，鉴于中国的幅员辽阔，要正视东、中、西部经济发展存在梯度的客观现实，东部地区投融资的目的着重于“提档升级、强化环境约束”，中西部地区应“扩充覆盖面，提高覆盖能力”；处理好长远与现实的关系，短期内，政府主导的格局或将持续，中长期则要健全国内资本市场体系，让市场配置资金作用成为城镇化投融资主流。

（3）创新体制机制保障。低生存成本的城镇化将土地、资源能源、生态环境成本、基本公共服务成本、行政成本等纳入。这意味着在创新投融资模式的过程与土地制度改革、资源能源价格改革、生态有偿使用制度改革、财税体制改革乃至行政体制改革等是同步展开的。投融资模式的创新，必然离不开体制机制创新的制度保障，这同样也是城镇化长效机制构建的关键所在。

三、低生存成本下投融资模式创新路径

在低生存成本城镇化话语体系下创新投融资模式，需要发挥市场对城

镇化资本配置的决定性作用，以市场化的直接融资方式为主要手段，扩大城镇化投融资主体、拓展投融资渠道、丰富投融资方式，短期内强调策略调整，长期则关注制度建设，以此筹集完全成本城镇化所需资金，逐步建立多元化、可持续的城镇化资金保障机制。

（1）实现多元主体共同参与。改变公共物品单一主体供给模式，实行投资主体多元化，是发达国家的通行模式，也是城市经济发展的客观规律。完全成本的城镇化模式，其参与及分摊的责任主体是多方的，实现多元主体共同参与是其应有之义。通常而言，多元主体参与的投融资模式包括：政府直接投资方式；由政府投资拥有全部产权，委托法人团队按商业化方式运营；政府规制下的私人投资；政府与私人共同投资（PPP）以及完全私人投资等，通过上述某种方式或某几种方式的组合，能够逐步实现投资主体单一化向投资主体多元化的转变①。

表 5-3　　主体多元化的投融资模式选择②

主体多元化	政府主体	非经营性项目	开放式道路、绿化美化工程	
		准经营性项目	地铁、轻轨、公交等	社会效益和环境效益较强或自然垄断性项目
		经营性项目		自然垄断性项目，主要为关系国计民生的项目
	市场主体	非经营性项目	开放式道路、绿化美化工程	政府付费项目
		准经营性项目	收费高速、桥梁、自来水、天然气等	社会效益和环境效益较弱或竞争性项目
		经营性项目		竞争性项目、一般性自然垄断项目

从改革政府主体视角出发，未来的投融资模式创新要明确“节流”即

① 赵玉昆、杨学军、祝华军：“城市绿地建设的经济学探讨”，载于《商业文化（学术版）》，2007（4）。

② 毛腾飞：“中国城市基础设施建设投融资模式创新研究”，载于《中南大学博士论文》，2006。

“开源”的意识，下大力气缩减行政性开支，优化财政支出结构；通过培育新税源、建立地方主体税种、完善“市政债”发行管理等，增加资金融通渠道。一是对公益性项目，采取政府投资—招标代建制、管理合同代建等方式，实行“财政保障＋财政信用＋社会捐助”① 的融资模式；二是对于准经营性项目，采取远期购买协议、承包制等投资方式，实行“财政支持＋政策性金融＋公私合作”的融资模式②；三是对于一般性经营性建设项目，采取特许经营和股份化等投资开发方式，实行“财政引导＋金融创新＋民营化机制”的融资模式；针对广大农村地区，金融洼地的困境，应采取政策性扶持举措，规避农村及落后地区金融系统作为“抽水机”的积弊，鼓励专项资金，银行、信用社等金融部门，对新型城镇、城市社区以及确认保留的新农村社区优先提供贷款。

从拓展市场主体的视角出发，可采取拍卖、招投标、股权、上市、合资、合作、独资、直接购并、纯民营和 BOT、POT 等多种方式，吸引社会资本参与城镇化建设与营运。还可放开外资、民间资本投资和经营城镇市政公用事业等的限制条件，放开“险资”直接投资城镇基础设施的范围和比例，形成社保基金、养老基金、住房公积金等参与城镇建设和运营的格局。此外，在新一轮国企混合所有制改革过程中，还应吸引更多民间投资以参股、控股、兼并等途径参与，尤其是对于教育培训、营利性医疗卫生服务、商业、文化、体育、养老服务、疗养院等经营性质公共服务设施，更应鼓励民间资本、外资以及独资、合资等方式投资建设。

落实到实践层面，社会大力推崇的 PPP 模式将成为主要的投融资途径，这有助于解决完全成本城镇化面临的巨大融资缺口。这一思路下，为化解城镇化建设融资风险，特许权融资（BOT）、私人主动融资（BFI）、购买转

---

① 王元京、张潇文：“城镇基础设施和公共服务设施投融资模式研究”，载于《财经问题研究》，2013（4）。

② 毛腾飞：“中国城市基础设施建设投融资模式创新研究”，载于《中南大学博士论文》，2006。

让（POT）、资产证券化融资（ABS）等融资方式等，都值得借鉴。作为主管部门——财政部应着手建立 PPP 工作机制和推进管理机构，率先在收益稳定、投资规模较大、长期合同关系清楚、技术发展相对成熟的市政供水、污水处理、垃圾处理、保障房建设等项目试点，再进一步向其他领域推广；借助“特许经营权、合理定价、财政补贴”等方式，在明确收益成本机制基础上，通过财政补贴等事先约定的规则提供支持，保证投资者有长期稳定收益；并通过培育专业监管能力、强化商业意识和契约精神，保障 PPP 项目健康运行。

（2）探索多元化的投融资渠道。首先明确企业政府关系，正确引导并形成规范的市场预期，在防范和化解财政金融风险的基础上，构建财政、金融、民间资本三大基本供给渠道。坚持扩大直接融资的目标，短期可把资产证券化作为寻求资本市场支持、激活存量资产、实现地方债转型的可操作路径；中长期要把市政债券或成为直接融资工具，不断构建并形成与银行信贷、财政拨款、民间资本共同构成城镇化多元融资体系。一是拓展市政债发行。借鉴发达国家市政债发展与城市化同步的经验，采取有限度的渐进放开方式，先试点、后推广，先一级市场、后二级市场，逐步扩大市政债发行范围，依法赋予地方政府适度举债权限，采取“申请—审核—公开”制度，探索一般债券与专项债券相结合的地方政府举债融资办法。发行的决定权在中央政府及省级政府（包括一些副省级城市），发行过程公开透明，设立专门的资金账户公开；对其偿还也应进行特别的限制，保证用于社会保障、医疗救助、环保工程、民生工程等关乎国计民生的重大项目的资金不被占用。此外，后期还应要求相应职能部门对实际交易情况进行监督审查[1]；发挥“一行三会”稳定市场的作用，把地方政府债务统一纳入全口径预算管理，加强监管，严控债务规模，实行动态监测，建立偿债基金，建立健全政府债务信用评级体系。二是推行“资产证券化”。资产证

① 郭智：“国外发行市政债的经验及启示”，载于《财政研究》，2014（5）。

券化通常分为住房抵押贷款证券化（MBS）和资产支撑证券化（ABS）两大类。对于农村转移人口而言，承担进城住房成本是最大的障碍，借助资产证券化方式，农村集体建设用地、甚至耕地资产都能予以兑现。可行的方式是，在农村集体土地确权的推动下，在国家和省级层面成立土地经营公司，以此作为委托人通过特设载体（SPV）进行土地资产证券融资。此外，对可运营的基础设施及公共服务，同样也实现证券化，前期可由政府授权或组建一个公司或事业机构，作为建设运营单位，并承诺特定期限内向该项目单位支付项目使用费或补贴，拨付财政性资金作为项目的收入，项目建设单位以这种来自于政府的“收益权”作为证券化“资产”在资本市场发行。三是设立城市发展基金。政府设立多种用于支持地方公共事业发展的专项基金并实现专款专用。如设立城市道路发展基金，铁路、基建发展基金等用于道路等大型基础设施建设；设立市政建设基金用于城镇水、电、气、热等管网维护；成立环保基金用于城市“三废”处理及再利用等。从发展前景来看，通过政府支持，应当鼓励社会资本设立公共事业和基础设施等方面经营设施产业化投资基金，通过向社会发行基金股份，设立社会发展基金公司，吸纳分散的社会资金，为城镇建设提供资本支持；此外，还可以由各级政府出资，吸引社会资本投资参股设立投资基金，对文化、体育、医疗企业创业开发与运营给予专项资金支持，以加快产业化、规模化的进程①。

（3）积极扩大直接融资。一是鼓励投资实力强、主营业绩突出、信用等级高、项目预期效益好、还本付息有保障的城镇化建设及管理运营企业利用资本市场，借助发行股票、高收益公司债券筹集资金。二是开发新的投融资方式，借助资产支持票据、股权投资、信托计划以及上市融资等不同工具，拓宽融资渠道，降低融资成本。创新商业信贷方式，如设备按揭贷款、打包信贷、贷款参与；创新股票债券发行方式，如发行可退还股票、

① 刘立峰：“地方政府的土地财政及其可持续性研究”，载于《宏观经济研究》，2014（5）。

可提前退还或延期债券以及次级债券、优先/次级结构债券；创新融资租赁方式，如优先股权融资租赁、售后回租等。

（4）推广城市运营商模式。大型城市运营商是市场化与政府引导相结合的典范，也是破解投融资难题的重要方式。城市运营商通常分为基础设施型、居住建设型和资源整合型等类型，推广城市运营商模式，可以打通土地一级和二级市场，在房地产开发的同时同步完成市政设施建设，既能降低转移劳动力进城的购房成本，又能够削减城市基础设施与公共服务设施建设的成本。可通过招投标方式，选择能够贯彻政府战略意图的城市运营商参与并主导城镇化建设；城市运营商应担当起城区“执行官”的重任，充分运用市场化方式和手段，兼顾自身经济利益和长远社会效益，实现“产城融合”，降低生产、生活成本，并协助城市管理者经营一座城市，成为组织者和文明推动者。

四、低生存成本下投融资模式制度变革

投融资领域的改革涉及一系列复杂的制度变革与调整。这其中，既包括涉及行政体制改革中的中央与地方财权—事权的匹配问题，也包括市场化改革中的市场准入、基本公共服务定价等制度；还包括“土地财政”及其土地制度改革问题。在开放保障方面，中国在用好自己的外汇储备同时，也可以尝试通过新成立的亚洲投资开发银行、丝路基金以及中欧城镇化相关合作项目等，来作为低生存成本城镇化模式下降低投融资成本的重要支撑。

（1）完善分级财税体制。划分政府与市场边界，厘清各级政府事权，以此确定各级政府支出责任；重新厘定财政收入划分方式和政府间财政转移制度（见表5-4）；实行预算管理，建立中期财政规划，加快建立以权责发生制为基础的政府综合财务报告制度，推行预算公开，提高管理的透明度。规范政府获取土地出让收益及使用办法，更多通过市场配置土地资源规范土地交易行为，提高资金配置效率。尝试推行改土地批租制为年租制，

与房产税合并征收。推开房产税试点，逐步将存量住房、单位房产和农民在集体建设用地上建设的自住和经营性租赁房屋纳入征收范围。此外，在税收层面还应加快环境、资源相关税收体制改革，将扭曲的、过分压低的环境、资源成本纠正过来，建议开征环境税、资源税，健全城市税收体系。

表 5－4　　部分财政体制改革方案

科目	改革事项	说明
划分财政收入	社保责任收归到中央层级，退休金和医疗领域的负债转移到中央政府	有助于拉平基本公共服务水平区域差距，但中央支出或扩大
	取消地方政府 25% 的增值税返还	短期内地方政府财政困难
	培育和建立完善的地方税体系	可选税种包括房地产税、机动车辆税、特定商品消费税等
财政间转移支付	重设政府间转移支付纵向税收分配比例。用基于公式的方式取代来源地分配方式	目前政府收入较高的省份可能受到损失
	将专项转移支付简化合并成几个大类	基于成本的转移支付方式，一般性转移支付

资料来源：在国务院发展研究中心与世界银行《中国：推进高效、包容、可持续的城镇化》基础上改编。

（2）创新市场准入制度。实施特许经营权制度；尽快出台城镇供水、燃气、供热、污水处理、生活垃圾等市政公用事业特许经营权法，允许对城镇市政公用事业特许经营权开展质押担保相关业务。建立投资补偿回报制度，理顺市政公用产品和服务价格形成机制、建立公共收费制度、政府补贴制度和政府购买服务制度，对低收入人口生活用水、电、气、地铁、公交等进行补贴。提高准经营性项目和非经营性项目的可经营性，使其转换成经营性项目。

（3）改革土地及土地财政制度。在土地制度改革上，首先，要做好产权界定工作。尽快落实农村土地承包经营权、农村建设用地使用权“确权”并实现抵押流转，使农村转移劳动力带着财产进城；其次，可借助“小产权房”解决进城农村劳动力的居住问题。如将小产权房收为政府所有，变为公租房和廉租房，或开展“公共产权房”的运行模式，购房人与政府或投资人共享产权，形成产权主体多元化。对于土地财政的改革，借鉴贾康（2015）等的思路，构建可持续的地方“土地财政”机制，应当是“税、租、费、债”的集合，形成“税、租、费、债”功能定位科学的全方位、多层次、负担均衡的复合体系。解决人的城镇化过程中的公共服务供给资金来源问题，应保有相关的土地相关税收，用于当期经常性支出；获取土地租金，以支持城镇化过程中的基础设施建设投入，同时兼顾解决新城镇居民的社保等遗留问题。借助房地产相关收费，满足“使用者付费”，解决基础设施投入使用后管理维护问题。以土地作为抵押物的举债作为城镇化过程中基础设施融资的补充资金，用于公益的资本性支出①。总之，土地财政并非不可取，而是需要完善和设计相应的制度，渐进式实现改革。

（4）理顺公共服务价格形成机制。公共服务和公共产品作为一种有别于私人物品的特殊存在，在定价和收费方面，存在一定技术性难度。因此，理顺公共产品及服务的价格形成机制，需要首先明确公共服务和产品的属性，发挥市场和政府双重作用，一是界定政府完全提供的范围，二是对于可以交由市场主体开展的项目，建立健全对市政公用产品和服务的定价机制、成本监管和听证制度，采取“企业定价、政府监督”的方式，促进城市基础设施以及公用设施收费，应逐步按照市场导向形成定价机制；并对低收入人口生活用水、电、气、地铁、公交等进行补贴等。价格形成机制的调整和改革，是城镇化成本分摊的一种具体表现，在这个过程中，既要避免“搭便车”效应，又要降低居民生活成本，避免将过多的中间环节和制度不畅成本嫁接到公共服务价格中。

（5）创新公共服务供给方式。创新多种公共服务供给方式，采取政府直接供给、特许经营供给、市场供给等多种方式，推进供给模式改革。如在义务教育和职业教育领域采取“教育券”制度，流动人口达到流入地后，

---

① 贾康、梁季：“中国市场化、城镇化进程中的‘土地财政’与土地制度变革”，载于《改革》，2015（5）。

可凭借教育券到当地民办或公办学校就读，流入地学校或教育主管部门可凭借教育向行政主管部门申请资金；建立医疗、社会保障城乡均衡及区域间转移接续制度，逐渐消除户籍背后的福利待遇，降低劳动力迁移的非市场诱因。此外，对于一些人口稀少的边疆地区，已经地方创新采取了新的公共服务供给方式，即“流动公共服务”方式，如“警务流动室”“流动图书馆”“流动小药箱”等①，未来随城镇化的推进，很多边远地区的农村，或可采取此种方式，进而提供主动服务、灵活服务和无缝隙服务。

（6）用好国际资金等开放机制。拓展国际资金融资渠道创新融资产品，可考虑外国债券、银团贷款、国外银行政策性贷款等纳入。在“一带一路”建设背景下，积极搭建和用好亚洲基础设施投资银行，加快自身城镇化建设，建立以知识共享为主的基础设施建设 PPP 中心，促进 PPP 项目开发和政府机构建设；实施“外储内用”，由财政部向央行发行特种国债获得外汇储备，用于集中采购城镇建设所需关键资源，以国家投资或借贷形式划拨支持城镇基础设施建设等。

五、小结

新型城镇化以人的城镇化为核心，旨在改变低成本的传统模式，寻求多样性成本化解途径。从低生存成本城镇化模式出发，我们的研究对城镇化投融资模式理论与实践做了述评，继而明确了完全成本条件下投融资创新与低生存成本城镇化模式的互动逻辑，最后提出了相应地创新举措。在低成本扩张模式淡出后，城镇土地利用的约束条件正在强化，地方政府的债务管理将更加规范。在推进低生存成本城镇化过程中，中央政府、地方政府的财政投入占比将相应降低，而长期债券融资、信托、股票市场等其

① 刘银喜、任梅：“流动公共服务：公共服务供给方式创新——概念提出、逻辑起点及创新价值”，载于《中国行政管理》，2015（8）。

他融资方式都会增加，公私合作模式是大势所趋。创新低生存成本城镇化投融资模式，需要发挥市场在资本配置中的决定性作用，以市场化直接融资为主要手段，扩大投融资主体、拓展投融资渠道、丰富投融资方式，短期强调策略调整，长期关注制度建设，以此构建多元化、可持续的城镇化资金保障机制。

低生存成本的劳动力要素匹配："民工荒"视角①

人口红利是支撑传统低成本、不可持续城镇化快速推进以及中国经济高速发展的重要动力。在完全成本假设下，一方面，劳动力成本高企的状况仍将持续，尤其是考虑到2020年实现全面建成小康社会目标，经济增速、收入增速都将维持一个较高的水平；另一方面，人口自然增长率下降带来的人口结构变化，大大减少了转移人口和劳动人口的数量，"用工荒"问题爆发与"失业潮"并存的复杂形势长期并存。解决不了劳动生产率提高与劳动力成本上升相匹配的问题，中国就很容易陷入"中等收入陷阱"。因此，构建低生存成本城镇化模式，需要将城市中大量流动人口转换为城市居民，变人口的压力为发展的动力。"民工荒"的出现，是传统城镇化弊端的产生，也是未来构建低生存成本城镇化所必须考虑的约束因素，表面看，这是劳动力供需结构不匹配的结果，实质上则是城镇化模式所致。理解这一问题的深层次原因，有助于在低生存成本社会构建过程中找准劳动力要素资源不匹配问题症结，提出相应的对策举措。基于前人的研究，我们尝试利用一种更为综合的视阈，在理论上提出新的解释框架，并结合最新数

① 已发表在2014年第11期的《中国人力资源开发》杂志上。马振涛："新一轮'民工荒'问题的阐释与对策——基于多重视阈的分析"，载于《中国人力资源开发》，2014（11）。本文是在已发表论文基础上做的删减和修改。

据与研究结论予以证明，并提出低生存成本下优化劳动力要素配置的建议。

一、既有劳动力要素不匹配解释

“民工荒”是劳动力要素供需不匹配最突出的表现。这一问题肇始于2004年。在随后的几年里，其持续时段、所在行业及发生区域都呈现明显扩充和蔓延之势。受2008年国际金融危机影响，“返乡潮”曾一度取代“民工荒”成为社会关注热点。但此后不久，随着宏观经济走势整体趋好，尤其是四万亿投资带来的扩张效应，使得产能“民工荒”卷土重来且势头更猛。伴随着劳动力成本的快速上涨，新一轮“民工荒”问题正变得更加复杂，对其进一步研究也更显紧迫[①]。尤其在经济发展步入“新常态”的背景和构建低生存成本城镇化的约束条件下，研究“民工荒”问题，既能从人力资源、人力资本角度对经济结构调整、产业转型升级提供借鉴；也能为完成2020年1亿农民工融入城市的任务提出建议。综合已有研究，农民工市民化进程缓慢主要存在成本障碍、制度障碍、能力障碍、文化障碍、社会排斥、承载力约束六大障碍。理论界已开展的关于“民工荒”问题的研究，为继续探讨这一问题打下了坚实基础。我们总结了如下五种典型解释并做了相关述评：

（1）总量说。蔡昉等（2008、2010）研究认为，中国或在2004年已达到“刘易斯拐点”。作为“刘易斯拐点”研究核心对象的剩余劳动力已进入缺乏期，中国劳动力无限供给的时代已经过去[②③]。高铁梅等（2011）从农

---

① 以最早出现这一问题的珠三角城市广州为例，其节后用工缺口2010年为15万，2012年为11.38万，2013年为11.29万，2014年为12.33万。与2008年之前的“民工荒”不同，近年来的新一轮“民工荒”，不再主要是“技工荒”，而且也是“普工荒”；不只是“节后荒”，甚至成为“全年荒”；不仅是集中在沿海发达地区的“局部荒”，而且也成为蔓延至东北、中西部地区的“全国荒”。

② 蔡昉：“‘民工荒’现象：成因及政策含义分析”，载于《开放导报》，2010（4）。

③ 蔡昉：“挖掘无限的二次人口红利潜力”，载于《财经》，2011－1－28。

业、劳动密集型行业及收入差距等角度建立了计量经济模型，论证了中国已在2005年后越过刘易斯第一转折点，进入劳动力有限供给阶段[①]。同样利用这一理论，约翰·奈特等（2011）的研究则认为，尽管农民工劳动力市场正变得更加一体化，但农村剩余劳动力与农民工工资上升两种现象并存的局面在未来几年仍将持续，而且这主要是制度因素造成的。因此中国不一定存在“刘易斯拐点”[②]。

（2）结构论。章铮等（2005、2011）认为，刘易斯拐点的出现不取决于中国乡村总体上有多少劳动力，而是取决于乡村青年劳动力有多少。尽管农民工所从事的主要是劳动密集型行业中的简单重复性工作，但对从业者的体力、反应灵敏度或操作精确度有较高的要求，需要的主要是年轻农民工，尤其是年轻女性或技术工人，而现有的农村剩余劳动力年龄偏大，不具备再次转移的基础，也就造成了劳动力供给和需求不能有效地匹配，进而出现“民工荒”[③,④]。由于中国35岁以下的乡村劳动力资源总体上已经枯竭，乡村“黄金年龄段”劳动力资源加速耗竭，使得“民工荒”的出现提前了10～15年。另一种更广义的“结构说”涵盖了较为宏观的因素，如王朝明等（2011）就认为，“民工荒”产生和持续出现的缘由更多地与中国现阶段的经济结构，诸如人口结构、劳动力结构、产业结构、收入结构、城乡二元结构等的演变和调整相关，也是经济发展结构性失衡的必然反映[⑤]。

（3）制度说。世界银行（2011）的主要观点认为，“民工荒”是由附带福利差别的城乡户籍制度和土地制度等所致。简新华等（2005）的研究

---

① 高铁梅、范晓非：“中国劳动力市场的结构转型与供求拐点”，载于《财经问题研究》，2011（11）。

② 约翰·奈特、邓曲恒、李实译：“中国的民工荒与农村剩余劳动力”，载于《管理世界》，2011（11）。

③ 王羚：“北大学者称35岁以下劳力总体枯竭，民工荒提前10年出现”，载于《第一财经日报》，2011－3－22。

④ 章铮：“民工供给量的统计分析——兼论‘民工荒’”，载于《中国农村经济》，2005（1）。

⑤ 王朝明、马文武：“中国‘民工荒’与经济结构调整——基于刘易斯—托达罗理论模型的综合解释”，载于《河北经贸大学学报》，2011（11）。

也指出，“民工荒”主要是各种制度上的缺陷造成的，要通过改革户籍制度、就业制度、劳动保障制度、住房制度等来消除[1]。樊纲等（2013）发展了一种新的观点，认为“农民工早退”是出现“民工荒”的主要原因。正是由于制度上缺陷，导致农民工在城市里打工的时间平均只有7年，农民工难以市民化，不得不“早退”回农村而衍生出“民工荒”[2]。

（4）代际说。刘传江等（2006）的研究认为，中国农民工群体已经在内部产生了分化。通过对第一代农民工和第二代农民工的特征及其劳动力供给的经济学分析，揭示了“民工荒”的微观原因[3]。

（5）要素说。夏永祥（2013）从要素空间配置的角度指出，民工荒映射出“资本和技术主导型的、以中西部地区劳动力向东部地区流动为内容的要素空间配置模式已经不合时宜，需要尽快实现向劳动力、土地和自然资源复合主导型的新的要素空间配置模式转变。”[4]

其余大部分涉及经济学方面的解释，基本沿袭了这些观点。如萧琛（2010）提出的“三因素”说[5]，从供求因素看，是因为民工有效供给不足而有效需求扩大；从结构性因素看，是因为劳动者技能低下、新生代农民工观念的转变和产业转型升级落后；从体制因素看，是由于中国劳工市场转型、缺乏民主法治与人文关怀。此外，从人口学、社会学角度开展的研究也很多。如翟振武等（2011）的研究就从人口波动的视角对“民工荒”现象作了解读，认为“民工荒”并不主要是刘易斯拐点所描述的农业劳动力向城市转移减少的城乡间流动问题，而是由于人口波动和高等教育扩招

---

① 简新华、张建伟：“从‘民工潮’到‘民工荒’：农村剩余劳动力有效转移的制度分析”，载于《人口研究》，2005（2）。

② 樊纲、郭万达等：《农民工早退：理论、实证与政策》，中国经济出版社2013年版。

③ 刘传江、徐建玲：“‘民工潮’与‘民工荒’：农民工劳动供给行为视角的经济学分析”，载于《财经问题研究》，2006（5）。

④ 夏永祥、魏玮：“民工荒与中国要素空间配置模式新转型”，载于《苏州大学学报》，2013（3）。

⑤ 萧琛、胡翠、石艾：“‘民工荒’的原因、应对与劳工市场制度变革前景”，载于《社会科学战线》，2010（11）。

造成年轻的体力劳动者规模整体减少①。国虹等（2006）运用社会交换论的权力结构、权力运用、平衡运用三个核心概念分析，“民工荒”是农民工自发调适权力结构和权力运用以求达到平衡的结果②。

正如“民工荒”问题本身的演变过程那样，理论界关于民工荒的讨论较多地采用了归纳分析的方式，有的从经济结构、产业结构等较为宏观的视野来阐释；有的从农民工个体的心理及行为抉择等过于微观的角度去探讨。这样的研究具有 一定的说服力，也能够为政策出台提供建议，但随着城镇化推进，“民工荒”涉及区域、行业、工种等不断变化，很多既有研究“只见树木，不见森林”的局限性逐渐显现，需要有更综合性的解释。而且，基于低生存成本城镇化模式的设想，综合多种视角的分析，有助于更有效地发现造成“民工荒”现象，出现劳动力供需不匹配的成本性因素，从而找准低生存成本城镇化模式搭建的切入点。

二、新的理论分析框架构建

“民工荒”问题的讨论，离不开发展经济学中对于劳动力流动问题的解释。这其中，最具代表性的是“刘易斯拐点”理论和托达罗的“人口流动性模型”。前者强调由于工、农两部门间劳动生产率的不同所引发的工资差别，将使得农村剩余劳动力向工业部门转移，直至将沉淀在农村的剩余劳动力完全吸收，形成城乡统一的劳动力市场为止；而后者则提出，人口迁移主要是人们对预期收入差距的反映，而预期收入差距主要由城乡实际收入差距和获得城市就业机会的可能性组成。只要在边际上期望城市收入超过乡村收入，乡城人口流动就不会停止。这些理论对发达国家已走过的道

① 翟振武、杨凡：“民工荒：是刘易斯拐点还是伊斯特林人口波谷”，载于《经济理论与经济管理》，2011（8）。

② 国虹、毛丹：“交换关系的断裂与重塑：关于‘民工荒’的政治社会学分析”，载于《浙江社会科学》，2006（4）。

路具有较强解释力，但对于中国这样一个发展时间短、速度快而又正在打破二元制度壁垒的国家，还有很大商榷的余地。

（1）“刘易斯拐点”理论及其存在前提。如图5－9所示，在NQ阶段，工业劳动边际生产率由初始的MN状态提高到PQ状态，农业剩余并未减少，而工业工资也没增加，因此农业劳动力和工业劳动力的工资水平分别为OC和OW，工资水平的差别致使L_1L_2量的农村剩余劳动力转移到城市；此后QT阶段，工业边际劳动生产率继续增长至ST，而农业边际劳动生产率开始提升，农业与工业生产部门的边际劳动生产率和工资水平都将趋向于达到均衡点T；从而达到农村剩余劳动力全部出清，城乡统一的劳动力市场形成。总的看，整个劳动力市场经历了农业劳动力无限供给—有限供给—短缺阶段。其中Q点、T点又被称为“刘易斯第一拐点”（工资转折点）和“刘易斯第二拐点”（供需转折点）。

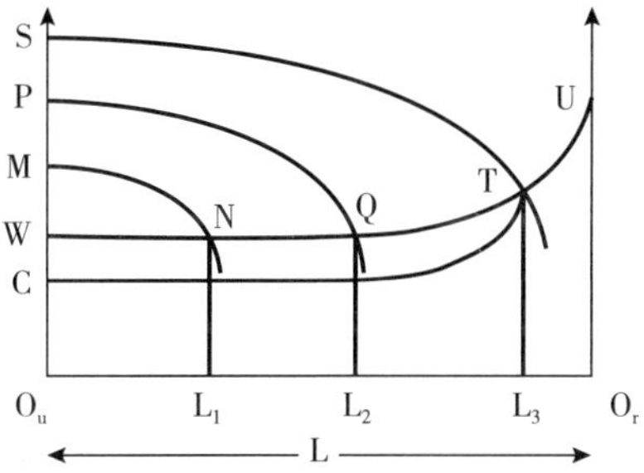

图5－9 “刘易斯拐点”的构成

“刘易斯拐点”理论对存在二元制经济结构的国家具有普遍的指导意义，但由于其理论建构在劳动力无限供给的假设基础上[①]（阿瑟·刘易斯，1989），也成为研究者的最大争议。从中国的劳动力市场整体态势看，劳动力就业人口总量在2012年已经出现转折，这意味着劳动力无限供给的时代已经过去。但这并不表明劳动力在总量上已“绝对短缺”。事实上，中国的

① 阿瑟·刘易斯：《二元经济论》，北京经济学院出版社1989年版。

劳动力供给空间依然充足，突出表现为“民工荒”与“就业难”并存；“普工难觅”与大学生“就业即失业”问题同在；青年劳动力人口缺乏与大量中老年未就业人口现象交织。由此可见，劳动力就业总量及剩余劳动力问题的讨论，可能只算作部分原因。但“刘易斯拐点”讨论所蕴含的政策寓意还是要高度重视，它至少预见了未来劳动力市场的趋势：“一是工资上涨属必然且将逐渐加快；二是劳动关系要发生剧烈变化；三是经济发展方式转变迫在眉睫”[①]（蔡昉，2010）。

（2）托达罗“人口流动性模型”及反思。托达罗在不充分就业假设基础上提出了自己的理论，他认为农村剩余劳动力是否决定向城市的转移，取决于城乡间的预期收益差距，这种预期差异由城乡实际收入差异和农村剩余劳动力预期在城市中得到工作的概率共同决定。这一理论更接近于发展中国家的现实情况，但存在的缺陷在于未考虑农村地区也会存在剩余劳动力问题，而这一问题恰恰在中国表现得较为突出。中国从事农业生产的劳动力仍占总劳动人口的30%左右，无论是总量还是占比，都远超过美国、日本等发达国家，很多人存在由农业劳动向工业、服务业等高附加值领域转移的必要。换言之，在中国存在着农村与城市两个“剩余劳动力市场”。此外，“托达罗模型”同“刘易斯拐点”理论一样，都未考虑制度差异、心理成本、技能水平以及城乡生活成本等。

（3）多重视阈的分析框架构建。借鉴以上两个劳动力流动研究领域的经典理论，我们认为，考察中国的劳动力转移问题，应当有一个包含劳动力总量与结构、转移劳动力个体决策和二元体制等制度因素在内的多重视阈。为此，我们提出了一种新的解释“民工荒”问题的基本框架。这个框架由宏观和微观两部分构成，宏观上还是离不开讨论劳动力总量和结构问题；微观上构建基于收益、成本、预期三者的函数，以分析农民工决定农民工是否会向城市转移，且要向哪一类城市转移（大城市、中等城市还是

---

① 蔡昉：“工资上涨势头将逐步加快”，载于《中小企业管理与科技》，2010（11）。

小城镇）问题。

其表达式为 S = S（R，C，E）

其中，收益 R 体现在能够获得一份工作并获取基本满意的工资上，也表现为能够在身份、价值的认同、各项社会保障和公共服务共享上；而成本 C 则包括迁移成本以及衣食住行等基本生活成本，还包括一定的心理、情感成本等；对于预期 E 而言，一个重要的衡量标准是能否有自己的住房以安身立命；在不久的将来，所谓的“农民工”标签能否会褪去等等。所有这些，基本构成了农村剩余劳动力决定是否转移，并向何处转移的决策影响因素。这也构成了本文的研究假设，即之所以出现“民工荒”问题，劳动力总量与结构的变化只是诱因之一，构成农民工转移决策因素的“畸形”和“变异”才是更为重要的因素。

三、基于新框架的分析与验证

我们选取劳动力总量及结构、直接决定收益的工资水平、在预期要素中最重要的住房问题以及各种制度性因素为对象，挖掘近些年的统计数据和已有研究予以证明，提出以下观点：

（1）“黄金剩余劳动力”减少与劳动力结构变化。从总量上把握劳动力市场的总体变动态势。借用 CIER 指数[①]来观测近些年就业变动情况，如图 5－10 所示，CIER 高峰值出现在 2008 年 4 季度，为 2.61，而峰谷值出现在 2013 年 3 季度，为 0.66。据此判断，最近五年 CIER 指数总体上是持续走低的。这表明，企业空缺岗位的竞争者逐渐减少，劳动力市场整体上呈现职

① CIER 指数是由中国人民大学中国就业研究所，以智联招聘数据、苏州工业园区数据等为基础，独立研发，用以反映劳动力市场上求职人数与职位空缺的比例状况就业竞争指数体系。CIER 指数是用来反映劳动力市场紧张度的指标，其计算方法是：CIER 指数 = 市场求职申请人数/市场招聘需求人数。CIER 指数越人，表示一定空缺岗位的竞争者越多，劳动力市场的紧张程度越大。中国就业研究所自 2009 年第一季度开始，通过发布这一指数跟踪劳动力市场的短期变动。

位多、应聘人员少的格局，也可以说，整个劳动力就业市场已经由“买方市场”向“卖方市场”转变。而随着劳动力整体就业形势的好转，出现“民工荒”现象也不足为奇。利用2008～2013年的农民工数量变动数据分析可以得出，尽管近年来农民工总量仍呈现上涨趋势，但涨幅已趋向缓和，由2010年的5.42%下降到2013年的2.41%；而外出农民工总量的变动趋势也基本相同，从2010年的5.52%降至1.68%；但后者的收缩幅度更大。由此可见，外出农民工增幅已跟不上农民工总量的增幅。更多的转移农民工选择在本地打工，而由于这些农民工家乡的分布多与就业容量大的发达地区或大城市相背离，从而使得“用工荒”的现象较为突出。

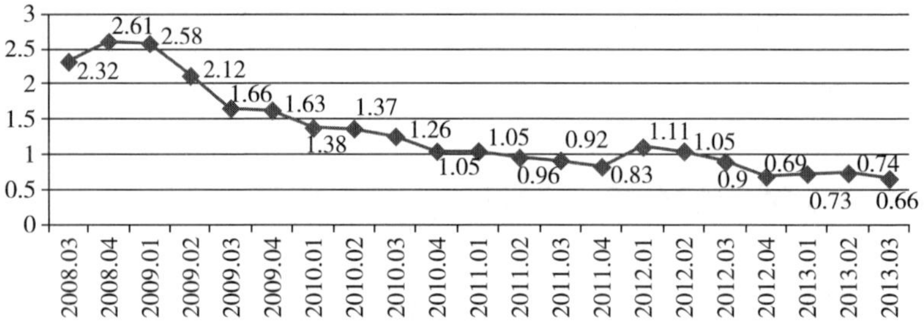

图5－10　2008年3季度到2013年3季度CIER指数变动情况

资料来源：《中国就业研究所就业季报》，http：//www.cier.org.cn/List.asp？Catid＝459。

表5－5　2008～2013年农民工总量及外出农民工总量及变动情况对比

年份	农民工数量（万人）	比上年增幅	外出农民工（万人）	比上年增幅	外出农民工增幅与总量增幅差距
2008	22542	—	14041	—	—
2009	22978	1.93%	14533	3.50%	1.57%
2010	24223	5.42%	15335	5.52%	0.10%
2011	25278	4.36%	15863	3.44%	－0.91%
2012	26261	3.89%	16336	2.98%	－0.91%
2013	26894	2.41%	16610	1.68%	－0.73%

资料来源：《2012年全国农民工监测调查报告》和《2013年国民经济和社会发展统计公报》。

事实上，中国的劳动力绝对人口自2012年就开始下降，2013年继续"缩水"，而且这将是一个持续的过程。就农村剩余劳动力而言①（张兴华，2013），2011年，从事农业生产的劳动力需求量为17025万人，农业剩余劳动力数量为852万人，占农村劳动力总数的2.1%，中国农村剩余劳动力所剩无几。

表5－6　2011年农村劳动力就业状况

	农村劳动力总数	非农产业劳动力			农业或剩余劳动力		
		非农劳动力合计	外出非农劳动力	其中本地非农劳动力	农业劳动力供给	农业劳动力需求	剩余劳动力
数量（万人）	40506	22629	15428	7201	17877	17025	852
占比（%）	100	55.87	38.09	17.78	44.13	42.03	2.10

资料来源：张兴华："中国农村剩余劳动力的重新估算"，载于《中国农村经济》，2013年第8期。

从农民工年龄构成分析，我们综合了2008～2012年外出农民工年龄结构数据（见图5－11）。其中40岁以下农民工所占比重逐年下降，由2008年的70%下降到2012年的59.3%；21～40岁年龄段的适龄劳动力就业占比

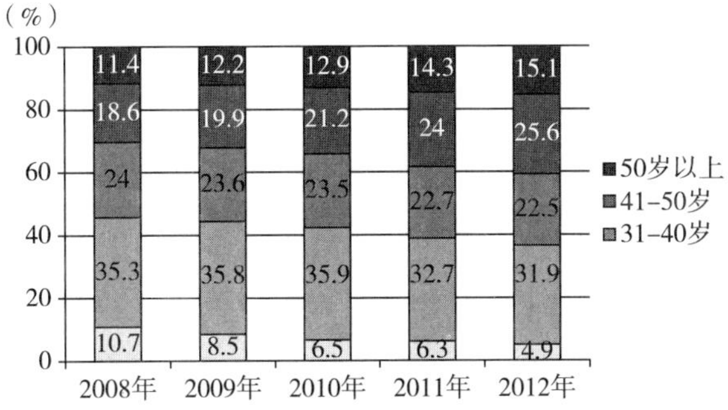

图5－11　2008～2012年农民工年龄结构表

资料来源：《国家统计局历年中国农民工调查监测报告》。

① 张兴华："中国农村剩余劳动力的重新估算"，载于《中国农村经济》，2013（8）。

下降较为明显。这种年龄结构的变化，总的特征是年轻的“黄金剩余劳动力”正在减少。分年看，2010 年外出农民工 41 ~ 50 岁占比 41.8%；50 岁以上占比 25.2%。2011 年的检测调查中，外出农民工和本地农民工中 41 岁及以上人员的比例，分别为 18.2% 和 60.4%。两者比例高达 1∶6。这表明，年轻劳动力以选择外地打工为主，而超过 50 岁以上农民工以在本地打工为主。

劳动力年龄结构的变化，表层原因在于“大龄农民工不仅外出缺少竞争力，而且需要照顾家庭，这使得他们的外出积极性减弱”，因而“已婚、年纪较大的农民工更倾向于就近就地转移”①（国家统计局，2012）。虽然农村每年剩余劳动力还会加入农民工行列，但通过分析农民工年龄结构变化能够得出，劳动力无限供给的时代正在过去，“刘易斯第一拐点”已经出现。这一结构的变化同农民工就业的行业、岗位性质不无关系。目前，农民工所从事的职业主要集中在一般制造业和建筑业等领域，对体力、学习能力以及灵活度等有一定要求，一般不雇佣 40 岁以上的劳动力，年龄偏大的农民工不得不退出这些领域；而另一端的年轻人，由于所具有的新生代特质，以及对工作层次及预期的高要求，再加上高校、职校扩招等的分流，让“黄金剩余劳动力”优势更快消失。未来，这种“掐尖”式的劳动力年龄结构在未来很有可能会被打破，中高年龄的转移劳动人口会逐渐增多。一个有力的证明是，2008 ~ 2012 年农民工平均年龄已由 34 岁上升到 37.3 岁。这也预示着，以后的劳动力结构中中老年人比重将持续上升。

（2）工资收入差距缩减引发的收益减弱是核心动因。从 2004 年起，农民工工资水平总体呈现快速上升趋势。地区之间、大中城市与小城镇之间农民工的收入差距在逐年缩小。由于产业的跨区域转移、国家对中西部地区基础设施建设重视以及各地房地产市场的活跃，为传统的劳动力转移地区带来了较多的就业机会，地区间工资差距正在被弥合，农民工收入在东、

① 国家统计局：《2011 年中国农民工调查监测报告》，2012 - 4 - 27。

中西部地区走向逐步趋同。如表5－7所示，尽管近些年东部地区相较中西部地区仍有一定优势，但已明显式微。随着中西部地区工资水平的提升，这些地区农村转移劳动力有了更多选择机会。尤其是考虑到生活成本的提升，东部地区已基本没有优势。2012年的监测报告显示，扣除生活成本，外出农民工每人月均收入结余1557元。而中部、西部地区农民工在东部地区的收入结余分别是1518元和1344元，都低于在本地区务工的农民工平均结余①。考虑到生活成本问题，越来越多的转移劳动力将会选择离家近的地区作为工作选择的重要标准，这也成为当前劳动力流动格局发生变化的主要原因。

表5－7　2008～2012年外出农民工在不同地区务工的月收入水平

	2008年		2009年		2010年		2011年		2012年	
全国	1340	全国比	1417	全国比	1690	全国比	2049	全国比	2290	全国比
东部地区	1352	12	1422	5	1696	6	2053	4	2286	－4
中部地区	1275	－65	1350	－67	1632	－58	2006	－47	2257	－33
西部地区	1273	－67	1378	－39	1643	－47	1990	－16	2226	－64

注：农民工的就业地区除东部、中部和西部地区外，另有0.3%的外出农民工在港澳台地区及国外从业，境外就业的农民工月收入水平为5550元。来源：国家统计局《2012年中国农民工调查监测报告》。

按农民工从业的城市级别分，在大中城市务工的收入与在一般县市的差别也在逐年缩减。以2012年为例，在直辖市务工的农民工人均月收入水平2561元；在省会城市务工的农民工月收入水平2277元；在地级市和县级市务工的农民工月收入水平分别为2240元和2204元。而从近两年的情况看，大城市的务工收入水平和增加额要高于中小城市的水平。但相比于更加快速增长的生活成本，逐年缩小的工资差距已很难对农民工产生吸引力。

① 赵剑影："大城市农民工收入高于中小城市"，载于《工人日报》，2013－05－30。

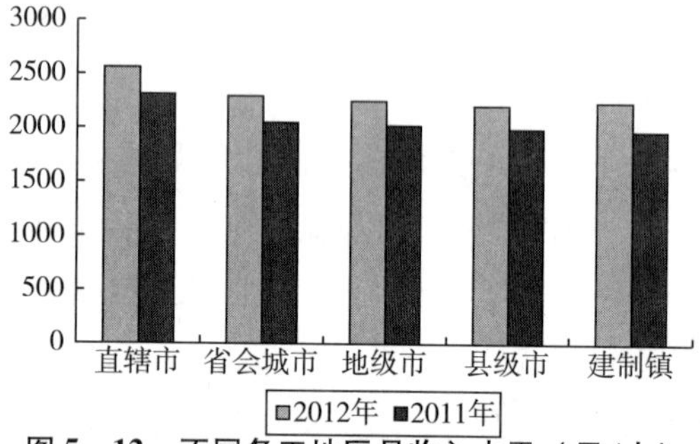

图 5－12　不同务工地区月收入水平（元/人）

资料来源：国家统计局《2012 年中国农民工调查监测报告》。

（3）住房问题难解决成为削弱市民化预期的最大诱因。由于农业转移人口都来自农村，对住房的看重更为传统和保守。能否解决住房问题，将直接决定着农村转移劳动力的预期。而随着近年来房地产价格的快速攀升，农民工在所在务工城市置业变得越来越难。能够在务工地自购房的打工者比率逐年降低，2008 年到 2012 年从 0.9% 下降到 0.6%。从中可看出，有能力在城市买房的农民工极少，多数农民工都遵循“在外打工，然后选择离得近的县城或乡镇购置商品房”的模式，而房子问题一旦解决，更成为异地打工农民工选择返乡的重要筹码。

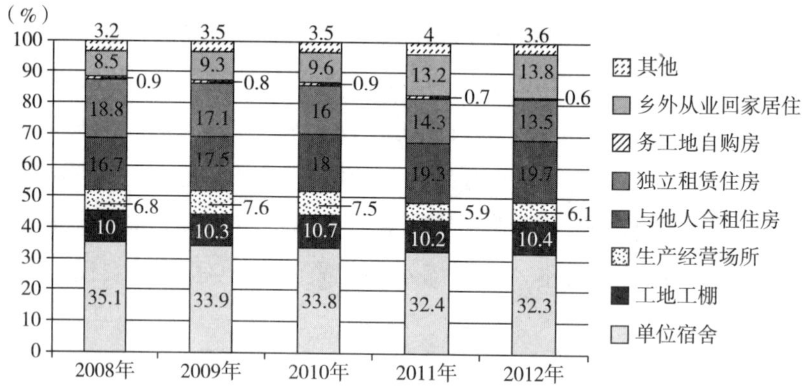

图 5－13　外出农民工的住宿情况

资料来源：《国家统计局历年中国农民工调查监测报告》。

（4）城乡二元制度痼疾成为难以市民化的障碍根源。好的制度供给能够给农民工以稳定的、值得坚守的预期；也能够降低农民工市民化的成本，提高农民工的综合收益。但在过去几十年，横亘在城乡间的巨大制度“鸿沟”一直都还存在，突出表现为城乡间含金量不同的“户籍制度”、城乡分割的土地市场，尤其是农村集体土地在产权上的“失位”；城乡间不平等的社会保障体系、公共服务体系，乃至政治参与体系等，从而成为农民工向往城市生活，而又不能融入城市的重要原因。事实上，农民工个体选择冲破制度壁垒，而又真正实现市民化的人很少。很多地区在执行国家政策时大打折扣，现有的户籍、土地、住房、教育制度和社会保障制度，已经成为制约劳动力进一步转移的主要阻碍。大量的农民工仅把自己最黄金的工作时间留给城市，却并未获得进入城市的“门票”。这种人为设置的障碍，将成为下一步推进城镇化改革的重点，也必将成为破解“用工荒”问题的主要抓手。

四、低成本下优化劳动力要素配置建议

低生存成本城镇化模式，要求解决劳动力资源供需不匹配问题。考察中国的劳动力跨区域转移，应当有一个包含劳动力结构、转移劳动力个体决策和城乡二元体制等制度因素在内的多重视阈。在新的研究框架下，我们的研究证明了以“黄金剩余劳动力”减少为标志的劳动力结构正在发生变化；工资收入差距缩减引发的收益减弱使得农民工流动性更加降低；住房问题难解决成为削弱农民工市民化预期的最大诱因；城乡二元制度痼疾成为农民工难以市民化的最主要阻碍。总体看，劳动力结构的变化只是“民工荒”问题的诱因之一，构成农民工转移决策因素的“畸形”和“变异”才是更为根本的因素。着眼于构建低生存成本的城镇化模式，让人口红利变成人力资源红利，提出以下解决劳动力要素有效匹配建议：

（1）发挥市场决定性作用，升级产业、就业结构。依靠政府出台优惠政策、牺牲资源、挥霍人口红利的经济增长阶段已经过去，必须发挥市场在资源要素配置中的决定性作用。一方面，经济发达地区的很多传统劳动密集型企业正在丧失比较优势，需要加快产业转型升级步伐，以知识、技术、资本密集型产业为转型方向，使更有效益、更能提高工人待遇的企业代替传统企业；另一方面，中西部劳动力资源丰富地区，要做好产业转入准备，加大人才培训，完善配套设施，增强中小城市产业承接能力，降低进城务工成本，以“宜业宜居、亲近乡情”的优势，引导农民工就地就近转移就业，逐步实现劳动人口的合理均衡分布。

（2）推进以人为本的城镇化，扫除市民化制度障碍。以户籍制度改革为突破口，推进以人为核心的新型城镇化。探索创新农民工落户的新办法，分类实施、有序推进。如加快实施居住证制度，逐步剥离与户籍挂钩的诸多利益；建立与居住年限等条件相挂钩的积分落户制度；严格控制大城市人口规模，进一步放宽中小城镇落户限制等。在完善社会保障体系方面，逐步消除城乡居民之间在养老、医疗保险方面的制度鸿沟，逐步建立城乡统一的社会保障体系。发挥各方合力，解决农村转移人口住房问题，放开城市公共租赁房和廉租房申请，在此基础上，出台更加细化、明确的随迁子女教育政策等。

（3）加大职业教育培训，构建多层次劳动力体系。一是加大财政直接投入。政府要进一步增加对“阳光工程”“雨露计划”等培训资金投入，扩大受益面。二是将职业技能培训与职业资格证书相结合，辅助以自由可选的在职学历教育，提高农民工劳动技能。三是科学设置培训内容。立足市场需求，开发针对性强、实用性突出的培训课程并把创业培训纳入到培训内容体系。四是以工会组织为纽带，搭建劳务输出地和用工地省级劳务合作平台，建立职业培训后续保障机制。

（4）重视中老年劳动力就业，发挥存量劳动力价值。随着适龄劳动力人口年龄的逐年增大，老龄化社会的来临，中老年人口就业及保障问题日益凸显。为此，从宏观层面，要全面、审慎、积极地研究和制定出台延迟退休年龄政策措施。中微观层面，可考虑大力扶持适合中老年劳动力就业的服务型行业，如新型社区建设中的家政服务、商品物流、健康保健、环境卫生服务等，让他们在家门口就能有大量的工作机会。在技能培训、知识培训和职业操守培训等方面，也可适当开发适合老年人的项目。此外，还应制定相关政策，维护好中老年劳动力就业环境，支持和鼓励用人单位招聘中老年劳动力。

本章的主要结论

低生存成本城镇化模式的核心层构建，主要解决的是要素资源配置与优化问题。本章通过对土地、资本、劳动力三种要素资源的分析，旨在解决实现低成本的三大难题：住房、投融资与劳动力资源匹配，并形成以下结论及建议：

一是解决低生存成本模式下的住房保障难题，必须放在土地要素与城市空间布局的大环境下系统思考。在土地制度变革上，应明确农村土地的用益物权；构建城乡统一的建设用地市场；形成土地集约利用使用机制。在城镇空间布局调整上，遵循市场机制决定的原则，形成“中心城市＋独立城区＋特色小镇”模式；在住房联动性改革上，明确保障与市场“双轨”推进；形成土地多元主体供给机制；把农业转移人口纳入保障房范围；建立建设用地指标与市民化规模联动机制；利用各种调节手段规范房地产交易行为。

二是创新低生存成本城镇化投融资模式，需要发挥市场在资本配置中的决定性作用，以市场化直接融资为主要手段，扩大投融资主体、拓展投融资渠道、丰富投融资方式，短期强调策略调整，长期关注制度建设，以此构建多元化、可持续的城镇化资金保障机制。

三是实现低成本下劳动力资源要素的优化配置，必须发挥市场决定性作用，升级产业、就业结构；推进以人为本的城镇化，扫除市民化制度障碍；加大职业教育培训，构建多层次劳动力体系以及重视中老年劳动力就业，发挥存量劳动力价值。

低生存成本城镇化：体制机制保障与创新

从体制机制层面保障低生存成本城镇化模式的推广，重在降低制度成本，实现城市社会治理机制、城镇化行政区划调整与行政体制改革的耦合与创新。一方面要解决在社会治理全面取代社会管理背景下，通过降低城市社会治理成本，实现转移劳动人口在社会体制上更快地、成本更低地融入城镇生活问题。另一方面，新型城镇化要“创新行政管理和降低行政成本的设市模式”。降低行政制度成本，同样也是构建低生存成本城镇化模式的重要组成部分。如何在低成本模式下构建多中心社会治理机制，推进行政区划与行政体制改革调整，保障低生存成本城镇化模式在推进中搭建一个低成本的宏观制度框架，从而间接地使更多财富回馈社会，减轻社会民众的制度负担，是体制机制保障与创新层面的出发点和归宿。本章以下部分，旨在通过明晰低生存成本城镇化模式对应的社会治理结构、行政区划调整与行政体制改革策略，形成低生存成本城镇化模式的制度根基。

低生存成本模式下“多中心”社会共治机制[①]

传统城镇化是低成本、不可持续的模式。这种模式下，社会管理基于

① 本文已发表在2015年10月《公共管理季刊》（首创刊）。本刊物为北京师范大学政府管理学院主办的内部刊物。

“不出事”的逻辑（贺雪峰、刘岳[1]，2010；钟伟军[2]，2011），力求一段时期内“捂住”或掩盖社会问题，而较少考虑从根本上解决问题，故呈现服务理念缺失，治理主体单一，制度、方法体系碎片化的特征（汪大海、南锐[3]，2013）。无疑，这种模式多是被动的、应急的，很多时候甚至是不计成本的，既难达到预期的效果，又易引发各界误读和诟病[4]。新型城镇化，作为一种低生存成本的城镇化模式，相应地对压缩城市治理成本提出了新的要求。不同于城镇化的低速发展和成熟稳定阶段，中国的城镇化正经历由高速发展向中高速推进的过渡阶段，经济社会转型加速，社会矛盾问题增多。伴随公民意识的觉醒和信息技术的普及，构建适应新型城镇化的社会治理体系正面临更加复杂的形势。与此同时，仅仅依靠政府单方管理主体承担扩展的城镇管理成本，维持城市治理，显然是庞大的、难以承受的，需要系统、主动而积极的体制与政策调整与设计。从“十六大”首次提出社会管理，到十八届三中全会明确“改进社会治理方式，激发社会组织活力，创新有效预防和化解社会矛盾体制”，决策层对社会问题的重视程度及认识水平不断深化。在中国由“乡土社会”步入“城市社会”的大背景下，构建低生存成本的城镇化正成为实现以人为本新型城镇化的必然选择；社会治理取代社会管理成为适应快速以人为本城市化的趋势所在。在这种形势下，如何使转变了职业的农民，能够在社会体制上更快地、成本更低地融入新的城市生活？既有农村社区治理何去何从？怎样以最小的成本预防和解决社会问题、应对社会矛盾、避免社会失序，进而形成一整套可持续的治理体系，都是需要重点解决的问题。

---

① 贺雪峰、刘岳：“基层治理中的‘不出事逻辑’”，载于《学术研究》，2010（6）。

② 钟伟军：“地方政府在社会管理中的‘不出事’逻辑：一个分析框架”，载于《浙江社会科学》，2011（9）。

③ 汪大海、南锐：“新型城镇化背景下的社会管理转型升级——从碎片化社会管理走向整体性社会管理”，载于《学术界》，2013（12）。

④ 中国的上访制度和劳教制度是传统城镇化模式下社会管理模式的典型代表，尽管起到了一定作用，但同样有负面影响。

一、概念界定及与城镇化的内在逻辑

治理，是一系列价值、政策和制度及其实现过程，是“决定权利如何应用，决策如何做出，居民或利益相关者如何参与的结构之间、过程之间以及传统之间的互动”（丁元竹，2013）①。相比于单向度的“管理”，“治理”既重视政府服务管理社会的职责，也强调社会组织、社区自治和公民参与的作用；既依靠行政手段，也兼顾法制建设、思想道德建设和制度建设，带有主体多元、过程倚重、规则至上等特征。用“社会治理”取代“社会管理”，适应了转型时期新特点，表明决策层对处理政府社会关系问题的再认识以及对治理功能定位、实践主体、实现方式和路径的再设计。本质上，社会治理与社会管理之间最大的区别就是要构建社会权力②（杨团，2015）。尤其是，政府作为影响社会公共事务的众多因素之一，将难以应对信息化时代开放式、多元化的社会发展格局要求，必须依托社会力量，鼓励和支持各方参与，强调制度建设、利用法治思维和法治方式解决矛盾问题，以此实现激发社会组织活力、预防和化解社会矛盾、健全公共安全体系的目的。从改革开放以来的中国实践看，传统城镇化模式与社会管理之间具有内在一致性；而新型城镇化与社会治理间则存在相互促进的耦合关系。

（1）传统城镇化模式与社会管理间内在一致性。计划经济体制下，中国实行的是高度集中、政府包管一切的社会管理模式，可概括为四点（李培林，2011）：政府全能的社会管理体制、以“单位”为基础的从业人员管理体制、以“街居”为基础的城市社会人员管理体制和以单位制度、户籍

---

① 丁元竹：“创新社会治理，激发社会发展活力”，载于《前线》，2013（12）。

② 社会权力是一种中间权力，是一种非国家、非政府的权力，承载这种权力的是各式各样的社会组织或者社群、社区。杨团：“尽快启动社会组织存量改革推进社会协治”，载于《行政管理改革》，2015（4）。

制度、职业身份制度和档案制度为基础的社会流动管理体制[①]。改革开放后，中国开始由计划经济向市场经济转轨，城镇化也快速推进，但传统的社会管理体制相对改进不大，这体现了传统城镇化模式与社会管理之间的内在一致性。传统城镇化是低成本、不可持续的模式，突出表现为城镇化“化地”不“化人”。尤其是广大的农村转移人口，由于户籍限制，并未被纳入大部分城市公共服务的范畴，导致了社会管理整体呈现“重城市、轻农村”；重“管控”、轻“服务”；重“限制”、轻“引导”，被动适应和“碎片化”的特点，甚至衍生为加剧城市内部二元分化的推手。以流动人口管理服务为例。通常，辖区派出所、城管是外来人口与当地政府互动最频繁的两个部门；而真正提供社会服务的街道、社区以及社保、医疗、卫生和教育部门等，却极少同外来人口产生交集。农民工的生活圈子和社会关系无外乎“老乡”和“工友”两种，他们对打工城市的认同感强但归属感淡。转移劳动人口在发生地理空间位移后，原有的社会关系和社会秩序被切断和瓦解，城市中的“新人”面临价值观的迷失和行为上的失范，人与人的社会关系变得更加脆弱，甚至变得对立并发生冲突，快节奏、高压力的生活模式，加上人际关系的冷漠，在工业化社会中个人常常感到孤立无援，使得犯罪率和自杀率增加，普遍的焦虑感和抑郁病人，成为许多国家城市化的副产品（季曦、刘民权，2010）[②]。

与此同时，在广大农村地区，随着传统社会乡绅治理、伦理道德约束逐渐瓦解，农村自治组织亦无力填补社会秩序重建空白，越来越多的青壮年劳动人口选择离开，留下的多是老人、妇女、孩子组成的“支离”社会。社会失序、心理失衡、伦理失范致使各种社会矛盾层出不穷，农村社会千

① 李培林：“十一届全国人大常委会专题讲座第二十二讲：中国加强和创新社会管理的若干问题”，载于中国人大网，2011－7－13，http：//www. npc. gov. cn/npc/xinwen/2011－07/13/content_1663360. html。

② 季曦、刘民权：“以人类发展的视角看城市化的必然性”，载于《南京大学学报》，哲学．人文科学．社会科学．2010（4）。

疮百孔、日渐凋敝。一些城市近郊的农村在城镇化过程中受“空心化”冲击相对较小，却因为土地征收等引发的矛盾纠纷以及流动人口聚居导致的偷盗、抢劫、黑社会、贩毒吸毒、卖淫嫖娼等问题，成为社会矛盾频发的集中地带。在应对这些困局过程中，社会管理发挥了积极的作用。作为一种自上而下、主要依靠政府单方实施的管理行为，社会管理模式迎合了“快速动员、快速处置、快速反应”的需要；强大的组织能力、建立在高成本基础上的高执行力以及“不出事”的管理逻辑，使其成为地方行政长官在“政治锦标赛”中规避维稳“高压线”的有力工具。当然，这种模式的弊端也难以回避。“治标不治本”、维稳产生的高额经费、社会成员诚信缺失、道德失范等问题，不仅难以达成构建和谐社会的目的，也极大地削弱了政府公信力。随着新型城镇化以人为核心理念的深入，传统模式变得越来越不合时宜。社会治理作为一项颠覆式的变革理念被引入，迎合了新型城镇化的诉求，社会呼声也越来越高。

（2）新型城镇化与社会治理间存在耦合关系。低生存成本城镇化的推进要求从社会管理转向社会治理。社会治理转型的过程，直接决定着以人为本新型城镇化的实施进度。社会治理理念的引入，一方面在价值层面上顺应了城镇化以人为本的需求和民主意识提升的潮流，体现了价值理念的内生性；另一方面，在工具层面也契合了高速运转的信息社会下主体多元化、结构扁平化的要求，为解决城镇化过程中的农民工市民化、基本公共服务均等化以及农村土地流转、农村社区治理等问题提供了新的思路和方法。

二、新型城镇化社会治理成本构成

传统城镇化转化了进城务工人员的劳动力资源，却并未赋予其本应享有的诸多权利。为了纠正这种低成本的扭曲行为，新型城镇化要担负起进城务工人员“市民化”的职责，在就业、住房、子女教育、社会保障、公共治安等方面，实现与户籍人口同等的待遇。这并非是“一纸户口”就能解决的，而是要在成本测算的基础上制定科学决策。从成本视角出发，城镇化下的社会治理成本由以下几方面构成：

（1）城市增量社区治理成本。社会流动加快、流动人口管理任务繁重是城镇化过程中要面对的首要问题。随着城镇化不断推进，传统的宗族聚集区、村落等形态被打散，社区作为新的集聚单位，将不同地域、不同行业、不同文化程度和生活习惯的人组合到一起，成为对农村“熟人社会”重构的过程。为了应对大量涌入的外来人口，城市社区必然面临持续扩容，新型商品房小区、新开发区、城乡接合部社区不断涌现，这中间夹杂着不同的价值理念以及利益诉求，客观上也增加了社会治理难度，与之伴随的是城镇化增量成本的衍生。这些成本既有硬性基础设施的投入，如城市供水、供电、道路交通，供暖、排污、垃圾处理等；也涵盖大量的软性服务，如各项设施的运营维护、社区教育医疗服务、社会保障、文化娱乐以及治安管理等，而后者就构成了城镇化新增社会治理成本的基本内容。根据《城市居民委员会组织法》的规定，居委会在100～700户的范围设立，事实上很多小区的规模远超规定，2000～2012年城镇人口增加了54.3%，但居委会却同期下降15.6%，街道办增长率也仅为23.4%[①]。社区建设远滞后于城镇化。且社区层面的管理主体：居委会、物业公司、居民自治组织等，各自为政，远未发挥协同共治的作用。

（2）农村存量社区改造成本。新型城镇化不是城镇的单兵突进，而是城乡间的协同作战。随着农村土地整治和城乡建设用地增减挂钩的推进，农村建设用地“辗转腾挪”显得更为必要，这其中必然穿插着部分自然村的消失与整合，保留下来的村庄经过合并、重建，也将经历社区化改造的过程。在地方实践中，虽然很多地方由村庄变成社区，由庭院变成楼房，但多数公共产品和公共服务的供给依然停留在农村的水平，或者比农村稍

① 吴晓林、刘泽金：“推进社区管理一体化建设”，载于《中国社会科学报》，2015－7－22。

微高一点，这与真正意义上的城市相比差距很大。多数居民缺乏城镇生活经验，如没有缴纳物业费意识，违章建筑、随地乱扔垃圾等现象普遍存在，从而注定了农村社区无法完全“复制”城市社区的治理模式。此外，新型城镇化试点方案提出“望得见山、看得见水、记得住乡愁”。我们认为，这不仅仅针对的是生态文明建设，更是对农村社区保留自然风貌和人文气息的愿景。囿于长期以来农村地区无规划，散点式建筑的特点，新型农村社区存在定位不清、形式主义倾向严重、群众积极性不高、配套设施跟不上以及失地农民缺乏社会保障等多方面社会问题。人口的持续外流，基层自治组织合法性削弱，农村社会治理环境、氛围和组织体系逐渐弱化，留守老人、儿童、妇女等问题频发，都要求对农村存量社区进行脱胎换骨的改造，这需要的不仅仅是成本的投入，更是顺应规律下的决策魄力。

（3）城乡转化过程中争端及矛盾解决成本。城镇化的过程必然伴随着城乡结构的转换和利益结构的调整。在传统的社会管理模式下，这些纠纷和争端解决的主体主要局限于公安、法院、检察院等，政府部门超负荷运转，不仅不能很好地解决问题，反而提高了社会交易成本，助长了权力的寻租，削弱了政府的权威。历史上看，依法治国，并不意味着完全倚重于法律的调节。事实上，中国古代社会的纠纷解决方式也是多组织参与的。江湖规矩、宗族权威、宗教组织、工商业行会、保甲制度作为预先裁决机制往往先于国家体系发挥作用，“一百个纠纷，可能最后到国家那里的只有两三个……正是因为古代有这么多社会组织参与纠纷解决，而且解决了绝大部分纠纷，国家审判官才能保证把告到县衙以上的案件基本审完。”① 传统城镇化过程中，居民在解决矛盾争端时，出于个人成本—收益的权衡，在“上访”与“诉讼”两种解决渠道中，由于前者显性成本相对较低，成为很多时候争端当事人的首选。但从政府层面看，为应对越级上访，各级

① 范忠信：“健全的纠纷解决机制决定和谐社会——传统中国社会治理模式对我们的启示”，载于《北方法学》，2007（2）。

政府往往付出了极高的成本代价，每年庞大的维稳开支体现了问题的严峻，而且“这种仲裁者人格和告状人格共同成为一种民族性格，这与法治社会的到来是相悖的。”[①] 在解决公共部门与个人私利问题上，通过大规模动用公共资源的行为平抑个人的非理性行为，在全社会也引起了强烈的负面的情绪。总体看，传统城镇化模式下解决矛盾争端的渠道是单一的、应急的，面对城乡结构转换过程中出现的多方面矛盾，所产生的后果是“治标不治本”，掩盖一个问题，产生了更多的问题，并为此付出更高的成本和代价。

三、“多中心”社会共治机制内涵界定

正如 Hood（2003）所言，任何一个行动者，不论是公共的还是私人的，都没有解决复杂多样、不断变动的问题所需要的所有知识和信息；没有一个行动者有足够的能力有效地利用所需的工具；没有一个行动者有充分的行动潜力单独地主导一个特定的政府管理模式[②]。传统城镇化过程中社会问题频发、社会矛盾愈演愈烈，追根溯源，最重要的原因在于，政府包揽了过多的社会事务，从而助长了一种错误思维：什么事情都找政府，政府也疲于应付，往往采取“捂”“堵”“截”等“短平快”的问题处理方式，既不科学，也不系统；而且，由于对社会组织培育不足、信任不够，规范管理欠缺，变相助长了政府对社会事务“大包大揽”的恶性循环，严重束缚了社会创造力。伴随中国经济步入“新常态”以及财政收入增速持续放缓，单纯依靠政府投入来维系社会治理，越来越难以实现；即便是本应由政府承担的服务职责，也开始出现结构性矛盾。比如，基层政府是社会问题最为直接的感知者和回应者，是社会治理的直接参与人，但由于存在“责能

① 任不寐：《上访浪潮与中国政治危机》，http：//www.usc.cuhk.edu.hk/PaperCollection/Details.aspx? id =484，香港中文大学网站，2015 -06 -20。

② 金太军：“网络2.0时代的协同治理创新：体系治理”，载于《学术界》，2015（7）。

困境”，基层政府“成为一个没权没钱、跑腿办事的协调型政府。”[①]权力不足、资源有限、承担任务繁重，共同引发了无法控制和管理社会的治理危机。不仅如此，传统的单一中心/主体治理模式由于信息不对称和资源的垄断，丧失了治理的效率和公平性，在社会治理对象大众化且服务更直接“面对面”的情形下，已不能满足日益增长的服务需求。

针对这一问题，奥斯特罗姆提出了多中心治理模式，以自主治理为基础，推崇多个权力、服务中心并存，并通过竞争和协作给予公民更多的选择权和更好的服务[②]，以解决制度设计过程中存在的制度供给、可信承诺和相互监督三大问题。新型城镇化模式下，社会治理成本面临大幅度增加的压力。政府单一主体的管理结构已不能满足各方需求，有必要遵循多中心治理论的原则，创新社会治理机制，明确社会成本承担主体和责任、改进社会治理方式，形成社会融合的新秩序。结合多中心治理模式理念的思想，新的治理模式应当是一种多元主体、公众参与、协商共治、既节省成本又广被认同的治理模式，是包含政府、社区以及社会组织在内，多方主体合作、协商、谈判，彼此独立担负社会治理责任而又合作共建良好社会秩序，以实现城镇化包容发展的模式。我们称之为“社会共治机制”。

（1）共治与社区治理。在城市社区治理方面，国内很多地区正在探索由单一主体向多元主体的转变。通常，传统社区中居委会作为单一治理主体，尽管在法律上是一个自治组织，但实际工作中的作用却成了类似于政府的“附属机构”，其工作也基本上局限于完成政府下派的行政事务。新型社区中，社区居委会、业主管理委员会和物业公司“三驾马车”并驾齐驱，普通居民更加积极地参与到社区治理活动中，创造了很多城市公共服务供给的新模式，如政府购买服务、“社工＋义工”等；另一方面，新型社区社会治理体系不健全的弊端仍较为明显，尤其是新型社会组织发育迟缓，传

---

① 付伟、焦长权：“‘协调型’政权：项目制运作下的乡镇政府”，载于《社会学研究》，2015（2）。

② 王兴伦：“多中心治理：一种新的公共管理理论”，载于《江苏行政学院学报》，2005（1）。

统社会组织，如工会、青年团、妇联等，还固守在原来社区内，缺乏对新生社区的足够关注；政府培育社会组织、购买社会服务、参与社区治理的意愿不强，尚未形成多元参与的社区治理体系。在很多落后地区，传统“政社合一”管理体制并未改变，政府承揽了几乎所有的社区公共事务。多元主体和多元社区公共服务供给机制尚未形成，由此造成的供给不足或供需不匹配①，对原本稀缺的公共资源构成了极大浪费。因此，为了更好地发挥社区的公共服务和自治作用，需要进一步深化社区治理机制改革，不断整合资源、理顺职能、增强自治②。

（2）共治与农村社区改造。农村地区在推进新型城镇化和农业现代化过程中面临一系列社会治理难题。改变现行乡村资源结构和治理结构，探索和构建多种形式的农村社会组织，是可供选择的路径。已有实践看，在农村合作组织探索中，已经形成了一批协会组织，他们综合了合作社和村委会的职责，经济与社会功能并存且相互支撑、互为动力，既能给农民带来实实在在的经济利益，又能帮助农民维护自身基本权利，甚至还可以改善农村公共服务落后局面，但总体上，农村居委会、松散的合作社组织仍占据农村社会体系的主导，社会组织在农村仍较为稀缺。下一步，借鉴日韩和台湾地区的经验，应由国家支持小农户组织综合农协的公法性质的社团，调动农民的自主性，从根本上增强农村内生的问题解决和稳定社会秩序能力，并探索“政府、综合农协与村委会这三类能够为农村提供公共服务的组织之间、相互激励又互有约束的农村社会治理的新机制”③。

（3）共治与社会组织。社会组织是承接社会治理责任、负担社会治理成本的重要力量。由非政府组织等提供公共服务，交易成本低，且人们彼此之间相互信任，组织认可度高，是一种有效的公共服务供给制度形式④。

---

① “社区治理如何走出集体行动困境”，载于《国家治理》，2015（3）。

② 陈偲：“深化社区治理体制改革”，载于《学习时报》，2015－06－22。

③ 杨团：“政府购买服务应以培育社会组织能力为目的”，载于《第一财经日报》，2013－11－12。

④ 埃莉诺·奥斯特罗姆，余逊达等译：《公共事物的治理之道》，上海三联书店2000年版。

不同于西方国家，中国的社会组织分为三种：第一类是政府直办、免于登记的社会组织，总量约有 1000 万个；第二类是官方背景的社会组织；第三类是民间社会组织，截至 2014 年，登记注册的基金会、社团和民办企业单位只有 60.7 万个，每万人拥有社会组织数量不到 3 个，与发达国家一般超过 50 个的标准相差甚远；从结构上看，亦呈现官方社会组织多、民间社会组织少的格局，大量体制内的民间社会组织并不具备现代社会组织体系的一般特征，但离“政社分开、权责明确、依法自治的现代社会组织体系”仍有较大差距。为适应全面深化改革和社会转型需要，满足化解新型城镇化社会成本的需求，社会组织亟须从行政型向社会型转轨，完善治理结构与机制，强化网络化、信息化手段，提高公共产品供给质量和水平，承担起治理核心主体职责。

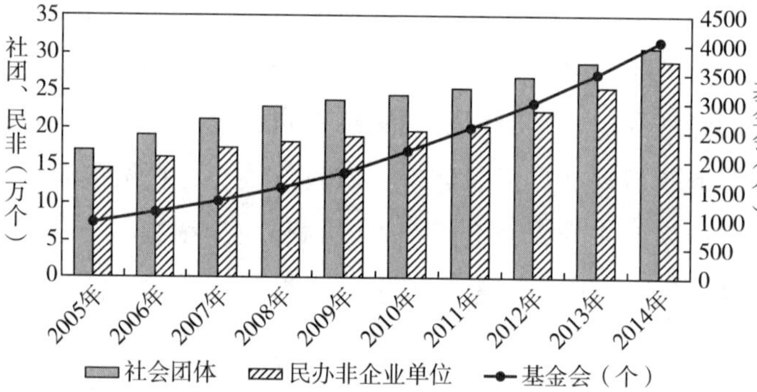

图 6-1　2009~2013 年民政部登记的社会组织数量及构成

资料来源：中华人民共和国民政部网站。

四、“多中心”社会共治机制内容与实施

构建社会共治机制需要一整套系统的结构和体系，应着眼于化解社会成本增加的需求，强调政府职责下移、多种治理模式并举、系统的转移人口服务配套机制、多元的利益协调与矛盾处置机制、普及的社会治理法律

法规健全和“互联网+”治理模式，逐步形成多元共治、多模式并举、法治保障、技术引领的新格局。

（1）明确政府职责下移的治理理念。基层政府是社会治理的直接参与者，但长期面临“责能不统一”的困境。借鉴国内发达地区的经验，有必要重构政府社会治理机制，按照“重心下移、力量下沉、工作下延”的原则，确立“区（县）为主导、街道（乡镇）为主体、社区为依托、邻里街坊为基础”的四级管理体制①，强化基层街道（乡镇）主体地位，加大资金、政策和人员倾斜力度；试点并推行“大城管”等综合管理体制，实现城管、工商、安监等部门的有机整合。在社区层面，建议遵循“政事分离、政社分开，责、权、利相配套”原则，将不同层级、部门的资源整合起来，探索和形成多种工作机制。此外，要推进形成社区管理一体化建设，形成居委会、居民自治组织、物业公司“三位一体”治理模式，通过“一站式服务”解决老百姓办户口，取养老金，办理医疗保险等问题，推行“一刻钟服务圈”模式，探索“邻里自理”和街坊共治共管机制；在居民养老、基本医疗、便民服务等方面形成完善的服务体系，提供丰富多彩的社区活动，培育社区文化和自治组织，让更多的群众加入社区社会组织和志愿者队伍，减轻工作压力，最终实现社区自治。

（2）多模式并举的新机制构成。“融合，共生、共存、共荣”的合作格局，是社会共治机制应当构建的愿景。借鉴发达国家的经验，法团主义模式（corporatism）②、合作治理模式（collaborative governance）③、第三方治

---

① 赵帆：“城市治理，需要系统推进抓长效——专访南通市崇川区人民政府区长陈俊”，载于《国家治理》，2015（05）。

② 法团主义旨在将公民社会中的组织化利益联合到国家的决策结构中，寻求在社会团体和国家之间建立制度化的联系通道和常规性互动体系。简单地说，是在国家与社会之间建立有序、稳定、制度化的合作关系，通过合作与协商代替竞争与排斥，解决社会冲突和失序。

③ 该理论旨在将包括政府在内的多个利益相关者聚集在一个公共舆论空间（common forums），公共和私人部门的界限变得模糊，通过协商达成共识（consensus-oriented）形成决策。

理（third－party governance）[1]、契约关系（contracting relationship）模式[2]都是可供借鉴的政社合作模式[3]。从现阶段的情况，完善的政府购买服务模式是中国政府在大力推进和践行的模式。政府与社会组织形成合作伙伴，共同满足公共需求，被认为是一种经过实践验证、理想的关系架构。Kettle（1993）指出，政府在安排公共服务方面应发挥“精明的购买者、老道的采购员和富有经验的检查员”的角色[4]。目前，国内对这一方式的认识越来越重视，如国务院2013年专门颁布《关于政府向社会力量购买服务的指导意见》，提出基本公共服务领域要加大政府购买服务力度。但在实际执行过程中，由于社会组织自身不具备接受政府购买的实力，且政府部门对民间组织的不够信任，导致项目推进较迟缓。在推行的购买服务中，存在竞争缺乏且很多组织和机构不是独立法人等问题，产生缺乏合同约束的“内部化”购买行为；很多购买行为带有一定“政治秀”成分，并未形成“常态化”。需要进一步明确政府购买服务细则，不断壮大社会组织力量，培育完善社会组织功能，提升公共服务供给能力，最终形成一整套涉及购买、承接主体、购买内容、购买机制、资金管理和绩效管理的体系。

（3）系统的转移人口服务配套机制。转移人口服务管理是社会治理的一项长期任务，应采取循序渐进，有序引导的措施，通过加快户籍制度改革，建立和完善农村土地流转、投融资、移民搬迁等各种惠农政策，并将其纳入法制化管理轨道。针对农村社会存在的问题，建议通过发挥社会组

---

① 强调公共与非营利机构在很大程度上共享责任、公共资金和公共权威，通过开放一部分公共领域让非营利组织参与进来，使公共服务提供具有一定程度的多样性和竞争性，从而有助于提高效率、减少成本。

② 新公共管理运动的直接产物，被认为是替代传统官僚的公共服务供给模式的最佳选择；它是指政府通过委托或购买等契约方式将公共服务外包给其他政府、私人部门或非营利组织，目的在于减少成本、提高效率。

③ 王名、蔡志鸿、王春婷：“社会共治：多元主体共同治理的实践探索与制度创新”，载于《中国行政管理》，2014（12）。

④ Donald F. Kettle, Sharing Power: Public Governance and Private Markets, Washington, DC: Brookings Institution, 1993.

织、公益性团体合力，共同关注和解决留守儿童、空巢老人、高龄老人、残疾人等重点人群的生活、心理问题。转移农村人口与城市人口最大的区别是生活方式和生活观念的差异。培育城镇化“新市民”应着重从能力素质提升方面着手，加强职业能力培训，提高转移劳动力的就业技能和职业发展能力；加强法律知识普及，创建法治示范小区，推广法律法制宣传，普及法治；加强科学素养塑造，推行科学、健康的生活方式，尊重科学、宣传科学，拒绝封建迷信和愚昧；加强公共意识培育，改变过去自给自足的产品供给模式，强调城镇化的公共属性，使居民养成保护环境、节约资源、爱护公共设施、参与公共事务的意识；通过文化知识的熏陶，建设社区文化服务站（中心），完善城市图书馆、文化馆、博物馆等文化载体建设，组织社区不同年龄、性别的居民开展丰富多彩的社区文化生活，提高居民的精神文化需求。

（4）多元的利益协调与矛盾处置机制。从政府层面，要做好制度保障性工作，通过调节收入分配、健全社会保障体系、实现基本公共服务均等化、构建社会风险评估及预处理机制，形成公平、透明、有序的制度环境；要将“人民调解”“社会组织调节”“司法调解”“行政调解”四种方式结合起来，共同组成作为矛盾和争端化解的重要机制，先“人民调解”“社会组织调节”、继而“行政调解”，最后“司法调解”，尽量能将问题化解在基层、消灭在萌芽。探索农民工有序参与城市民主化治理、表达自身利益的切实机制和渠道并逐步制度化。在政府组织、社区组织、经济组织、社会中介组织、居民之间建立一种民主协商对话机制。社会公共事务应尽可能在网上公布，建立询问、听证、监督和政策检验试验再推广机制。

（5）健全的社会治理法律法规。适应于城市“以低交易成本，协调日益深化的分工之需，不断构建公正、严密和精巧的法治体系”①。一是规范

① 国务院发展研究中心“中国新型城镇化道路、模式和政策”课题组：“提升城镇化质量：国际经验及启示”，载于《中国经济时报》，2014-11-15。

政府购买服务的各项规章制度。政府购买社会组织服务主要基于人际关系的基础上，具有不确定性和不稳定性[①]，需要通过出台相应地法律法规规避这种行为。如制定专门的政府购买服务法，将公共服务纳入采购范围，明确社会组织承接主体资格，扫清社会组织承接购买公共服务的法律障碍[②]。二是政府在处理社会问题和社会矛盾时要强化法治思维，根据“提高领导干部运用法治思维和法治方式深化改革、推动发展、化解矛盾、维护稳定能力”要求，形成法治思维，坚持依法行政、依法治理、依法裁决，以法治推进管理和服务，处理社会问题，维护社会秩序，促进社会融合。

（6）普及的“互联网+”治理模式。互联网治理借助虚拟的“一站式平台”，能够不受时间、空间限制，将企业、社会组织和人民群众的诉求传导到相关部门和组织，有效地拓展治理覆盖范围，降低社会交易成本。适应新型城镇化社会治理升级的需求，需要“重新塑造治理结构，统筹协调、凝聚各方、应对全局。”[③] 应当发挥“互联网+”在激发社会组织活力，吸引社会公众参与、创新矛盾化解机制、健全公共安全体系等方面的作用。利用物联网、云计算、大数据、移动互联网等新一代信息技术，开通和开发短信、微博、微信、App平台，将更多的自然人、法人以及其他社会机构紧密结合起来，形成涵括“互联网+社区”“互联网+社会组织”“互联网+群众路线”“互联网+食品安全”“互联网+安全生产”“互联网+防灾减灾”“互联网+公安”以及“互联网+维稳”等在内一整套管理服务体系，从而实现“以人为本”系统治理、依法治理、综合治理和源头治理[④]。

---

① 王志华：“论政府向社会组织购买公共服务的体制嵌入”，载于《求索》，2012（2）。

② 苗红培：“政府与社会组织关系重构——基于政府购买公共服务的分析”，载于《广东社会科学》，2015（3）。

③ 金太军：“网络2.0时代的协同治理创新：体系治理”，载于《学术界》，2015（7）。

④ 金江军：“以‘互联网+’推进社会治理现代化”，载于《学习时报》，2015-06-15。

五、小结

传统城镇化与社会管理具有内在一致性，新型城镇化与社会治理间则存在相互促进的耦合关系。在构建低生存成本城镇化模式过程中，仅依靠政府单方主体承担扩展的管理成本，维持城市治理，显然是庞大的、难以承受的，需要系统的、主动而积极的体制与政策设计。在多中心治理理论基础上，研究提出应构建一种社会共治机制，这一机制强调政府职责下移、政府购买服务模式完善、转移人口服务配套机制系统、利益协调与矛盾处置机制多元、社会治理法律法规健全和“互联网＋”治理模式普及，最终形成多元共治、多模式并举、法治保障、技术引领的新格局。

低生存成本模式下行政区划调整与体制改革[①]

传统城镇化是低成本、不可持续的模式，表现为支撑城镇化快速推进的要素成本被刻意忽略或被变相压低。为了维系这种以城乡二元结构为特征的“非常态”城镇化模式，其主导者——各级政府，不得不付出极高的行政成本和社会代价[②]。尤其是，地方政府基于“属地化行政发包和政治锦

---

① 本文已发表在2016年第2期《求实》杂志上。马振涛：“新型城镇化下行政区划调整与行政体制改革：一个成本的视角”，载于《求实》，2016（2）。

② 如在土地征收过程中，土地获取的低成本成为农村社会矛盾的根源并引发越级上访、群体性事件等一系列问题。由于城乡某些制度不统一，政府需要设立不同的执行部门，造成机构膨胀、人员冗余、协调不畅等系统性难题。以医保制度为例，由于新农合、城镇基本医保二者制度分设、管理分割、资源分散，甚至扩大了城乡医保待遇差距。

标赛模式”[①]形成的激励扭曲（周黎安，2008），成为权力寻租、官员腐败以及条块分割问题的根源；土地、社保等基本公共服务低成本引发的对于农民工等弱势群体的不公，导致城镇化“化地”不“化人”，社会问题频发、维稳成本陡升、行政资源浪费。IMF 对各国政府的实证研究发现，政府的高成本必将导致公共财产的流失与滥用[②]，这对社会总福利也是极大的损失，对政府治理能力和信誉也是很大考验。城市化是有助于促进政府治理改善的。当转移劳动人口离开农村聚集在城市，会从多方面影响政府治理，如城市使得政府与民众距离拉近，政府的一举一动变得更容易观察和监督。人口的集聚推动了社会活动的组织化和分工。民意表达，变得更专业和专职，公众意见的传播成本大大降低，更易于采取集体行动[③]。新型城镇化以人的城镇化为核心，应当成为一种低生存成本的模式，其初衷在于，让城镇化福祉充分释放并惠及更多人。这个过程中，之前隶属于农村自治组织的村民“洗脚进城”成为社区居民，很多配套制度也随之跟进、调整甚至变更。城镇人口的集聚、城市边缘的扩张，对改革城市原有公共服务、社会治理和行政管理体系提出了新要求，也为降低城市行政成本、提高管理服务质量和效率带来了新挑战。研究在梳理行政区划调整与行政成本研究相关观点，考察行政区划与行政体制对新型城镇化推进的障碍与问题基础上，提出低生存成本城镇化推进模式与优化行政区划、推进行政体制改革之间实现耦合和共促的路径选择。

一、文献及历史变迁梳理

根据国家新型城镇化综合试点的要求，新型城镇化要“创新行政管理

---

① 周黎安：《转型中的地方政府：官员激励与治理》，格致出版社、上海人民出版社 2008 年版。

② Vito Tanziand rej Prakash, The Cost of Government and the Misuse Public Assets, IMF Working Paper. 2002.

③ 中国发展研究基金会：《促进人的发展的中国新型城市化战略》，人民出版社 2010 年版。

和降低行政成本的设市模式”，这同样也是构建低生存成本城镇化模式的组成部分。长期以来，一方面由于理论相对滞后，行政区划调整和行政体制改革远远落后于经济改革且改革习惯于“摸着石头过河”状态，缺乏前瞻性。即便是新公共管理“典范革命”的引入，也并未像预期那般对实践产生太大影响；另一方面，制度上的“路径依赖”以及出于稳定因素顾虑，使得政府在制度变革上缺乏积极性。考虑到行政区划调整和行政体制改革的复杂与反复程度，决策层触及此类改革的意愿较低。总的来看，构建适应低生存成本城镇化模式的行政区划与行政管理体制，并未形成体系完善、科学规范的顶层设计方案。

行政区划调整与行政体制改革在中国改革开放和现代化进程中发挥着战略性保障作用，处于改革的中心环节，是一块“难啃的硬骨头”。如何优化行政区划结构，创新行政管理和降低行政成本，既有研究从历史纵向和中外横向维度开展了多方面研究。

追溯中国的封建社会史，由于经济活动相对简单，社会经济地区封闭严重，行政区划调整历来是为统治者稳定政局服务的。县、郡、省作为历史上延续时间较长的行政治理单元，包含了政治、社会、经济、文化的完整系统，其所遵循的“属地原则”带有浓厚的地域行政色彩。地方行政长官被称作“父母官”，主管着行政、财政、诉讼、裁决、赈灾等几乎所有公共事务，掌控着黎民百姓“生杀予夺”的大权。省界的划定自明朝起已基本成型，虽历经朝代更迭和新中国成立，但既有省区间区域调整变动不大，出于防御和管控需求，很多省界呈“犬牙相入”之势。从行政区划结构看，等级化的城市行政管理体制特征，无论是封建时代，还是新中国成立后，都体现的极为明显。这种体制有利于强化上级对下级的行政管辖，保证政令统一，体现了行政权对效率和稳定的双重诉求；而且，集权的行政架构通过增加部分行政成本，有助于预防战争暴乱和社会无序造成的统治危机，在客观上也起到了集聚人口、降低社会交易成本和改革风险的目的。

结合国际经验看，市场经济发达的国家，通常更注重区域功能导向目标，而不太热衷于带有浓厚行政色彩的“属地观念”，且地方政府组织体系呈现多样化、灵活性等特点。以推行联邦制度的美国为例，传统行政区划中除按地域划分的州、市、县外，还存在包括（教育）学区、卫生区、消防区在内的特别区域。这些特殊的管辖区域可能与县、市等普通政区重合，也可能跨越多个普通区，且作为州的独立一级行政单位存在①。有学者总结了发达国家首都地区跨行政区治理模式，并将其归结为四种模式，即“特区＋区域委员会”的华盛顿模式、大伦敦市政府模式、巴黎大区议会模式和日本东京都特别区及正式与非正式并举治理模式②。这些模式的共同特点在于，都淡化了政府权力归属意识，体现了地方治理效益最大化的需要。

相关研究表明，行政区划调整与行政体制改革，主要目的在于降低行政损耗，提高行政效能，这与追求高效、公平、廉洁政府体系的行政价值是契合的。但在现实中，却往往存在与之相悖的力量。正如“瓦格纳法则”指出的，随着人均收入的增加，政府支出占 GDP 的比重也随之提高。由于政府与公民间“委托——代理”关系存在的信息不对称、代理成本难考核等不足，使得政府行政成本“惯性”增加不可阻挡，控制政府成本相应地成为各国要解决的共性难题。马克思在《法兰西内战》中提出“廉价政府”的理念，主张建立一个精简的、成本很低的、不浪费人民血汗的政府，提供了一个控制行政成本的新愿景。现有关于政府行政成本的研究，包括了对高成本原因的分析、国内外研究比较以及行政成本模型构建和策略等。通常认为，官僚乐于预算最大化，从而导致行政机构不断膨胀，政府成本攀升（尼斯坎南，1978）③，使得科层官僚制存在着更多的“管理成本”。

---

① 奥斯特罗姆，井敏等译：《美国地方政府》，中国人民大学出版社 2004 年版。

② 陶希东：“发达国家跨行政区治理模式启示”，载于《行政管理改革》，2015（4）。

③ Niskanen，William. A Bureaucracy and representative government [M]. Chicago：Aldine Atherton，1978.

比较而言，新公共管理主要存在的是“交易成本”。行政体制改革的过程，绝不能成为交易成本取代管理成本的简单的替代，而应着眼于降低行政成本和提升公共服务品质的需要①（于宁，2014）。数据挖掘发现，长期以来中国省级行政区域的行政成本增长速度均超过了 GDP 、财政收入和财政支出的增长速度②（范柏乃等，2011），控制行政成本迫在眉睫。在造成行政成本高企的原因中，行政区划类变量和行政成本存在着显著正关系③（张光，2007）。区划面积越大，人口规模越大，行政成本就越高。同时，政府高昂行政成本的主要影响因素表现在主体和制度两方面，主体性因素包括成本意识薄弱与错误政绩导向下的不计成本、政府规模过大、行政能力不足和官员行为偏好；制度性因素包括财政预算制度、监督制度和评估制度等④（罗文剑、陈东有，2012），因此，降低行政成本需要多管齐下，辩证施策。既有研究提供了中国行政区划调整与行政成本控制分析的总体框架，也厘清了相关问题、发展方向和重点改革任务，但并没有考察行政区划调整与行政成本之间的关联性，也未将新型城镇化快速推进的新形势、特征及要求等变量纳入，所提及的调整与改革举措与新型城镇化的要求有偏差。

在由“乡土中国”步入“城市中国”过程中，伴随市场力量的入侵和新型治理理念的渗透，中国的行政区划调整与行政体制改革正进入主动适应市场化、城镇化的新时期。遵循市场决定、打破既有行政区划限制、体现区域协同化、功能化发展特色，强调低成本、高效率、人本化等，将成为发展的趋势所在。总体看，基于新型城镇化理念的行政区划与行政体制

---

① 于宁、杨小斌：“行政体制改革中的职能科学及其实现路径”，载于《中国行政管理》，2014（1）。

② 范柏乃、张骞、段忠贤：“中国省级行政区域行政支出与行政成本的实证研究”，载于《中共天津市委党校学报》，2011（1）。

③ 张光：“中国行政管理成本决定因素实证分析—兼论‘缩省论’的合理性”，载于《天津行政学院学报》，2007（5）。

④ 罗文剑、陈东有：“县级政府行政成本影响因素二维解析”，载于《当代财经》，2012（12）。

改革方案仍未破解。在构建低生存成本城镇化过程中，实现成本缩减与行政区划与行政体制改革优化互动，是一个不得不考虑的制度难题。

二、成本视角的行政体制问题探究

非农产业、非农人口向城镇聚集，农民工“身体城镇化”转向“身份城镇化”，城市政区增加、农村政区减少，代表了新型城镇化的发展趋势。保障低生存城镇化模式的推进，需要纠正制度扭曲，减少中间消耗。从体制机制角度保障新型城镇化的顺利推进，重点在于打破不适应于人本城镇化的制度掣肘，发挥政府在制度建设上的保障作用。长期以来，中国行政区划与行政体制都存在层级过多、协调不畅、成本过高的弊病，伴随新型城镇化的推进，一些问题和矛盾更加凸显，基于成本控制视角无论在行政区划调整上，还是行政体制改革上，都有很大的改进和完善空间。这些问题主要表现在：

（1）层级过多、行政区划结构不合理。在层级划分方面，传统的行政区划结构存在的问题主要体现在，省域太大、县域缺乏活力、小城市（城镇）无城市之实、政府公共职责没有相对清晰划分；地方自治理念几乎不存在等[①]（党国英，2013）。结合历史发展演变，20 世纪 80 年代以来，随着“市管县”体制的推行，行政管理层级增加为中央、省、市（地）、县、镇（乡）五级，甚至有的地方拓展到六、七级，这一结构虽然在加快中心城市建设，推进工业化、城镇化方面具有一定成效，但并未实现协调城乡发展的初衷。市级政府基于其所在地利益的考虑，往往将更多的可支配资源截留到市本级，而较少关注县镇级别，“市卡县、市压县、市吃县”现象较为严重。作为其“改进版”的省直管县改革，由于对政策目标、改革方式以及政策出口的认识偏差，也步入负担过重、出路不明、进退两难的窘境，

① 党国英：“在高度城镇化基础上实现城乡一体化”，载于《新视野》，2013（1）。

预期效果并不理想①。从城市数量及内部构成看，现行设市标准试行于1993年，1997年“县改市”改革被叫停，城市数量不升反降；即便加入“市改区”的情况，整个城市的数量也增加很少。2014年中国有7亿多城镇人口，但城市只有660个，可供选择落地的大城市和特大城市少；1.7万多建制镇中，大部分基础设施建设和公共服务水平远低于城市标准。大中城市数量不足，导致部分人口向特大城市聚集，成为引发严重“城市病”、区域发展差距难弥合的根源；而且随着地区发展步伐的加快，部分发达地区镇经济总量、人口规模已超越内地大多数地级市，但建制和管理依然是镇级，财政可供使用和统筹调剂的财力极为有限。财力、责任极不对称，“人大衣小”“鞋大脚小”的问题较为突出。

（2）行政管理“条块”机制难以有效整合。中央与地方权责不对等，省内计划单列市与省会城市之间的摩擦，地级市与县之间利益冲突、地级市之间以及各县间的地方保护与区域分割，一直以来都是完善行政体制过程中面临解决的难题。回顾改革开放以来的行政区划调整，从中央到地方，各级政府的认识从未达成过统一。由于民政部对“各地竞相争取行政级别、权力、机构、编制等上位的热烈诉求的畏惧与无力阻挡”②，1997年“撤县改市”改革被叫停；“省直管县”改革在地级市与下辖县（市）级间产生重大分歧。一方面，地级市出于容纳更多人口，实现空间扩张、管辖范围扩大以及规避省直管县后权力压缩的需要，力推“县改区”；另一方面，一些本应纳入市辖区的县则更倾向于谋求省“直管”以强化其权力，推诿或延缓区划调整。即便在县与乡镇之间，也存在管辖地域变更的博弈。此外，在城镇化过程中村庄的消失已成常态，协助调整、合并乃至注销自然村乃至行政村在一些县级政府已提上议事日程，但在实际操作过程中，由于县、镇（乡）间不能有效协调，导致镇级政府在推进此类工作过程中缺乏动力，

①② 冯俏彬：“在新型城镇化进程中重新定位‘省直管县’政策”，载于《行政管理改革》，2015（5）。

甚至设置重重障碍。此外，行政组织法的粗陋和滞后一直是中国行政法治建设中的“瓶颈”，随着城镇化的迅猛推进，行政组织法日益“空洞化”[①]。基于长官意志的权力运行与行政管理体制，也在成为利益纷争、权力分割与责任推卸的诱因。

（3）成本控制意识淡薄直接推动了成本高企。权力本位意识严重、缺乏公共财政意识，信息不对称、目标冲突以及预算最大化的倾向，是导致官僚机构臃肿、人浮于事、决策失误低效以及成本攀升的罪魁。自1990年以来，中国政府运行的显性成本占财政支出的总比重几乎都超过10%，多数年份甚至超过15%，远高于同期GDP增速。近年来，随着中央“八项规定”的出台以及各种监督督察措施的强化，长期备受诟病的“三公经费”愈加规范和透明，但行政成本居高不下的状况仍难改观。即便进行行政区划体制改革，同样存在着增加成本的担忧。如在“职责同构”的行政体系下，中央每设置一个机构，县及以上就要相应增设3000个机构[②]；在“省直管县”改革过程中，随着市级行政职能部门的调整，人员编制很难同步缩减，而部分改革县为了谋求市县同级，效仿市政府框架“搭班子”，很可能引发县级政府机构膨胀，使得降低行政成本的改革愿望落空[③]。

三、低成本模式下调整与改革建议

城镇化、市场化过程中鲜明的自发性扩张特征，能够将区域要素和空间等自发地纳入行政体系中，实现区域协同、规模发展。从“一带一路”“京津冀一体化”“长江经济带”以及长三角、珠三角等区域战略的实施可发现，中国区域经济的“去行政化”特征愈加明显。推进区域间去行政化，

① 章志远：“城镇化与中国行政法治发展模式转型”，载于《法学研究》，2012（6）。

② 幸宇：“县级政府行政成本规模与县域经济发展关系剖析”，载于《财经科学》，2012（6）。

③ 王雪丽：“‘省直管县’改革：目标定位、认知偏差与理性思考”，载于《中共浙江省委党校学报》，2014（6）。

打破现有行政区划格局、实现有利于推进城镇化、降低行政成本的行政区划与行政体制，将是一项长期的战略选择。新型城镇化背景下，行政区划调整与行政体制改革应着眼于打破层级过多、协调不畅、成本过高的掣肘，适应市场化、区域经济一体化的要求，以提升城市管理科学性为目标，以增加城市数量，减少城市层级、简政放权为主要手段，理顺关系、减少掣肘，形成“设置科学、布局合理、规模适度、服务高效”的行政区划和行政管理体制。

(1) 构建城市为中心的行政格局。城市中国取代乡村中国，成为新型城镇化影响下最宏大的叙事。未来的行政区划调整，应将城市作为最基本的单位，围绕低生存成本城镇化提出的压缩中间环节，减少管理损耗的要求，服务于未来城镇化空间布局“中心城市 + 独立城区 + 特色小镇”的架构，构建城市为中心的新型行政格局。围绕城市群开展城市布局、率先把经济强县（县级市）升格为中等城市、分类开展镇级机构的改革，做到机构的精简、层级的优化和运转的高效。

一是围绕城市群开展城市布局。重新修订城市分类标准，增加单独城市数量，发展特大城市、大城市、中小城市以及镇级市相互衔接和配合的城市群。在城市群概念和范畴下发展中小城市和小城镇，适度弱化行政级别与权力大小、财政资金分配多寡之间的关联，强调产城融合、产业链整合，以均等化的基本公共服务条件和能力，市场化配置要素及资源，协同化、功能化的理念引领城市群建设。建议以总体规划为统领，消除影响要素跨区域流动的政策壁垒和地域歧视性政策，推进区域“去行政化”进展，实现跨行政区治理、跨部门治理和跨公私合作治理①。与此同时，发挥法治的保障作用，不断明确中央、地方政府在区域事务上的权责关系；加快推动地方政府政绩考核制度的改革；修订完善城乡规划、环境保护等方面的法律，依法推进区域协同发展。

① 陶希东：“跨界治理：中国社会公共治理的战略选择”，载于《学术月刊》，2011 (8)。

二是率先把经济强县（县级市）升格为中等城市。如将江苏昆山、浙江义乌等产业基础雄厚、城镇化水平高、人口聚集且非农就业占比大，辐射带动作用明显的地区升格为中等城市。综合考虑人口、经济、财政、税收以及城市规模等因素，将更多具备条件的县改成市，提升县级市总体数量。测算显示，中国具备撤县设市基本条件的县应达到15%以上①，现有的城市结构距这一目标还有较大差距。对于城市周边规模较小、经济实力较弱、辐射带动能力不强的县，考虑到市场配置资源和产业链条拓展的需要，还应当有条件地推行“撤县设区”工作，增强中心城市的发展空间。

三是分类开展镇级机构改革。小城镇一般可分为大城市周边的重点镇，具有特色资源、区位优势的小城镇和远离中心城市但辐射周边“三农”能力较强的乡镇三种。调整选择包括设置镇级市、镇改街道以及保留镇建制等。首先，对于“镇级市”改革，应选择远离中心城区的经济发达镇为目标，综合考虑城镇建成区人口规模、财政一般预算收入和教育医疗等公共服务能力指标，以“省”为单位确定标准，率先把符合条件的“巨型镇”、大学所在地或重要物流节点的小镇升格为市，赋予其县级甚至部分市级经济社会管理权限；有意识地提前培育节点城镇，拓展市级镇的发展空间，方便建制镇和城镇型居民向中小城市转型。在镇级市内部，推行扁平化管理架构，精减人员编制，实现行政事业人员统一使用、分类管理，机构编制向服务群众的“窗口”部门倾斜。参照开发区模式，不再设“四套班子”，行政机构与事业单位职能整合②（张占斌，2015）。在配套财政体制改革上，探索与市（县）平级的，包含省、市（县）、镇三级分税制。在下放行政权力方面，采取“能放就放”和“按需下放”的原则，增强镇级承载能力，采取直接授权或委托等方式，扩大镇级在城建、治安、项目以及环

---

① 苏珊·罗尔，张占斌译：“中国新型城镇化背景下的省直管县体制改革”，载于《经济社会体制比较》，2012（6）。

② 张占斌：“新型城镇化进程中的经济发达镇设市建议”，载于国家行政学院网站，http：//www.nsa.gov.cn/web/a/zixunbaogao/20150227/5295.html。

保等方面“权责不对等”问题，并做好监督管理和规范，保证权力“放得下”“接得住”“用得好”。其次，有条件地实施“镇”改“街”工作。精简机构、把距离县城（区）较近的乡镇一级政府变成街道办事处，在享受县级经济管理权限的同时，通过政府引导社会参与民间运作项目服务、授权购买服务等形式，将部分政府职能向社会组织转移，提升城镇的发展自由度①。最后，对于保留镇级建制的地区，确立乡镇政府是一级完整政府的观念，加强乡镇财源建设，通过合理确定乡镇财政的主体税种，来保证乡镇财政收入。合理地划分县级政府与乡镇政府的事权，县级政府应该有选择、分类型地向乡镇下放权力，安排工作。

（2）形成三级地方行政建制。计划经济时代，多层行政区划能够更有效地覆盖管辖地域和群体，保障政令的上传下达。但在市场化、信息化主导的新型城镇化模式下，压缩行政层级、降低行政成本是大势所趋。从国际上看，地方行政层级设置平均为 2.03 级，除中国和印度实行“四级”外，其他国家都是两级制或三级制（见表6－1）。结合市场调节速度和人口流动的趋势，按照行政三级制的要求，重新组织地方政府体系。一是增加省级行政区划数量。增设直辖市、发挥中心城市的辐射带动能力。改变省级行政辖区覆盖面积过大、人口过多、信息及管理不对称的现象，将部分省区进行分拆，一些省内的中心城市，如武汉、沈阳、广州、深圳、苏州、大连、青岛等可划定为直辖城市，增加管辖范围，脱离所在省级机构的编制。省级行政辖区的划定，要围绕培植和提升大城市实力的目标，形成绝大多数地区都能有中心城市带动、引领的新型城镇化行政格局。二是逐渐缩减地级市的管辖级别，直至将其管理职责限制在地级市政府驻地的范围，通过县级市改革以及省直管县的推进，最终取消地级市建制。三是适当压缩省直管县数量，学术界一般认为以 40～50 个为宜。而中国有 25 个省

① 沈雪潋、郭跃：“新型城镇化背景的‘镇级市’政策创新”，载于《改革》，2014（11）。

区的县（市）数在50个以上①。四是继续推进“撤乡并镇”。在市场导向下，很多镇将面临人口和产业空心化的过程，大规模地撤并乡镇编制是大势所趋，建议按照以管辖人口为主要衡量标准，着眼于人口聚集推进乡镇撤并工作。

表6－1　　世界各国地方政府层级

	总数	南亚	欧洲和中亚	中东和南非	撒哈拉以南非洲	拉丁美洲和加勒比海	东亚和太平洋	北美洲
平均	2.03	2.43	2.00	2.00	2.02	1.74	2.50	2.00
标准差	0.80	0.98	0.74	0.86	0.76	0.63	1.00	0.00

资料来源：Ivanyna and Shah，2014，转自国务院发展研究中心、世界银行《中国：推进高效、包容、可持续的城镇化》。

此外，在推进行政区划调整的同时，深化预算管理体制改革也需提上议程。应改变“编制”增减思维，着眼于提升地方公共财政能力和财政自给能力，因地制宜进行调整涉及，用好市场手段和社会手段，转移政府职能。按照从政人员占总人口的比重2%～3%的标准，合理压缩或增加行政人员编制，既要考虑行政“升格”问题，也要考虑“瘦身”问题，根据人口的涌入与退出进行弹性化设计，防止出现机构冗员臃肿问题，形成系统流动循环的内在机制，体现“小政府、大社会”的初衷以及高效率、低成本的总体要求。

（3）实施简政放权改革。推进简政放权改革，以实现中央地方间权责对等、横向政府间权力界限明晰，配合有序，从而达到“一级政府、一级事权、一级财权”。建议的举措：一是摸清家底，对现有权力结构、政府职责进行清晰界定，厘清深层次的内在利益关系，制定中央与地方以及政府横向部门间“激励相容”的制度，以政府机构调整、人力资源制度纵深改革将其固化，形成依法行政的体系框架。二是理顺政府与市场、政府与社会的关系，推行动态优化的负面清单、权力清单与责任清单制度，编制权

① 陈振明：《公共管理学》，中国人民大学出版社2005年版。

力运行流程图并予以公示，减少前置性审批，对审批类项目统一注明申报材料、条件、流程以及承办机构、承诺时限等刚性条件，降低政府对微观经济活动、社会活动的干预程度。三是激发社会组织活力，降低改革成本。在大部制框架下加大政府向社会购买服务的力度，不断鼓励社区自治、鼓励社会组织参与，探索现代社会治理模式。四是建立严格的市场监管机构，切除决策与执行、监管不分的体制机制；通过培育和扶持社会组织，向社会组织放权，赋予其在行业监督和企业自律中的法律定位；五是建立政府绩效考评机制，依据权力清单和责任清单考核地方政府及工作部门的履职情况，形成政府监管与行业自律、社会监管的合力。

（4）以“互联网+”改造政府治理。现代化的管理手段，有助于加快信息传递速度，降低信息传递损耗成本，解决层级过多、协调不畅的问题。互联网作为现代管理手段的代表，以其固有的开放性、透明性和互动性，成为降低行政成本、提高行政效率的重要载体和手段。伴随着互联网思维的铺开，智慧政务正在成为互联网时代政府治理发展的新形态。为了应对城镇化过程中行政成本的扩张，保证政令传递顺畅、反馈及时，政府应承担起数据“收集员”和“分析师”的角色，通过成立大数据局（处、室、科）等，对辖区内经济社会各项数据统筹把握，对经济发展、城市建设、社会管理、生态保护、基本公共服务、文化建设、政治文明等公共活动在内的各种需求进行分析判断、科学决策，做出智能回应，并学会利用大数据分析等核心技术，形成智慧感知、智慧评价、智慧决策、智慧管理服务和智慧传播的政府管理新流程。此外，在政府与民众互动方面，积极推进“网上政务大厅”建设，打破部门间利益藩篱，解决各自为政、信息孤岛、效率低下问题，让更多行政审批和办事服务项目“上网”；推行内部“绿色办公”，充分利用电子信息和网络平台来处理政务，控制会务成本、装备成本、接待成本和运行成本，借助企业化成本控制方法，明晰职责、量化时间、优化流程、强化考核，提升素质，最大限度地优化行政行为。

四、小结

“创新行政管理和降低行政成本的设市模式”是新型城镇化推进过程中必须解决的制度性难题。当前，行政区划调整和行政体制改革正进入主动适应市场化、城镇化的时代。构建低生存成本的城镇化模式，在行政区划调整与行政体制改革方面，应着眼于打破层级过多、协调不畅、成本过高的掣肘，适应市场化、区域经济一体化的要求，以提升城市管理科学性为目标，以增加城市数量，减少城市层级、简政放权为主要手段，理顺关系、减少掣肘，形成“设置科学、布局合理、规模适度、服务高效”的行政区划和行政管理体制。

本章的主要结论

体制机制保障与创新，是构建低生存成本城镇化模式并形成长效机制的必然举措。本章的研究，分别就低生存成本城镇化保障层面的城市社会治理机制以及行政区划与行政体制改革两方面内容做了分析，并指出了低生存成本城镇化模式下社会治理体系构建与行政区划和行政体制改革的总体思路：社会治理层面，提出构建一种“多中心”社会共治机制，着眼于化解社会成本增加的需求，强调政府职责下移、多种治理模式并举、系统的转移人口服务配套机制、多元的利益协调与矛盾处置机制、普及的社会治理法律法规健全和“互联网+”治理模式，逐步形成多元共治、多模式并举、法治保障、技术引领的新格局。在“创新行政管理和降低行政成本的设市模式”上，研究提出适应市场化、区域经济一体化要求，以提升城市管理科学性为目标，以增加城市数量，减少城市层级、简政放权为主要手段，理顺关系、减少掣肘，形成“设置科学、布局合理、规模适度、服务高效”的行政区划和行政管理体制。应当说，这与低生存成本城镇化模式的所需要的低制度成本需求是一致的。

当然，就体制机制保障与创新而言，其领域要超越社会治理与行政体制改革两个层面。对于其他层面的研究，还需要后续研究关注。

总结与展望

我们的研究，基于成本视角对城镇化构成要素做了重新整合，构建了一个具有一定开创性和开放性的宏大体系。研究对传统低成本推进的城镇化问题做了诊断、对产生原因做了阐释，明晰了完全成本概念和分析框架，并借鉴相应的量化工具，改进并形成了新的量化模型，结合广东省数据做了实证检验。在此基础上，提出了成本化解与分摊的技术性方案。由于技术层面的局限，理念与模式创新讨论进入视野。在结合罗尔斯“无知之幕”正义理念、杰里米·里夫金“零边际成本社会”预测、仇保兴“C 模式”理论和“低生存成本型社会”设想的基础上，研究提出一种立足底线思维、注重公共政策托底功能，致力于实现中低阶层城镇化的新模式——低生存成本城镇化，以期破解转移劳动人口面临的成本困境，实现人的城镇化目的，使城镇成为共建共享、开放包容的“美好家园”。这是一个新的问题分析框架，对于提出的未来模式也是一个大胆设想。借此抛砖引玉，为后来的研究和探讨提供新视角。正因如此，我们的研究还比较稚嫩，很多阐释尚未摆脱现实问题的琐碎和不规范，很难上升到严格理论甚至学术层面，在遵循科学、完整研究体系、格式和逻辑推演上还存在不足，完善空间很大。此外，从政治哲学意义探讨和论证这种模式也未展开。随着技术化手段和物质财富创造的基础条件不断具备，我们认为，对于发展模式的思考，终究要回归公平正义、人的自由等基本价值层面。

研究结论与价值

一、学术层面

第一，成本视角是离“人”最近的视角，也是能够贯穿城镇化研究的一条主线。新型城镇化以人的城镇化为核心，旨在解决束缚人、阻碍人融入城市的成本问题。正是因为成本的刻意忽略或变相扭曲，才会导致要素、资源以及服务的歧视和对外来流动人口成本的高企，使得传统城镇化产生了双重“二元”结构。

第二，传统城镇化成本测算是以农民工市民化单一主体为出发点的，并不能代表完全的成本，研究提出了完全成本的概念，以公共成本、企业成本、个人成本以及社会成本为支点，构建了一个广义上的城镇化完全成本分析框架。在结合广东省数据加以验证的基础上指出，纠正了成本扭曲后，原来的“低成本强制扩张”将被“高成本”过程所取代，需要构建成本分摊化解机制的技术性方案。

第三，研究指出，单纯从技术层面设计新型城镇化成本化解分摊机制存在局限性，需要整体性创新城镇化发展模式，尤其是要考虑中低收入群体的城镇化融入问题。扭曲的低成本构成是不可持续的，在完全成本模式下的成本增加，对处在社会不利位置的中低收入群体更为不利，为此，我们提出了低生存成本城镇化模式。这对于现有城镇化理论是新的探索和尝试，是一个全新的设想。

第四，低生存成本城镇化模式，是在罗尔斯“无知之幕”正义理念影响下，借助“底线”思维，反向思考解决城镇化过程中面临成本高企问题的产物。这一模式以保障中低收入群体城镇化为出发点，降低城镇化门槛、提高城镇化质量，既注重效率、又关注公平的城镇化模式。研究提出了低生存成本城镇化模式建构的必要性，所遵循的原则；按照一般框架体系，设计了核心层、外围层和保障层三个圈层。这些因素，构成了低生存成本城镇化模式的主体框架。

第五，土地、资本、劳动力，是最基本的经济要素，也是低生存成本城镇化模式核心层的组成部分。构建低生存成本城镇化模式，需要从要素资源配置与优化视角出发，解决实现低成本的几个关键问题：一是基于土地基础上的住房问题；二是纠正扭曲的投融资模式，实现低投融资成本问题；三是破解“民工荒”视角下劳动力要素优化配置问题。

第六，从体制机制层面保障低生存成本城镇化模式的推广，重在降低制度成本，实现城市社会治理机制、城镇化行政区划调整与行政体制改革的耦合与创新。一方面要解决，在社会治理全面取代社会管理的背景下通过降低城市社会治理成本，实现转移劳动人口在社会体制上更快地、成本更低地融入城镇生活的问题；另一方面，新型城镇化要“创新行政管理和降低行政成本的设市模式”。降低行政制度成本，同样也是构建低生存成本城镇化模式的重要组成部分。

第七，功利主义与现实主义是解决正义问题的两种主张。传统城镇化公共政策，多是功利主义原则的产物，使得城镇化成为低成本扩张、不可持续的模式。研究构想并提出的低生存成本城镇化，是基于权利主义视角的新的理念模式，这与罗尔斯“无知之幕”的正义设计观是一致的。这些基于政治哲学的思考，需要在现实世界不断讨论和辨别。

二、应用层面

研究的出发点是为实践服务的。结合实践并针对实践中的问题，研究做了大胆的创新和设计，希望能够为城镇化政策出台提供参考：

一是对低成本问题和症结做了解释，有助于实践部门对标并纠正在推进城镇化过程中存在的问题；

二是引入并提出了完全成本概念，设计了相应的分析框架，这些详细的成本论述，一方面能够明确城镇化推进主体中各方职责，另一方面对城镇化过程中遇到的问题也能够起到一定的预警作用；

三是从立足底线思维、实现公共政策托底功能的视角出发，研究提出未来的城镇化应当设计一种低生存成本模式，以实现城镇化的共建共享、开放包容，这在理念上与包容性发展类似，但更具体且操作性更强；

四是在探究市场供需、土地要素、空间布局各自特性以及与住房保障间的关系的基础上，明确提出解决低生存成本模式下的住房保障难题，必须放在土地要素与城市空间布局的大环境下系统思考。在土地制度变革上，应明确农村土地的用益物权；构建城乡统一的建设用地市场；形成土地集约利用使用机制。在城镇空间布局调整上，遵循市场机制决定的原则，形成“中心城市 + 独立城区 + 特色小镇”模式；在住房联动性改革上，明确保障与市场“双轨”推进；形成土地多元主体供给机制；把农业转移人口纳入保障房范围；建立建设用地指标与市民化规模联动机制；利用各种调节手段规范房地产交易行为；

五是针对城镇化过程中出现的高的投融资需求，需要设计一种以市场为主导、直接融资为主体、强调多元参与、多方式供给的投融资模式，发挥市场在资本配置中的决定性作用，以市场化直接融资为主要手段，扩大投融资主体、拓展投融资渠道、丰富投融资方式，短期强调策略调整，长期关注制度建设，以此构建多元化、可持续的城镇化资金保障机制；

六是提出人口要素在构建低生存成本城镇化中的关键作用。对于出现的“民工荒”等劳动力资源短缺问题，应高度重视。实现低成本下劳动力资源要素的优化配置，必须发挥市场决定性作用，升级产业、就业结构；推进以人为本的城镇化，扫除市民化制度障碍；加大职业教育培训，构建多层次劳动力体系以及重视中老年劳动力就业，发挥存量劳动力价值；

七是对于低生存成本城镇化视角下的城市社会治理，应打破政府完全主导模式，构建一种“多中心”社会共治机制，着眼于化解社会成本增加的需求，强调政府职责下移、多种治理模式并举、系统的转移人口服务配套机制、多元的利益协调与矛盾处置机制、普及的社会治理法律法规健全和“互联网+”治理模式，逐步形成多元共治、多模式并举、法治保障、技术引领的新格局；

八是对于低生存成本视角下的行政区划调整和行政体制改革，要厘清效率与成本之间的关系，适应市场化、区域经济一体化要求，以提升城市管理科学性为目标，以增加城市数量、减少城市层级、简政放权为主要手段，理顺关系、减少掣肘，形成“设置科学、布局合理、规模适度、服务高效”的行政区划和行政管理体制。

本研究提及的一些新的思路和设想，希望能为决策层进行城镇化设计时提供新的思路和视角。需要着重提及的是，关于低生存成本城镇化模式的构想，或能引发对城镇化愿景新的思考。未来的城镇化怎样实现以人的城镇化为核心，“人”的概念该如何解读，主要的工作该如何推进？当前很多城市对弱势群体的变相歧视，对社会底层群体的驱赶，是否需要审视并改进？这些问题的解答以及关于要素配置、社会治理、行政区划调整与改革等方面的一些思路性想法，或能为政策出台和修正提供某些借鉴并对指导新型城镇化实践产生影响。

研究不足与欠缺

由于研究设计选取的视角过于宽广，研究尝试搭建了一个基于完全成本分析框架，并对未来城镇化模式做了设计。虽然对框架和模式的内容，做了较为深入的阐释，尤其是在要素资源配置与优化、体制机制保障与创新两个最重要的构成了做了专项分析，但对一些细节性分析有所忽略，在研究深度上还需要进一步开展专题研究。也即，关于低生存成本城镇化的构想设计的三大圈层以及后续关于土地、资本、劳动力要素和社会治理、行政区划和行政体制改革的研究，尚不能完全代表我们所提出的低生存成本城镇化模式，还有一些未涉及的领域，由于时间能力和所属学科所限，有待以后细化。

限于能力和时间，本研究还存在很大的深入探索空间。如前所述，研究在模型设计上已完成，在具体数值测算和验证上仅利用了广东省数据，样本量较小，后续应扩大范围，选取重点城市和地区，乃至利用全国的数据进行实证分析并求得完全成本的总量。此外，关于低生存成本城镇化模式的构想，只是一个初步的框架，未来仍需不断细化、深化，形成专题研究成果，尤其是涉及城市空间布局、生态环境、基本公共服务体系设计等跨学科研究方面，还要进一步补充。最后，研究的核心在于提出分析框架、构建未来模式，思考的问题过于宏观，新模式的提出，在内容衔接和逻辑推演上，还需要不断推敲，并寻求有更深层次的理论支撑和论证。

基于政治哲学的展望

就提出的低生存成本城镇化模式的设想，在政治哲学层面我们希望做进一步赘述。不严谨地说，既有的很多关于城镇化推进公共政策，建立在功利主义认识论基础之上，对效率的关注很多时候是以践踏公平为代价的。这在理论上，与罗尔斯在构建的正义论中第一原则是相悖的[①②]；在实践中，

---

① 根据罗尔斯的理论，原初立场的立约者会选择两个正义原则，作为社会基本结构的指导原则。第一原则所处理的是公民的基本自由，包括政治自由（选举和被选举权）、言论和结社自由、宗教和思想自由、人身自由、私有财产权、依法不被任意逮捕的自由等，对于这些自由，每一个人都平等，所以罗尔斯的正义第一原则可以称为平等自由权原则。

② ［美］罗尔斯（Rawls，J.）著，何怀宏、何宝钢、廖申白译：《正义论》，中国社会科学出版社 1998 年版。

也因为致使社会贫富差距扩大和阶层固化而饱受诟病。人的自由度是国家盛衰的关键①，“拓展自由既是发展的首要目的，又是促进发展必不可少的手段”②。这对于城镇化过程的分析同样适用。城镇化过程应当是获取实质自由的过程。新型城镇化的核心在于实现“人的城镇化”。自由作为衡量尺度，实际上是应在城镇化过程中得到进一步解放的。

对“自由”这一概念，赛亚·伯林区分了“两种自由”的概念：“消极自由”和“积极自由”。前者认为自由属于“没有受到别人干涉或没有受到人为的束缚”；后者则认为“自由这个词的积极意义来自于个人希望能够做自己的主人。”前者需要外在环境制衡，后者则要依靠内在机制完善。城镇化过程，有助于完善这两种“自由”的实现途径，一方面能够在城镇化过程碰撞、交流和融合中，借助法律、法规、道德伦理等约束消极自由；另一方面，借助满足人的生存物质需求和交往等精神需求，以实现主动自由。

城镇化的推进，归根结底是为实现人的更大程度实质自由服务。但在高成本状态下，转移劳动人口将不得不放弃农村已有的自由权，从而在城市谋求最基本的生存权。城镇化颠覆的城乡结构，加速的人口迁徙，使得这些基本社会福利由于时空分割而进入又一个重新再分配的过程。处在社会不利位置中的群体在城镇化大潮的裹挟下，依然沿袭“交出自由权获取基本生存保障权”的模式。城市不仅没能够成为自由之地，反而成了奴役之所。正如阿马蒂亚·森所言，“贫困就是缺乏能够自由度过有价值人生的一种状态”③。城市的贫困将成为城镇化推进的“死结”。而贫困的化解，社会总福利增大只是前提，根本上还要取决于处在社会不利位置的群体能够摆脱尴尬、被动的处境。

自由的实现，既需要人的觉醒，更需要社会政策的引导。政府层面的角色与职责、规范与引导，无疑掌舵着城镇化推进的方向，而这往往是借

① 袁伟时：“人的自由度是国家盛衰的关键”，载于《南风窗》，2014（1）。
② ［印］阿马蒂亚·森：《以自由看待发展》，中国人民大学出版社2002年版。
③ ［印］阿马蒂亚·森：《以自由看待发展》，中国人民大学出版社2002年版。

助政府推行的公共政策来实现的。“一个政府如何选择自己的公共政策，选择什么样的公共政策来干预社会生活，直接影响社会的未来发展方向。”①我们所生活的现实世界不是乌托邦社会，所有的公共政策，都基于政府这个“群体”决策基础上输出的。群体的存在又是客观的。作为“人的集合体”，群体必然摆脱不了“一种有情感的动物”的局限，避免不了利益的权衡、得失的比较，公共政策最终只能是妥协的产物。问题在于，我们在政治哲学理念中应当明确哪些最基本的认识，进而形成核心的价值体系？是选择功利主义还是权利主义？是尊重社会的最大化福利，还是处在社会不利位置群体的最大福利？

遵循“无知之幕”的正义理念，我们提出从“底线”思维出发，设计了一种低成本的城镇化推进模式。只有实现城镇化的低成本，不断实现人的城镇化目的才能得以实现和延续。而作为政策决策者，更应摒弃功利思维，坚守公平、正义理念，使处在城镇化不利位置的群体不再游离于福利分配体系，不再成为危机转嫁主体；让他们的权利空间和自由空间进一步伸张；让城镇化不再是建立在高成本上的“通行证”；城市不再是掌控在优势群体手中的“俱乐部”。如此，城镇化“扩内需”的作用才能有效发挥；社会发展才能打开日益固化、收敛的包袱，修复城乡割裂伤痕，恢复螺旋式上升过程。从这个意义上讲，城镇化的推进理应是低成本的，自由的获取应当是廉价的。

① 钱再见：“中国社会弱势群体及其社会支持政策”，载于《江海学刊》，2002（6）。

参考文献

［1］［印］阿马蒂亚·森．以自由看待发展．北京：中国人民大学出版社，2002

［2］［美］罗尔斯．何怀宏，何宝钢，廖申白译．正义论．北京：中国社会科学出版社，1998

［3］［法］托马斯·皮凯蒂．21 世纪资本论．北京：中信出版社，2014

［4］［美］杰里米·里夫金著，赛迪智库译．零边际成本社会．北京：中信出版社，2014

［5］［英］埃比尼泽·霍华德著，金经元译．明日的田园城市．北京：商务印书馆，2010

［6］［美］爱德华·格莱泽著，刘润泉译．城市的胜利．上海：上海社会科学院出版社，2012

［7］［美］简·雅各布斯著，金衡山译．美国大城市的死与生．上海：译林出版社，2006

［8］世界银行，国务院发展研究中心．中国：推进高效、包容、可持续的城镇化．北京：中国发展出版社，2014

［9］世界银行．1994 年世界发展报告为发展提供基础设施．北京：中国财政经济出版社，1994

［10］［美］曼昆著，梁小民，梁砾译．经济学原理．北京：北京大学出版社，2015

［11］［美］詹姆斯·布坎南．成本与选择．杭州：浙江大学出版社，2009

［12］［美］奥斯特罗姆，井敏等译．美国地方政府．北京：中国人民大学出版社，2004

［13］［美］奥斯特罗姆，菲尼·皮希特．制度分析与发展的反思：问题与抉择．北京：商务印书馆，1992

［14］［美］埃莉诺·奥斯特罗姆，余逊达等译．公共事物的治理之道．上海：上海三联书店，2000

［15］［英］罗纳德·科斯．企业的性质．北京：商务印书馆，1984

[16] [英] 阿瑟·刘易斯. 二元经济论. 北京：北京经济学院出版社，1989
[17] [美] 约瑟夫·斯蒂格利茨，纪沫，严焱，陈工文译. 公共财政. 北京：中国金融出版社，2009
[18] 联合国人居中心. 城市化的世界. 北京：中国建筑工业出版社，1999
[19] 中国科学院可持续发展战略研究组. 2005 中国可持续发展战略报告. 北京：科学出版社，2005
[20] 中国发展研究基金会. 促进人的发展的中国新型城市化战略. 北京：人民出版社，2010
[21] 张国胜. 中国农民工市民化：社会成本视角的研究. 北京：人民出版社，2009
[22] 黄锟. 中国农民工市民化制度分析. 北京：中国人民大学出版社，2011
[23] 潘家华，魏后凯. 中国城市发展报告（No. 6）：农业转移人口的市民化. 北京：社会科学文献出版社，2013
[24] 张占斌. 解析新型城镇化. 北京：经济科学出版社，2015
[25] 魏后凯. 走中国特色的新型城镇化道路. 北京：社会科学文献出版社，2014
[26] 肖金成. 城镇化与区域协调发展. 北京：经济科学出版社，2013
[27] 方创琳，鲍超，乔标等. 城市化过程与生态环境效应. 北京：科学出版社，2008
[28] 姚士谋，冯长春，王成新，年福华，陈春等. 中国城镇化及其资源环境基础. 北京：科学出版社，2010
[29] 周黎安. 转型中的地方政府：官员激励与治理. 上海：格致出版社、上海人民出版社，2008
[30] 易鹏. 中国新路——新型城镇化路径. 成都：西南财经大学出版社，2014
[31] 巴曙松，杨现领. 新型城镇化融资与金融改革. 北京：中国工人出版社，2014
[32] 樊纲，郭万达等. 农民工早退：理论、实证与政策. 北京：中国经济出版社，2013
[33] 金太军. 网络 2.0 时代的协同治理创新：体系治理. 学术界，2015（7）
[34] 陈振明. 公共管理学. 北京：中国人民大学出版社，2005
[35] 朱宇，祁新华，王国栋，林李月，林敏等. 中国的就地城镇化：理论与实证. 北京：科学出版社，2012
[36] 托利，克瑞菲尔德. 城市规模与位置的政策问题. 城市经济学. 北京：经济科学

出版社，2011

[37] 李克强：城镇化是扩大内需和经济发展的最大潜力所在．中国新闻网．2012－5－3. http：//news. ifeng. com/mainland/special/likeqiangfangou/content－3/detai l_ 2012_ 05/03/14302999_ 0. shtml

[38] 马凯．转变城镇化发展方式提高城镇化发展质量走出一条中国特色城镇化道路．国家行政学院学报，2012（11）

[39] 陈锡文在2012年3月25日“2012中国城镇化高层国际论坛”上的讲话．东方早报，2012－03－26

[40] 何为，黄贤金．半城市化：中国城市化进程中的两类异化现象研究．城市规划学刊，2012（2）

[41] 安邦咨询．今后政策文件失灵的情况将会增多和讯网．2016－02－26. http：//opinion. hexun. com/2016－02－26/182437757. Html

[42] 夏永祥．工业化与城市化：成本分摊与收益分配．江海学刊．2006（5）

[43] 国务院发展研究中心课题组．农民工市民化制度创新与顶层政策设计．北京：中国发展出版社，2011

[44] 中国财政部、国务院发展研究中心和世界银行联合课题组撰写的《中国：推进高效、包容、可持续的城镇化》报告．转引自《通过改革承担新型城镇化成本》．中国经济时报，2014－3－27

[45] 张占斌，冯俏彬，黄锟．中国农村转移人口市民化的财政支出测算与时空分布研究．中央财经大学学报，2013（10）

[46] 李培．最优城市规模研究述评．经济评论，2007（1）

[47] 王小鲁，夏小林．优化城市规模，推动经济增长．经济研究，1999（9）

[48] 王小鲁．中国城市化路径与城市规模的经济学分析．经济研究，2010（10）

[49] 李秀敏，刘冰，黄雄．中国城市集聚与扩散的转换规模及最优规模研究．城市发展研究，2007（2）

[50] 郑德高，闫岩，朱郁郁．分层城镇化和分区城镇化：模式、动力与发展策略．城市规划学刊，2013（6）

[51] 王小鲁．对“重点发展中小城市和小城镇”的质疑．中国市场，2010（46）

[52] 石忆邵，朱卫锋．中国城镇化的地域组织模式及其发展研究．中国工业经济，

2004（10）

［53］方可．简·雅各布斯关于城市多样性的思想及其对旧城改造的启示——简·雅各布斯《美国大城市的生与死》读后感．国际城市规划，2009（增刊）

［54］夏永祥．工业化与城市化：成本分摊与收益分配．江海学刊，2006（5）

［55］唐子来在2014年9月13日中国城市规划年会上的主题报告《迈向可持续发展的城乡规划转型》

［56］叶开．十七年全国卖地超27万亿收入去向鲜有公开．第一财经日报，2016－02－16

［57］陆大道．对中国城镇化发展态势的分析．中国科学报，2014－8－1

［58］巴曙松．低成本的土地城镇化不可持续．人民日报，2013－10－15

［59］李培林，李炜．农民工在中国转型中的经济地位和社会态度．社会学研究，2007（3）

［60］吴晓刚，张卓妮．户口、职业隔离与中国城镇的收入不平等．中国社会科学，2014（6）

［61］谢嗣胜，姚先国．农民工工资歧视的计量分析．中国农村经济，2006（4）

［62］王路．城市基础设施合理比例关系．城市规划，2000（24）

［63］国务院印发国家基本公共服务体系十二五规划．中国新闻网．http：//news. sina. com. cn/c/2012－07－20/132424813587. shtml

［64］黄春景．“全国看病中心：折射医疗资源分布失衡．广州日报，2014－05－20

［65］教育部．2014年农民工随迁子女在公办学校就学比例超80%［EB/OL］新华网．2015－02－28. http：//news. xinhuanet. com/politics/2015－02/28/c1114471141. html

［66］王元京，张潇文．城镇基础设施和公共服务设施投融资模式研究．财经问题研究，2013（4）

［67］李佐军，盛三化．城镇化进程中的环境保护：隐忧与应对．国家行政学院学报，2012（4）

［68］中华人民共和国国土资源部．2014中国国土资源公报［R］．http：//politics. people. com. cn/n/2015/0422/c1001－26887069. html

［69］卓贤．新型城镇化如何解决人、钱、土地三大难题．东方早报，2014－4－1

［70］Gough I.，Olofsson G. 1999. Capitalism and Social Cohesion. London：MacMillan Press.

[71] 屈小博，程杰．地区差异、城镇化推进与户籍改革成本的关联度．改革，2013 (3)
[72] 周小刚．中部地区城镇化进程中农民工市民化问题研究一以江西为例．南昌大学博士学位论文，2010
[73] 魏澄荣，陈宇海．福建省农民工市民化成本及其分担机制．中共福建省委党校学报，2013 (11)
[74] 徐红芬．城镇化建设中农民工市民化成本测算及金融支持研究．问题探讨，2013 (11)
[75] 张继良，马洪福．江苏外来农民工市民化成本测算及分摊．中国农村观察，2015 (2)
[76] 张旭昆．制度变迁的成本—收益分析．经济理论与经济管理，2002 (5)
[77] 全国妇联．中国农村留守儿童、城乡流动儿童状况研究报告．详见新华网2013 - 05 - 10. http：//news. xinhuanet. com/politics/2013 - 05/10/c_ 115720450. htm
[78] 顾仲阳．人口城镇化尽早推进不拖宕．人民日报，2013 - 12 - 15
[79] 唐子来．新型城镇化与城乡规划转型．小城镇建设，2014 (10)
[80] 潘祺．工业园区用地激增占比近半圈而不建等浪费现象严重．经济参考报，2015 - 01 - 16
[81] 王海燕．推进新兴城镇化发展要处理好若干关系．经济研究参考，2013 (2)
[82] 王军．美国与中国：高地耗模式下的城市演绎．《瞭望》新闻周刊，2013 - 06 - 24
[83] 刘世能．南船北马总他乡．中国民航，2012 - 07 - 15
[84] 徐建军．中国农民工市民化进程中的问题与对策——基于人力资本开发视角的分析．中国人力资源开发，2014 (15)
[85] 李凤桃．专访中国社科院城市发展与环境研究所副所长魏后凯："中国将在 2050 年完成城镇化"．中国经济周刊，2014 - 03 - 10
[86] 巴曙松．城镇化区域差异与融资机制．中国金融，2013 (8)
[87] 李秀萍．推进城镇化进程中的金融支持研究．中国商贸，2014 (1)
[88] 都阳，蔡昉，屈小博，程杰．延续中国奇迹：从户籍制度改革中收获红利．经济研究，2014 (8)
[89] 魏后凯．'中国将在 2050 年完成城镇化'．中国经济周刊，2014 - 03 - 11

[90] 仇保兴．简论我国健康城镇化的几类底线．住宅产业，2013－10－20
[91] 牛丽．新型城镇化背景下的智慧城市管理模式探析．法制博览，2015（10）
[92] 赵峥，刘涛．着力推进中国城镇化转型．中国发展观察，2014（12）
[93] 汤玉刚．财政竞争、土地要素资本化与经济改革——以国企改制过程为例．财贸经济，2011（4）
[94] 刘武俊．用法律管好国家的钱袋子．光明日报，2014－9－4
[95] 孙健夫．推进新型城镇化发展的财政意义与财政对策．财政研究，2013（4）
[96] “中央城镇化工作会议在北京举行．小城镇建设，2013（12）
[97] 潘义勇．以落实《物权法》为动力，推进农村土地制度改革．南方农村，2012（2）
[98] 夏锋．从规模城镇化走向人口城镇化——2020：城镇化转型升级大趋势．上海大学学报（社会科学版），2015（7）
[99] 王小鲁：“中国城市化路径与城市规模的经济学分析．经济研究，2010（10）
[100] 毛腾飞．中国城市基础设施建设投融资模式创新研究．中南大学博士论文，2006
[101] 赵玉昆，杨学军，祝华军．城市绿地建设的经济学探讨．商业文化（学术版），2007（4）
[102] 蔡昉．工资上涨势头将逐步加快．中小企业管理与科技，2010（11）
[103] 赵剑影．大城市农民工收入高于中小城市．工人日报，2013－05－30
[104] 丁元竹．创新社会治理，激发社会发展活力．前线，2013（12）
[105] 城市治理，需要系统推进抓长效——专访南通市崇川区人民政府区长陈俊，赵帆．国家治理，2015（05）
[106] 钱再见．中国社会弱势群体及其社会支持政策．江海学刊，2002（6）
[107] 张国胜等．社会成本、分摊机制与我国农民工市民化——基于政治经济学的分析框架．经济学家，2013（1）
[108] 申兵．‘十二五’时期农民工市民化成本测算及其分担机制构建——以跨省农民工集中流入地区宁波市为案例．城市发展研究，2012（1）
[109] 杜海峰，顾东东，杜巍．农民工市民化成本测算模型的改进及应用．当代经济科学，2015（3）
[110] 国家标准委将编制新型城镇化标准体系建设指南［EB/OL］人民网．2014－03－

19. http：//house. people. com. cn/n/2014/0319/c194441 -24681886. html
[111] 王元京，张潇文．城镇基础设施和公共服务设施投融资模式研究．财经问题研究，2015（1）
[112] 刘立峰．地方政府的土地财政及其可持续性研究．宏观经济研究，2014（1）
[113] 陶然，汪晖．中国新城镇化应走出当前改革误区．FT中文网．2014-12-15. http：//www. ftchinese. com/story/001059638？page=6
[114] 周其仁．机会与能力：中国农村劳动力的就业和流动．管理世界，1997（5）
[115] 陈玉宇，邢春冰．农村工业化以及人力资本在农村劳动力市场中的角色．经济研究，2004（8）
[116] 王德文，蔡昉，张国庆．农村迁移劳动力就业与工资决定：教育与培训的重要性．经济学季刊，2008（7）
[117] 周亚虹，许玲丽，夏正青．从农村职业教育看人力资本对农村家庭的贡献——基于苏北农村家庭微观数据的实证分析．经济研究，2010（8）
[118] 仇保兴．中国特色的城镇化模式之辨“C模式”：超越“A模式”的诱惑和“B模式”的泥淖．城市发展研究，2009（1）
[119] 韩俊．城镇化率峰值将在70%到75%之间［EB/OL］．中国地产网．2013-07-09. http：//dali. house. qq. com/a/20130709/000022. htm
[120] 财政部长楼继伟：中国有50%以上可能滑入中等收入陷阱［EB/OL］．http：//news. sohu. com/20150426/n411920834. Shtml. 2015-5-1访问
[121] 人民论坛问卷调查中心．中国能否越过“中等收入陷阱”——50位专家与6575名网友调查结果的对比分析．人民论坛，2011（19）
[122] 郑秉文．“中等收入陷阱”与中国发展道路——基于国际经验教训的视角．中国人口科学，2011（1）
[123] 贾康，苏京春．直面“中等收入陷阱”真问题——基于1962—2013年全球数据对“中等收入陷阱”的判断、认识．中共中央党校学报，2015（8）
[124] 华生，汲铮．中等收入陷阱还是中等收入阶段．经济学动态，2015（7）
[125] 陈锡文．如何破解农业三量齐增怪现象．http：//china. caixin. com/2015-07-06/100825748. html. 财新网．2015-07-06
[126] 陈训波．资源配置、全要素生产率与农业经济增长愿景．改革，2012（8）

[127] 黄奇帆．在重庆市金融工作会上的讲话．共识网．http：//www.21ccom.net/articles/economics/Dongjian/20150303121674.Html.2015－5

[128] 澎湃新闻网．中国2013年碳排放量全球第一，或促使能源结构加速调整［EB/OL］2014年9月24日．http：//www.evhui.com/16400.html

[129] 杰里米·里夫金．经济将迈向零边际成本时代．http：//finance.21cn.com/news/macro/a/2015/1024/22/30190736.shtml 新华网．2015－10－24

[130] John Friedmann．规划全球城市：内生式发展模式．城市规划汇刊，2004（4）

[131] 魏后凯在“中国城市百人论坛2015年会”上的讲话［EB/OL］．http：//www.gucp.org/News/Articles/Index/1177

[132] 刘永亮．置疑中国最优城市规模．城市规划，2011（5）

[133] 诸大建．城市集群是中国特色的城市化之路．环球时报，2015－4－11。

[134] 杨亮洁，杨永春，王录仓．城市系统中的竞争与协同机制研究．人文地理，2014（6）

[135] 郑刚．基于TIM视角的技术创新过程中各创新要素全面协同机制研究．浙江大学，2004

[136] 牛文元．城市的成功是国家的成功［EB/OL］．http：//www.zgcsj.net/NewShow/375.shtml．中国城市经济学会

[137] 刘晓峰，陈钊，陆铭．社会融合与经济增长：城市化和城市发展的内生政策变迁．世界经济，2010（6）

[138] 蔡昉．农工市民化：立竿见影的改革红利．中国党政干部论坛，2014（6）：51－53

[139] 屈小博．深化户籍改革“十三五”期间将产生巨大经济收益．中国日报，2015－10－26

[140] 国务院印发《关于进一步推进户籍制度改革的意见》．［EB/OL］网易网．2014－07－30 http：//money.163.com/14/0730/10/A2D5J3N400254TI5.html

[141] 姚洋．户籍制度改革推进遇阻源于法律法规的冲突．金融界网．2014－09－22 http：//finance.jrj.com.cn/people/2014/09/22151918055518.shtml

[142] 王垚，王春华，洪俊杰，年猛．自然条件、行政等级与中国城市发展．管理世界，2015（1）

[143] 魏后凯. 中国将在2050年完成城镇化. 中国经济周刊, 2014-03-11
[144] 仇保兴. 城镇化应守住哪些“底线”. 中华建筑报, 2014-2-28
[145] 曾睿. 农村城镇化进程中的生态风险及其法治路径. 湖南农业大学学报（社会科学版）, 2015 (10)
[146] 赵丽芳. 中国人均生态足迹2029年将达峰值——WWF发布城镇化与生态足迹报告. WTO, 2015 (9)
[147] 沈月娣. 新型城镇化背景下环境治理的制度障碍及对策. 浙江社会科学, 2014 (8)
[148] 仇保兴. 智慧地推进中国新型城镇化. 城市发展研究, 2013 (5)
[149] 牛文元. 智慧城市是新型城镇化的动力. 高科技与产业化, 2013 (6)
[150] 陈桂龙. 城镇化建设与智慧城市内涵. 中国建设信息, 2015 (9)
[151] 牛文元. 智慧城市是新型城镇化的动力标志. 中国科学院院刊, 2014 (1)
[152] 邓子基, 唐文倩. “土地财政”与中国地方财政收入的平稳转型. 福建论坛·人文社会科学版, 2012 (4)
[153] 汤玉刚. 财政竞争、土地要素资本化与经济改革—以国企改制过程为例. 财贸经济, 2011 (4)
[154] 韦诸霞, 汪大海. 中国城镇化进程中社会治理的公共性困境与重建. 中州学刊, 2015 (4)
[155] 党国英. 在高度城镇化基础上实现城乡一体化. 新视野, 2013 (1)
[156] 樊纲, 武良成. 城市化发展——要素聚集与规划治理. 北京: 中国经济出版社, 2012
[157] 姚士谋, 冯长春, 王成新, 年福华, 陈春等. 中国城镇化及其资源环境基础. 北京: 科学出版社, 2010
[158]《中华人民共和国城乡规划法》（2007年10月28日第十届全国人民代表大会常务委员会第三十次会议通过）[EB/OL] http: //www.gov.cn/ziliao/flfg/2007-10/28/content_ 788494.htm 中国政府网
[159] 钟伟. 中国房地产: 泡沫应该不会溃破 [EB/OL] 华尔街见闻. http: //money.163.com/16/0211/21/BFIRNVAP00253B0H.html. 2016-02-11
[160] 国家统计局. 统计局发布2014年全国农民工监测调查报告 [EB/OL] http: //

www. gov. cn/xinwen/2015 – 04/29/content _ 2854930. htm. 中国政府网

[161] 李培林，陈光金．社会蓝皮书 2016 年中国社会形势分析与预测．北京：社会科学文献出版社，2016

[162] 西南财经大学中国家庭金融调查与研究中心．城镇住房空置率及住房市场发展趋势 2014 [R]．http：//business. sohu. com/20140610/n400656315. shtml

[163] 王敏，曹润林．城镇化对我国城乡居民财产性收入差距影响的实证研究．宏观经济研究，2015（3）：76 – 84

[164] 李婕，黄颖，刘夏，罗超．住建部专家：中国楼市库存超 66 亿平米，消化需 5 年．新京报，2016 – 03 – 03

[165] 安信证券．房地产真实库存 98 亿平，完全消化需 10 年．21 世纪经济报道，2015 – 12 – 03

[166] 郑忠华，邸俊鹏．房地产借贷与中国宏观经济波动——基于信贷扩张视角的 DSGE 模拟研究．中国经济问题，2015（7）：33 – 45

[167] 中国人民银行．2014 年金融机构贷款投向统计报告 [R]．http：//money. 163. com/keywords/0/7/007000640066/1. html

[168] 申万报告．宅基地面积、价值测算及其流转路径探讨 [R]．2014 – 01 – 17

[169] 杨伟民．中国需要再建 10 个类似北京的中心城市．澎湃新闻网．http：//money. 163. com/15/1213/11/BANC9H6 600252G50. html

[170] 宦建新．崛起的特色小镇火了：浙江“科学春天”里的一道美丽风景．科技日报，2016 – 3 – 24

[171] 中国（海南）改革发展研究院课题组．城镇化变革：以居住证制取代城乡二元户籍制．上海证券报，2016 – 03 – 18

[172] 姜大明．建立城乡统一的建设用地市场．人民日报，2013 – 12 – 19

[173] 陶然，汪晖．中国新城镇化应走出当前改革误区．FT 中文网．2014 – 12 – 15http：//www. ftchinese. com/story/001059638？page = 12

[174] 贾康，梁季．中国市场化、城镇化历史进程中的“土地财政”与土地制度变革．中国发展观察，2015（6）

[175] 运迎霞，吴静雯．国外容积率奖励及开发权转让措施．天津大学学报（社会科学版），2007（2）

[176] 姚士谋，崔功豪，许学强．按科学发展观审视我国城镇建设大局．经济地理，2003（131）
[177] 国务院发展研究中心和世界银行联合课题组．中国：推进高效、包容、可持续的城镇化．管理世界，2014（2）
[178] 王小鲁："中国城市化路径与城市规模的经济学分析．经济研究，2010（10）
[179] 周其仁．在2014年中国企业家俱乐部道农沙龙上的演讲［EB/OL］．http：//www. rfdy. org/view－31807－1. html
[180] 赵坚．我国应实施集约型城镇化发展战略．中国社会科学报，2014－5－21
[181] 李迅雷．中国的城市发展也呈现趋向大城市而非城镇化 http：//t. hexun. com/15514603/31327982d. html
[182] 仇保兴．城镇化应守住哪些"底线"．中华建筑报，2014－2－28
[183] 常晓鸣．"独立成市"内涵及其实现路径．四川新闻网．http：//scnews. newssc. org/system/20150216/000539110. html
[184] 马振涛．基于成本视角的城镇化投融资模式创新研究．财政研究，2015（5）
[185] 郭兴平，王一鸣．基础设施投融资的国际比较及对中国县域城镇化的启示．上海金融，2011（5）
[186] 冯兴元，李晓佳．论城市政府负债与市政债券的规则秩序框架．管理世界，2005（3）
[187] 刘尚希，赵晓静．中国：市政收益债券的风险与防范．管理世界，2005（3）
[188] 宋立．地方公共机构债券融资制度的国际比较及启示——以美国市政债券与日本地方债券为例．经济社会体制比较，2005（3）
[189] 黄勇，谢朝华．城镇化建设中的金融支持效应分析．理论探索，2008（3）
[190] 丁敏哲．城镇化与区域金融改革．中国金融，2013（4）
[191] 贾康，孙洁．城镇化进程中的投融资与公私合作．中国金融，2011（19）
[192] 财政部：城镇化建设资金缺口或达42万亿，运用PPP融资［EB/OL］．财经网．2014－9－30. http：//money. 163. com/14/0925/09/A6VQN89T00253B0H. html
[193] 财政部关于推广运用政府和社会资本合作模式通知［EB/OL］．中国政府网．2014－09－26 http：//www. gov. cn/xinwen/2014－09/26/content_ 2756601. htm
[194] 李可，范毅．城镇化过程中的基础设施融资需要改革创新．国家发改委城市和小

城镇改革发展中心《城乡研究动态》第 238 期
[195] 金海年．地方政府融资平台即将告别历史舞台．中国证券报，2014－10－10
[196] 巴曙松，王劲松，李琦．从城镇化角度考察地方债务与融资模式．中国金融，2011（19）
[197] 郭智．国外发行市政债的经验及启示．财政研究，2014（5）
[198] 刘立峰．地方政府的土地财政及其可持续性研究．宏观经济研究，2014（5）
[199] 马振涛．新一轮“民工荒”问题的阐释与对策——基于多重视阈的分析．中国人力资源开发，2014（11）
[200] 蔡昉．“民工荒”现象：成因及政策含义分析．开放导报，2010（4）
[201] 蔡昉．挖掘无限的二次人口红利潜力．财经，2011－1－28
[202] 高铁梅，范晓非．中国劳动力市场的结构转型与供求拐点．财经问题研究，2011（11）
[203] 约翰·奈特，邓曲恒，李实．中国的民工荒与农村剩余劳动力．管理世界，2011（11）
[204] 王羚．北大学者称 35 岁以下劳力总体枯竭，民工荒提前 10 年出现．第一财经日报，2011－3－22
[205] 章铮．民工供给量的统计分析—兼论“民工荒”．中国农村经济，2005（1）
[206] 王朝明，马文武．中国“民工荒”与经济结构调整——基于刘易斯—托达罗理论模型的综合解释．河北经贸大学学报，2011（11）
[207] 简新华，张建伟．从“民工潮”到“民工荒”：农村剩余劳动力有效转移的制度分析．人口研究，2005（2）
[208] 刘传江，徐建玲．“民工潮”与“民工荒”：农民工劳动供给行为视角的经济学分析．财经问题研究，2006（5）
[209] 夏永祥，魏玮．民工荒与中国要素空间配置模式新转型．苏州大学学报，2013（3）
[210] 萧琛，胡翠，石艾．“民工荒”的原因、应对与劳工市场制度变革前景．社会科学战线，2010（11）
[211] 翟振武，杨凡．民工荒：是刘易斯拐点还是伊斯特林人口波谷．经济理论与经济管理，2011（8）

[212] 国虹，毛丹．交换关系的断裂与重塑：关于“民工荒”的政治社会学分析．浙江社会科学，2006（4）
[213] 蔡昉．挖掘无限的二次人口红利潜力．财经，2011－1－28
[214] 张兴华．中国农村剩余劳动力的重新估算．中国农村经济，2013（8）
[215] 国家统计局．2011 年中国农民工调查监测报告．2012－4－27
[216] 陈先奎．住房问题决定人心向背和天下兴亡．环球时报，2013－11－4。
[217] 贺雪峰，刘岳．基层治理中的“不出事逻辑”．学术研究，2010（6）
[218] 钟伟军．地方政府在社会管理中的“不出事”逻辑：一个分析框架．浙江社会科学，2011（9）
[219] 汪大海，南锐．新型城镇化背景下的社会管理转型升级——从碎片化社会管理走向整体性社会管理．学术界，2013（12）
[220] 丁元竹．从社会管理到社会治理．瞭望，第 223 期，2013－11－20
[221] 杨团．尽快启动社会组织存量改革推进社会协治．行政管理改革，2015（4）
[222] 李培林．十一届全国人大常委会专题讲座第二十二讲：中国加强和创新社会管理的若干问题．中国人大网．2011－07－13. http：//www. npc. gov. cn/npc/xinwen/2011－07/13/content_ 1663360. htm
[223] 季曦，刘民权．以人类发展的视角看城市化的必然性．南京大学学报．哲学．人文科学．社会科学，2010（4）
[224] 吴晓林，刘泽金．推进社区管理一体化建设．中国社会科学报，2015－07－22
[225] 范忠信．健全的纠纷解决机制决定和谐社会——传统中国社会治理模式对我们的启示．北方法学，2007（2）
[226] 任不寐．上访浪潮与中国政治危机．香港中文大学网站［EB/OL］．2015－06－20 访问 http：//www. usc. cuhk. edu. hk/PaperCollection/Details. aspx？id＝4841
[227] 付伟，焦长权．“协调型”政权：项目制运作下的乡镇政府．社会学研究，2015（2）
[228] 王兴伦．多中心治理：一种新的公共管理理论．江苏行政学院学报，2005（1）
[229] 陈偲．深化社区治理体制改革．学习时报，2015－06－22
[230] 杨团．政府购买服务应以培育社会组织能力为目的．第一财经日报，2013－11－12

[231] 王名，蔡志鸿．王春婷．社会共治：多元主体共同治理的实践探索与制度创新．中国行政管理，2014（12）
[232] 国务院发展研究中心“中国新型城镇化道路、模式和政策”课题组．提升城镇化质量：国际经验及启示．中国经济时报，2014－11－15
[233] 王志华．论政府向社会组织购买公共服务的体制嵌入．求索，2012（2）
[234] 苗红培．政府与社会组织关系重构——基于政府购买公共服务的分析．广东社会科学，2015（3）
[235] 金太军．网络2.0时代的协同治理创新：体系治理．学术界，2015（7）
[236] 金江军．以“互联网＋”推进社会治理现代化．学习时报，2015－06－15
[237] 马振涛．新型城镇化下的行政区划与行政体制改革：一个成本的视角．求实，2016（2）
[238] 陶希东．发达国家跨行政区治理模式启示．行政管理改革，2015（4）
[239] 于宁，杨小斌．行政体制改革中的职能科学及其实现路径．中国行政管理，2014（1）
[240] 范柏乃，张骞，段忠贤．中国省级行政区域行政支出与行政成本的实证研究．中共天津市委党校学报，2011（1）
[241] 张光．中国行政管理成本决定因素实证分析—兼论“缩省论”的合理性．天津行政学院学报，2007（5）
[242] 罗文剑，陈东有．县级政府行政成本影响因素二维解析．当代财经，2012（12）
[243] 党国英．在高度城镇化基础上实现城乡一体化．新视野，2013（1）
[244] 冯俏彬．在新型城镇化进程中重新定位“省直管县”政策．行政管理改革，2015（5）
[245] 章志远．城镇化与中国行政法治发展模式转型．法学研究，2012（6）
[246] 王雪丽．“省直管县”改革：目标定位、认知偏差与理性思考．中共浙江省委党校学报，2014（6）
[247] 陶希东．跨界治理：中国社会公共治理的战略选择．学术月刊，2011（8）
[248] 张占斌，苏珊·罗尔．中国新型城镇化背景下的省直管县体制改革．经济社会体制比较，2012（6）
[249] 张占斌．新型城镇化进程中的经济发达镇设市建议．国家行政学院网站．http：//

www. nsa. gov. cn/web/a/zixunbaogao/20150227/5295. html

［250］沈雪潋，郭跃．新型城镇化背景的“镇级市”政策创新．改革，2014（11）

［251］United Nations Department of Economic and Social Afairs. World Urbanization Prospects The 2014 Revision. Published by the United Nations. 2014.

［252］OECD. 2009. Urban Trends and Policy in China. OECD Regional Development Working Papers 2009/1，OECD，Paris.

［253］NISKANEN，William. A Bureaucracy and representative government［M］. Chicago：Aldine Atherton，1971.

［254］World Bank，2007a，“An East Asian Renaissance”．中文译本：吉尔等．东亚复兴：关于经济增长的观点．北京：中信出版社，2008

［255］Thomas，Vi nod et al.，2000，The Quality of Growth. Published for the World Bank. Oxford and New York：Oxford University Press.

［256］Johannes F. Linn，The Costs of Urbanization in Developing Countries［J］，Economic Development and Cultural Change，Vol. 30，No. 3，Third World Migration and Urbanization：A Symposium，1982.

［257］Harry W. Richardson，The Costs of Urbanization：A Four – Country Comparison［J］，Economic Development and Cultural Change，Vol. 35，No. 3，1987.

［258］Chiang R，Fong W. M. Relative information efficiency of cash，futures and options market：the case of an emerging market. Journal of Banking and Finance，2001（25）.

［259］Sharp and Millerd，Prepayment and the Valuation of Mortgage – Backed Securities，Journal of Finance，1990（44）.

［260］Frank J. Fabozzi，Bond Markets，Analysis and Strategies［M］. Peking：Peking University Press，2006.

［261］Donald F. Kettle，Sharing Power：Public Governance and Private Markets，Washington，DC：Brookings Institution，1993.

［262］Vito Tanziand rej Prakash，The Cost of Government and the Misuse Public Assets，IMF Working Paper，2002.

［263］Henderson，American Economic J. V.，1974. The Sizes and Types of Cities Review，64，pp. 640 – 656.

[264] Yang, X. and Hogbin, G., 1990. "The Optimum Hierarchy." China Economic Review, 2, pp. 125 – 140.

[265] Capello, Roberta and Camagni, Roberto, 2000. Beyond Optimal Patterns City Size: an Evaluation of Alternative Urban Growth Patterns, Urban Studies, 9, pp. 1479 – 1496.

[266] Au, C. and V. Henderson, 2006, "Are Chinese Cities too Small ?", Review of Economic Studies. 73 (2) .

[267] Li, Si – Ming. 2012. "Housing inequalities under market deepening: The case of Guangzhou, China." Environment and Planning 44: 2852 – 66.

[268] Arnott, R., 1980. Optimal City Size in a Spatial Economy. Journal of Urban Economics, 6, pp. 65 – 89.

[269] Wang, Jiashun. 2010. "A Study on the Attitudes toward the Immigrants by Urban Residents with Regional Disparities Based on the 2005 National Comprehensive Social Survey Data." Chinese Journal of Sociology 30 (6): 156 – 74.

[270] McGee, T. G., C. S. Lin, A. M. Marton, Y. – L. Wang and J. Wu (2007) China' s urban space. Development under market socialism. London and New York: Routledge. BNU SFX Link.

[271] Townsend, Anthony M. Smart Cities: Big Data, Civic Hackers, and the Quest for a New Utopia, W. W. Norton & Company, 2013.

后　记

还是从拙文选题谈起吧。这不得不提及我2010年到2013年海南岛工作的经历。当年毕业碌碌，感激迟福林院长收留，到中国（海南）改革发展研究院工作。这是我第一份正式工作，也是铭记一生的经历。很难想象，这个偏于一隅的小机构有如此大的能量。盛名之下，对于我和我的同事，承受更多的，则是压力、挑战，无休止的加班、讨论。近三年的经历，让我深感政策研究与学术研究间鸿沟巨大，正如郑永年先生所言，有效知识不足，已经严重制约了改革成效。我开始更热衷于关注现实中国问题，并希望借助更科学、严谨的理论与方法加以理解、分析并形成政策建议。

那段时间，还有幸深受那些纯粹的情怀与理想主义所熏陶。老一代研究大家对宏观局势的纵览于胸、对问题意识的敏锐深刻；对数据、资料论证的游刃娴熟以及对世情国情的了解把握，都影响着我的思考和行为。更幸运的是，与同事讨论的城镇化选题入围国家社科基金项目，也让这一研究能够持续伴随我直到回京。

拙文的完成，断断续续两年多。这一方面因为不够专注；另一方面还是铺的摊子太大，做到既宏观又不失深度，实在是过于理想且力不从心。无论如何，丑媳妇总得见公婆。拙文还是搭建了一个新框架，融入了自己的论证、判断、设想、理念甚至情怀。尽管论文整体尚肤浅，技术性不够、深度不足，但就现阶段个人的能力和认知而言，能够完成还是实属不易。

虽已成文，但还是想就论文核心思想形成过程做一个梳理。事实上，一开始的研究设计几乎完全出于技术化考虑，以实现模型修订、数据收集和成本量化之目的。但经过长时间研究，尤其是看到一系列权威机构成果后，还是觉得此项工作费力不出活儿，对于我这样的单打独斗者实难驾驭；而且，即便能得到一个数理上的理想结果，也不具多大实质意义。所以到后来，受阿马蒂亚·森《以自由看待发展》、罗尔斯《正义论》、霍华德《田园城市》、杰里米·里夫金《零边际成本》等著作的启发，研究重心向未来城镇化模式偏移。相比于更多地对过往现象的解释，我更愿意去设想并提出一种新模式，应对城镇化过程中转移劳动人口“低成本融入”问题。这种模式的提出，可能与我个人从底层走来、潜意识里的思维和经历相关。但不管怎样，还是庆幸自己仍残留悲天悯人的初心和情怀，也希望我们的社会能够多一份宽容、包容和价值理念的反思。

所有社会科学，终究要回归到基本价值层面。贯穿拙文的一个基本政治哲学问题是，我们的社会、我们的城镇化，该怎样拓展人的实质自由，达成公平与正义？具体到政策层面，怎么才能让以人为核心的新型城镇化落地生根，让更多处在社会不利位置的群体共享福祉？

整体上，尽管中国的经济社会发展取得了很大进步，但中低层收入群体生活的拮据以及难以在城镇中立足，还是一个棘手话题。在最具吸引力的大城市和特大城市，生存成本、生活成本居高不下，甚至让很多所谓的中等收入群体难以招架，更何况那些在城市里打工的中低收入阶层，是时候为他们多做一点儿事情了。

不得不承认，中国的物质财富总体上已丰裕、甚至很多领域出现了严重过剩，但为什么那么多生活在底层的民众每天疲于奔命，却难以立足？一些在城镇生活的基本条件，如房子、医疗、教育等的获得，还如此艰辛？为什么存量基础条件即便闲置浪费，也还要依靠增量资源来获取？为什么城镇化过程中剥夺了那么多人的自由权，甚至很多时候连维持基本生存需求都变得那么困难？勤劳、奋斗、进取、热情、情怀，这些朴素的信仰，为什么摇摇欲坠？

以转移劳动人口为代表的城市中低收入阶层，是未来城镇化要解决的核心难题。在城市里，很难看到农民工与父母、孩子的团聚，只能看到他们蔽塞、简陋的居住环境和封闭、压抑的生活空间。吃饭、工作、睡觉……单调生活循环往复。所有这些，大都是功利主义政策的衍生品，也并非我们所期望的“城市让生活更美好”的愿景。从人的基本权利出发，亦不应当让一个群体为社会进步做出如此巨大的牺牲。

城乡间和城市内部的二元结构，存在重蹈“中等收入陷阱”覆辙的危险；也使得阶层固化、底层恶化正在沦为现实。那么，究竟如何实现“人的城镇化”？是以整个社会福利最大为评判标准，还是以处在不利位置群体福利最大来衡量？这同样也是罗尔斯在《正义论》中解答的一个问题。

个人认为，已完成城市化的群体，代表着转移劳动人口中“精英阶层”的胜利；而剩下的很多弱势阶层，尤其是转移劳动人口群体，在城镇化过程上半场中承受的歧视和不公平，需要在新型城镇化过程中重点破解。

在难以构建一个强大中等收入群体的现实语境下，我们制定和出台城镇化公共政策的出发点还是要多关注中低层收入群体，让他们以更小的投入代价，换取在城市生活、定居和发展的机会，共享发展福祉。这就需要降低生存成本、生活成本和发展成本，减少中间损耗；降低交易费用、最大限度地纠正因权力寻租等产生的行为扭曲。在实施之初，这可能要承受市场机制入侵“壮士断腕”的痛苦；但长期看，却能让经济运行更有效率，让原本不需要民众负担的成本远离视野，让城镇化成为低成本运行、良性、可持续的自组织体系。

自由是发展的目的。城镇化的发展，是人类获取更大程度实质自由的过程；而不是让渡自由权承受更大枷锁和束缚的过程。多数时候，我们对于自由的理解过于抽象、肤浅甚至很多时候显得无病呻吟。

经济学家阿马蒂亚·森，曾在《以自由看待发展》一书构建了经济学伦理，并被誉为“经济学的良心”。一直以来，我都迷惑和浅尝辄止于这种感觉。在了解泰戈尔与阿马蒂亚·森的关系以及为其取名的经历①；并读过《吉檀迦利》中关于彼岸世界的诗后，似乎对自由的界定和轮廓愈发清晰，而这又与我们生活的现实世界如此遥远：

在那里，心是无畏的，头也抬得高昂；
在那里，知识是自由的；
在那里，世界还没有被狭小的家国的墙隔成片段；
在那里，话是从真理的深处说出；
在那里，不懈的努力向着“完美”伸臂；
在那里，理智的清泉没有沉没在积习的荒漠之中；
在那里，心灵是受你的指引，走向那不断放宽的思想与行为——
进入那自由的天国，我的父呵，让我的国家觉醒起来罢！

总而言之，拙文的论证一定程度上还带有较强主观判断，存在片面性和不规范之处，但也倾注了很多时间、精力和心血。

阅读过不计其数的学术文章，还是希望自己的论文，能够用一些带有温度和色彩的语言，以一种让更多人看到和接受的方式，去搭建一个新框架、建构一种新模式。虽然很多时候，这与传统写作有偏差，甚至显得不够客观和严谨，但也值得去尝试。

付梓之际，再多问题和建议也只能交给别人评说。现在能做的或许只有两个字：感谢。感谢北京富达尔城市发展研究院刘世能院长工作上和出版过程中的鼎力支持；感谢中国（海南）改革发展研究院迟福林院长、夏

① 阿马蒂亚·森的祖父，曾为印度伟大诗人、诺贝尔文学奖获得者泰戈尔的秘书；且阿马蒂亚·森本人的名字是泰戈尔所起的。Amartya 即“另一个世界”other – wordly。

锋所长；感谢北京师范大学政府管理学院章文光院长、唐任伍教授、王华春教授；感谢课题组成员祝雅辉、张娟、倪建伟、辛瑞萍、侯志伟、倪超。当然，更要感谢默默支持我的家人。因为你们，这个过程虽备受煎熬，但还是留下了许多美丽颜色，显得如此真挚而温暖。

往之不可鉴，来者犹可追。犹记懵懂少年时的错过、失去与不可得之困惑。作为本人第一个国家项目和博士论文的主框架，研究及成稿阶段是一个成长过程，也是一个付出阶段。希望这段经历，能够让自己的学术研究起点更坚实、人生拼图更丰满，也鞭策和寄予自己以后的学术之路愈发理智、坚定并有所成！